KB194070

8가지 주제로 알아보는 직장인 필수 IT 지식

한 권으로 끝내는

직장인 필수 IT 지식

정명림 · 김효섭 · 박준영 · 이수현

박지은 · 이지성 지음

ESSENTIAL IT KNOWLEDGE FOR OFFICE WORKERS

비제이퍼블릭

한 권으로 끝내는

직장인 필수
IT 지식

들어가며

오늘날을 살아가는 직장인들에게 IT 지식은 선택이 아닌 필수가 되었습니다. 그러나 광범위하고 빠르게 변화하는 IT 기술을 따라잡기란 쉽지 않습니다. 이 책은 그런 어려움을 겪는 여러분을 위해 6명의 IT 기술사(정보관리 기술사, 정보통신 기술사)의 힘을 모아서 집필되었습니다.

이 책의 집필 의도는 명확합니다. 직장인들이 직무를 수행하는 데 필요한 핵심적인 IT 지식을 한 권에 담아, 복잡하고 다양한 IT 지식을 쉽게 이해할 수 있도록 돕는 것입니다. 이 책은 IT 기초 개념부터 최신 기술 트렌드, 그리고 실무에서의 활용 전략까지 폭넓게 다루고 있어 초보자부터 중급자까지 누구나 실질적인 도움을 받을 수 있도록 구성되었습니다. 저자들은 모두 IT 기술사이면서 현재 IT 현장에서 활발히 활동 중인 전문가들로, IT 산업 전반의 중요한 기술과 트렌드를 쉽게 풀어 설명하고자 노력했습니다. 이를 통해 IT 업계에 종사하는 직장인과 취업 준비생 모두에게 유익한 내용을 제공하고자 합니다.

주요 내용은 경영전략, 프로젝트 관리, 소프트웨어 공학, 디지털 서비스, 네트워크, 데이터베이스, 보안, 인공지능으로 총 8개 분야의 중요한 기반 기술입니다. 각 분야의 기반 기술과 최신 기술 트렌드를 토픽 기반으로 설명하여, 독자들이 쉽게 이해할 수 있도록 하였습니다. 분야별 전문가들이 직접 작성한 이 책은 각 기술의 현재 상황과 미래 전망 그리고 전문가들의 제언 등을 담아 독자들에게 깊은 인사이트를 제공할 것이라고 생각합니다.

이 책이 여러분의 IT 지식 함양에 큰 도움이 되기를 바랍니다. 앞으로의 여정에 이 책이 든든한 동반자가 되기를 기대합니다.

정명림 기술사(IT 경영전략, 프로젝트 관리)

IT 시스템 사용 규정을 새롭게 수립하고, 내부 보안관리 정책을 강화하기 위한 절차를 마련하는 등 IT거버넌스 수립 업무로 IT 업무에 첫발을 내디뎠다.

이후 공공기관에서 데이터를 기반으로 기업의 의사결정 과정을 지원하는 데이터 분석 및 정책 수립 업무를 담당하였다. 현재는 대기업에서 디지털 전환, RPA, 하이퍼오토메이션 등 새로운 기술 트렌드를 반영한 전략을 기획하고 있다. 동시에 IT 프로젝트의 요구사항 분석 및 자원 배분, 예산 관리를 하며 다양한 부서와 협업하는 등 효율적인 커뮤니케이션을 담당하고 있다.

김효섭 기술사(소프트웨어 공학)

컴퓨터공학을 전공하여 C언어를 기반으로 POS 개발 전문가로 활동하며 국내외의 많은 시스템을 설계하고 구축하였다.

개발 경력을 기반으로 Technical Account로 전향하였고 간편결제, 마이데이터 등의 여러 핀테크 서비스를 설계하고 런칭하였다. Dynamic QR결제 시스템 구축을 통해 특허를 등록하였고, 금융 분야 핵심과제였던 마이데이터 구축 프로젝트를 국내 많은 기관과 협업하여 성공적으로 완수하였다. 최근에는 기술적으로 더 높은 성장을 위해서 정보관리기술사 시험을 준비하였고, 전국에서 1명을 뽑았던 129회 시험에 4개월만에 단독으로 합격하는 성과를 이루었다. 현재는 이러한 기술 전문성을 바탕으로 기술전략팀에 속하여 전사적인 영향도가 있는 프로젝트의 리더 역할을 수행하고 있으며 핀테크 분야에서 Technical Project Manager로서 역량을 발휘하고 있다.

박준영 기술사(디지털 서비스, 네트워크)

회사 입사와 더불어 신도시 개발 사업을 담당했다. 그곳에서 스마트시티 구현을 위한 방범설비, 교통설비 및 관제센터 구축을 경험하며 네트워크 분야와 디지털 서비스에 대한 관심을 갖게 됐다. 이후 C-ITS 구축과 스마트산업단지 구축 사업을 하면서 다양한 ICT 기술이 적용된 도시기반시설 구축에 대한 역량을 키워 왔다. 앞으로도 다양한 도시기반시설과 건축물 ICT 설비에 대한 유의미한 변화를 이끌어 내고자 한다.

이수현 기술사(보안)

정보보안에 종사하고 있는 IT 엔지니어이다. 정보보안은 중요하기도 하지만 이에 더해 굉장히 재미있는 분야이기도 하다는 믿음을 가지고 있다. 진리가 우리를 자유롭게 하리라는 신념을 토대로 광막한 IT의 세계를 즐겁게 그리고 치열하게 탐험하고 있다. 현재 블록체인 기반 분산 ID 분야의 개발자로 일하고 있다. AI와의 아름다운 공존을 꿈꾸는 르네상스인을 지향한다.

박지은 기술사(Database)

사용자에게 편의성과 안정성, 보안성을 제공하여 의미 있는 서비스를 제공하는 업무를 시작으로 IT 분야에 뛰어들게 되었다. 현재는 Full Stack Java 개발자로서 현업에 종사하고 있다.

모바일 뱅킹 서비스를 시작으로, 휴대폰본인인증 서비스를 런칭하였으며, 간편인증, 2FACTOR 인증 등의 서비스를 개발하고 운영하였다. 휴대폰본인인증 서비스의 경우 대국민 서비스로, 시스템/개인정보 부분의 보안까지도 다루고 관리하였다.

현재는 결제서비스를 제공하는 핀테크 분야에서 업무를 수행 중이며, 내부 장애 해결이나 신기술의 적용, 서비스의 안정적인 제공을 위해 업무를 수행하고 있다.

앞으로 서비스 기술뿐만 아니라 보안 측면에서도 강력한 체계를 제시하여 안정적이면서 신뢰성을 제공할 수 있는 서비스들을 이끌어 내고 싶다.

이지성 기술사(AI)

금융, 유통, 건설, 화학 및 에너지 등 다양한 도메인에서 발생하는 빅데이터를 경험하였고, 데이터 엔지니어링, 데이터 표준화 및 거버넌스와 관련된 일을 수행하였다. 이제는 이러한 데이터를 의미 있게 활용하여 기업에 필요한 핵심적인 의사결정을 지원하고, 인공지능을 통한 AX(AI Transformation)를 실현하려 노력하고 있다. IT, DT 및 AI 부서가 더 이상 Cost Center가 아니라 기술 기반의 가치혁신과 새로운 비즈니스 모델을 창출할 수 있고 Profit Center로 나아갈 수 있다는 그 증거를 제시하고 싶다.

이 도서는 IT 비전공자도 부담 없이 읽을 수 있는 책입니다. 짧은 챕터로 구성되어 있어 매일 조금씩 꾸준히 읽기에 좋고, 각 챕터의 마지막에 담긴 저자의 생각은 단순한 정보를 넘어 주제에 대해 직접 생각해 볼 수 있는 기회를 제공합니다. 이를 통해 자연스럽게 해당 내용을 복습하고 더 깊이 이해할 수 있었습니다.

특히, 이 책의 가장 큰 강점은 어렵게 느껴질 수 있는 IT 지식을 누구나 이해할 수 있도록 쉽게 풀어냈다는 점입니다. 읽는 동안 마치 친절한 선배가 옆에서 차근차근 설명해 주는 듯한 느낌을 받았습니다. 그렇기 때문에 IT 지식이 낯선 독자들도 편안하게 책을 읽어 나갈 수 있을 것 같습니다.

이 책은 IT 직무에 종사하지 않더라도 현대 직장에서 기본적으로 알아야 할 A부터 Z까지의 필수 지식을 체계적으로 담고 있습니다. 복잡해 보이는 기술과 개념을 친근하고 실용적으로 다루고 있어, IT 지식이 필요한 모든 직장인에게 자신 있게 추천합니다.

박주은

'한 권으로 끝내는 직장인 IT 필수 지식'은 IT에 대한 기본적인 이해를 쌓고 싶은 IT인들에게 필요한 내용을 친절하게 정리해 놓은 책입니다. IT 용어와 개념이 생소하거나, 업무에서 IT 관련 주제를 더 잘 이해하고 커뮤니케이션하고자 하는 분들에게 큰 도움이 될 것이라 생각합니다.

이 책의 장점은 경영전략부터 소프트웨어공학, 네트워크까지 다양한 주제를 아우르면서, 자주 사용되는 IT 용어들을 알기 쉽게 정리했다는 점입니다. IT 관련 지식은 워낙 넓고 깊어서 한 번에 익히기 어려운데, 이 책은 하루에 하나씩 읽어가는 방식으로 접근할 수 있어 부담이 적었습니다. 미리 익혀두면 실무에서 동료나 개발자들과의 커뮤니케이션에 큰 도움이 될 것 같습니다. 또한, 단순한 텍스트 설명에 그치지 않고 표와 그림을 활용해 개념을 시각적으로 전달한 점이 매우 좋았습니다. 복잡한 내용도 그림 한 장으로 간단히 이해할 수 있었고, 예시를 통해 실제로 어떻게 적용되는지까지 설명해 주어 학습 효과가 더욱 컸습니다. IT 지식에 익숙하지 않은 독자들도 쉽게 따라갈 수 있도록 신경 쓴 노력이 느껴졌습니다.

특히, 이 책은 한 권으로 끝낸다는 제목처럼 IT에 대한 전반적인 개념을 폭넓게 다루고 있어, IT 분야를 잘 모르더라도 기본적인 용어나 원리를 빠르게 파악할 수 있게 구성되어 있습니다. 직장인이라면 누구나 알아야 할 IT 지식과 그 중요성을 체감할 수 있었으며, 단순히 읽는 데 그치지 않고 업무에서 활용할 수 있는 실질적인 도움까지 받을 수 있었습니다.

IT 종사자나 IT 관련 업무를 맡게 되었지만 어디서부터 시작해야 할지 고민하는 분들, 그리고 기본기를 다시 다지고 싶은 분들에게도 이 책을 추천합니다. 간결하고 명확한 설명 덕분에 복잡한 개념도 쉽게 이해할 수 있어 좋은 책이라고 생각합니다!

곤

IT 영역의 방대한 내용을 적절한 단위로 나누어 소개하는 책. 비전공자에게는 다소 버거울 수 있겠지만, IT 업종 종사자면서 좀 더 심화된 학습을 원하는 사람이라면 읽어봐야 할 책이다. 특히나 IT 기술사를 생각하고 있는 사람은 이 책으로 기초를 다진 후 본격적으로 기술사 준비에 들어간다면 시간을 단축할 수 있을 것이다.

윤종민

대학에서 컴퓨터공학을 전공하고 졸업한 후 첫 회사에 입사했을 때, 학교 수업에서는 접하지 못했었던 여러 가지 생소한 용어들을 처음 접하며 적잖이 당황했었던 기억이 납니다. 만약 그때 이 책을 접했더라면 그런 IT 관련 각종 지식과 용어들을 미리 익힐 수 있어 당시 느꼈었던 당황스러움을 훨씬 줄일 수 있었을 것 같다는 생각이 드네요.

이 책은 제목에서도 알 수 있듯이 직장인이 알아야 할 각종 IT 지식에 대한 핵심을 담고 있는 일종의 상식 사전입니다. 각종 네트워크 기술부터 클라우드, 블록체인, 자율주행, 보안, 데이터베이스, 그리고 요즘 트렌드인 인공지능과 관련된 지식까지 IT 업계에 몸담고 있는 사람이라면 상식 측면에서 알고 있으면 매우 도움이 될 만한 핵심 내용들을 알차게 담고 있습니다.

특히, 이제 막 사회생활을 시작한 이공계 전공자들에게는 다소 생소할 수도 있는, 이를테면 RFP나 SLA, BPR과 같은 IT 경영 관련 용어들이나 소프트웨어 발주 프로세스 같은 프로젝트 관리 관련 지식들도 담고 있어 그야말로 요즘 IT 업계에 종사하고 있는 직장인들에게 매우 도움이 될 것 같다는 생각이 듭니다.

모쪼록 본 도서를 통해 IT 업계에서 다루는 다양한 업무 영역에 대해 이해하면서 여러분의 지식과 업무 역량을 넓혀 보시기 바랍니다.

최성욱

목차

PART 01 IT 경영전략

PART 04   디지털 서비스

PART 05   네트워크

PART 07   데이터베이스

PART 08   인공지능

PART

01

IT 경영전략

IT 경영전략(Information Technology Management Strategy)은 기업의 IT 자원과 기술을 효과적으로 활용하여 조직의 목표를 달성하고 경쟁력을 강화하는 방법을 설계하는 과정입니다. 즉, IT와 경영전략을 통합하여 비즈니스 목표를 지원하고, 기술을 통해 조직의 효율성을 극대화하는 것을 목표로 합니다. 이번 Part에서는 IT 경영전략의 기본 요소들을 살펴보겠습니다.

ISP(Information Strategy Plan)

정보화 전략 계획(ISP: Information Strategy Plan)이란 조직의 중장기적인 비즈니스 목표를 지원하기 위한 정보시스템을 계획하고 전략을 수립하는 활동입니다. 즉, 정보시스템 구축의 출발점인 계획 단계를 의미합니다.

구체적으로는 기업이 수립한 중장기적인 경영전략을 토대로 사업 전개에 필요한 총체적인 IT 체계를 제시하고 경영 요구에 맞는 정보 기술 체계를 구축하는 과정입니다.

ISP는 왜 필요할까?

정보화가 빠르게 진행되고 정보 기술이 기업의 핵심 경쟁력으로 인식됨에 따라 정보화 예산과 조직 내 정보 기술의 비중은 빠르게 성장해 왔습니다. 하지만 동시에 시스템 구축 사업의 부적절한 대가 산정, 정보시스템 활용률의 저조 등 정보화 사업의 구축 운영에 대한 지적도 지속되어 왔습니다.

특히, 기존에 이미 존재하는 정보시스템과 유사한 시스템이 중복되어 구축되거나, 기존 시스템을 재활용하지 않아 예산이 낭비되는 상황이 발생하면서 사업 계획 단계에서의 철저한 점검 및 검토 과정이 필수가 되었습니다.

즉, ISP는 정보화 전략 계획의 단계를 정립하고 최종 산출물을 검토하여 정보화 사업 계획 단계의 내실화와 투자 관리 효율화를 이루는 것을 목적으로 합니다.

ISP는 어떻게 수행할까?

ISP를 수립할 때는 기본적으로 환경 분석, 현황 분석(As-is), 정보화 비전 및 전략 수립, 목표 모델 설계(To-be Model), 통합 이행 계획 수립이라는 5단계에 걸쳐 수행됩니다.

ISP 수행 절차

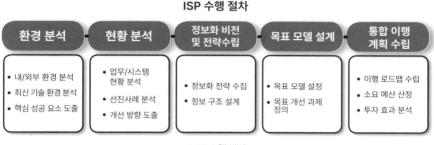

▲ ISP 수행 단계

환경 분석 단계에서는 대내외 환경을 분석하고 핵심적인 성공 요소를 도출하는 활동을 수행합니다. 이를 바탕으로 As-is 분석을 하는데 이때에는 선진사례를 분석하여 벤치마킹을 하고 선진사례와 현황 사이의 차이를 분석하여 개선 방향을 도출하는 활동을 하게 됩니다.

그 이후에 정보화 비전 및 전략 수립 단계에서는 정보시스템에 적용할 기술 요건과 정보관리 전략을 수립하게 되고, 목표 모델 설계 단계에서는 To-be 개선 과제를 상세화하여 업무 프로세스를 설계하게 됩니다.

마지막으로 통합 이행 계획 수립 단계에서는 기능점수(Function Point)를 산정하여 SW개발비를 도출하고 HW/SW 구매비를 포함한 총구축비를 산출하게 됩니다. 대규모 사업을 진행할 때는 NPV(Net Present Value, 순현재가치)나 ROI(Return On Investment, 투자 대비 수익률) 분석 등 경제적 타당성을 분석하는 단계도 포함됩니다.

ISMP(Information System Master Plan)란?

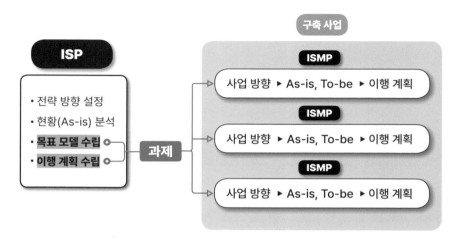

▲ ISP & ISMP 관계

　　ISMP는 특정 SW개발 사업에 대한 상세 분석과 제안요청서(RFP: Request For Proposal)를 마련하기 위해 기능점수(FP: Function Point) 도출이 가능한 수준까지 비즈니스 요구사항을 기술하고 이행 전략을 수립하는 활동입니다.

　　ISP가 조직 내 요구사항을 기반으로 시스템 개발을 위한 목표 모델을 설계하는데 초점을 맞춘다면, ISMP는 기능적·기술적 프로젝트 지원 요건을 더 상세히 도출한다는 점에서 차이가 있습니다.

　　ISMP는 구축 시스템에 대한 이해도가 높고 사업 규모와 복잡도를 정확히 산출할 수 있을 때 수립합니다. 예산 확보 이후 제안요청서(RFP: Request For Proposal)를 작성하는 ISP와 달리 ISMP는 RFP와 구체적인 사업 계획을 도출하는 것이 목표입니다.

✍ 저자생각

ISP는 정보화 사업 계획 단계의 내실화와 투자 관리 효율화를 목적으로 하는 활동입니다. 따라서 형식적인 절차를 따르기보다는 시스템 활용도, 중복 구축 방지, 투자 효율성 확보를 위해 정부 가이드를 참고하여 구체적인 사업 계획을 수립하는 것이 중요합니다.

002

디자인씽킹(Design Thinking)

Design Thinking(디자인씽킹)이란 사람에 대한 공감적 관찰을 통해 문제를 재해석하고, 시각적인 아이디어 도출과 프로토타입 제작 등을 통해 솔루션을 도출하는 사용자 중심의 문제 해결 방법론입니다.

'Design'과 'Thinking'이라는 단어를 각각 구분하여 생각해 보면 'Design'의 핵심요소인 시각화 · 실체화와 'Thinking'의 핵심인 실용적인 생각이 합쳐져 '눈에 보이지 않는 문제점을 창의적인 방법으로 해결하여 시각화하고자 하는 프로세스'를 의미하는 것입니다.

간혹 혁신적인 아이디어를 토대로 많은 비용을 투입하여 개발한 시스템이 시장에서 인기를 끌지 못하고 사라지는 경우가 있습니다. 반면 성공하는 시스템은 사용자들이 어떤 문제를 가지고 있는지 그리고 이를 해결하기 위해 필요한 것은 어떤 것인지를 철저히 분석하고 개발해 냅니다.

디자인씽킹 프로세스를 활용하면 사용자들이 실질적으로 필요로 하는 제품이나 서비스를 개발할 수 있어 불필요한 비용을 크게 줄일 수 있습니다.

디자인씽킹의 핵심요소는?

디자인씽킹은 사업성, 사람들의 욕구, 기술적 실현 가능성이란 3가지가 모두 충족되는 지점에서 혁신이 탄생한다고 봅니다. 즉, 어떤 아이디어가 의미를 가지려면 다양한 분야의 융합이 필요하다는 것을 알 수 있습니다.

▲ 혁신적인 아이디어의 3가지 요소

디자인씽킹의 절차는?

디자인씽킹은 면밀한 관찰과 현실 인식 그리고 실생활에서 사용자의 잠재적 욕구 탐색을 중요시하는 방법으로 다음과 같은 절차로 이루어져 있습니다.

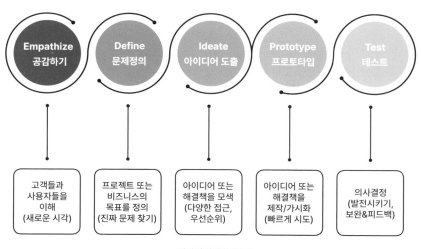

▲ 디자인씽킹의 5단계

(1) 공감하기(Empathize)

우리가 만들 시스템을 사용할 사용자의 마음에 공감하는 단계로, 사용자를 관찰하거나 인터뷰를 통해 그들이 원하는 것을 알아냅니다.

(2) 문제 정의(Define)

공감하기에서 파악된 사용자 정보를 분석하여 문제를 정의합니다.

(3) 아이디어 도출(Ideate)

해결해야 할 문제를 찾았으니 브레인스토밍, 마인드맵, 스토리매핑 등 여러 기법을 활용하여 이를 해결하기 위한 솔루션을 개발합니다.

(4) 프로토타입 만들기(Prototype)

사용자의 요구사항과 관련하여 솔루션이 적절한지 판단하기 위해 실질적인 피드백을 받는 단계입니다. 프로토타입을 빠르게 만들고 사용자의 피드백을 참고하여 개선하는 과정을 반복하게 됩니다.

(5) 테스트하기(Test)

아이디어를 소비자와 공유하며 장단점을 평가받는 과정이며 테스트 과정을 분석하여 아이디어를 개선하고 회고합니다.

✍ 저자생각

많은 비용을 투입하여 제품을 개발하더라도 시장에서 사라지는 경우가 아주 많습니다. 이는 대부분 고객의 문제 해결에 집중하기보다는 공급자의 관점에서 제품을 만들기 때문입니다. 따라서 고객의 요구사항을 정확히 추출하여 아이디어를 통해 문제를 해결하는 디자인씽킹은 사업을 기획할 때 꼭 참고해야 할 중요한 방법론입니다.

003

IT거버넌스(IT Governance)

IT거버넌스는 조직이 IT를 효과적으로 사용하여 목표를 달성하도록 IT와 관련된 자원과 프로세스를 통제하는 체계입니다. 세부적으로는 경영진과 IT 관리자 모두가 참여해 IT 투자와 위험 관리, 효과적인 IT 자원 관리 등을 목표로 하는 프로세스, 리더십, 의사결정 체계와 활동을 의미합니다.

기업이 IT 전략을 개발하고 추진해 나가는 것은 선택이 아닌 필수가 되었기 때문에 IT 관련 리스크 관리와 예방 및 대처를 위해 IT거버넌스는 기업에 반드시 필요한 체계입니다.

IT거버넌스의 핵심요소는 무엇일까?

IT거버넌스의 5가지 요소는 상호 관계를 맺으며 유기적으로 선순환되는 관계를 가지고 있습니다.

첫 번째는 '전략적 연계'로 IT 계획 수립이 기업의 경영전략 또는 사업목표와 일치해야 한다는 의미입니다. 두 번째는 '가치 제공'으로 IT 수명주기 동안 가치 제공을 추구해야 하는데, 가치는 사용자·고객의 입장에서 입증되어야 합니다. 다음은

'위험 관리'로 제거의 대상이 아니라 관리의 대상인 위험을 어느 한 시점이 아닌 지속적인 시점에서 관리해야 함을 의미합니다.

'자원 관리'는 IT 전략 수행의 필수조건인 자원에 대해 시의적절한 재투자가 있어야 함을 의미합니다. 재투자를 할 때는 비용 대비 효과를 고려해야 합니다. 마지막으로 '성과 측정' 요소를 통해 가시화된 성과를 관리하여 이해관계자와 결과를 공유하고 다시 전략적 연계와 연관시키는 것이 중요합니다.

각 요소를 아래와 같은 IT 전략 기술들에 접목함으로써 성취하고자 하는 목적을 계획, 수행, 평가해 나갈 수 있습니다.

요소	적용 기술	설명
전략적 연계	• EA(Enterprise Architecture) • ISP(Information Strategy Planning)	• As-is, To-be 분석/수립
가치 제공	• ERP(Enterprise Resource Planning) • CRM(Customer Relationship Management)	• 자원 효율 향상 • 고객 만족도 향상
위험 관리	• BCP(Business Continuity Plan) • DRS(Disaster Recovery System)	• 사업 연속성 위한 위험 식별 및 대응
자원 관리	• ITSM(IT Service Management) • ITAM(IT Asset Management)	• 인적 자원, 예산 및 투자 관리
성과 측정	• IT BSC(IT Balanced Scored Card) • ROI(Return On Investment)	• IT의 성과를 지표 기준으로 측정 • 성과 최적화

IT거버넌스 프레임워크에는 어떤 것들이 있을까?

기업에서 IT거버넌스를 실행하기 위한 가장 쉬운 방법은 업계 전문가의 도움을 받고 다양한 기업에서 사용하는 프레임워크를 도입하는 것입니다. 프레임워크에는 IT거버넌스를 단계적으로 도입할 수 있는 시행 가이드가 포함된 경우가 많기 때문입니다. 가장 일반적으로 사용되는 프레임워크는 다음과 같습니다.

(1) COBIT(Control Objectives for Information Technologies)

기업의 IT 통제 및 관리를 위해 전 세계적으로 인정되는 프레임워크입니다. IT 감사에 기원을 두고 있으며 최신 버전인 COBIT 5는 기업의 위험 관리 및 완화에 널리 사용되고 있습니다.

(2) ITIL(Information Technology Infrastructure Library)

IT 서비스 수준을 향상하기 위한 우수 사례 라이브러리입니다. 쉽게 말해 IT 서비스 관리에 대한 프레임워크 구현을 돕기 위한 국제표준이며 ITIL 프레임워크를 충실하게 따름으로써 조직은 서비스 관리, 운영 품질을 향상할 수 있습니다.

(3) CMMI(Capability Maturity Model Integration, 통합 능력 성숙도 모델)

조직의 프로세스 개선 활동을 효율적으로 지원하기 위한 모델입니다. 조직의 개발 능력이 얼마나 성숙하였는지 평가할 수 있도록 만든 모델로서 전 세계 106개국에서 도입해 적용하고 있는 산업계 표준입니다. CMMI는 1등급부터 5등급까지 조직의 IT 성숙도, 수익성, 품질을 평가합니다.

이 외에도 COSO, FAIR 등 많은 IT거버넌스 프레임워크가 존재하는데 이러한 것들이 모두 IT를 관리하고 통제해 나가는 가장 기본적인 수단입니다.

🖊 저자생각

IT거버넌스는 단순히 IT를 관리하는 개념을 넘어 IT가 조직의 전략적 목표를 달성하는 데 기여할 수 있도록 하는 중요한 역할을 합니다. 이를 위해서는 명확한 의사결정 구조를 통해 책임과 권한을 명확히 한 후 지속적으로 정책과 규정을 개선해 나가는 것이 필수적입니다.

004

데이터마이닝(Data Mining)

데이터마이닝은 데이터베이스나 데이터마트 등의 자료저장소에 저장되어 있는 방대한 양의 데이터로부터 의사결정에 도움이 되는 유용한 정보를 발견하는 과정을 의미합니다.

기업들은 수익성 창출을 위해 데이터베이스를 단순히 활용하는 단계에서 벗어나, 데이터 분석을 통해 고객 행동 패턴을 추출하고 그 결과를 업무와 생산의 효율성 증대를 위해 활용하고 있습니다. 디지털 정보 기술의 급격한 발전으로 인해 데이터가 방대해지고 복잡해지면서 대량의 데이터에서 유용한 패턴과 지식을 추출하기 위한 데이터마이닝 기법이 발전하게 되었습니다.

데이터마이닝은 어떻게 활용될까?

데이터마이닝은 다양한 산업과 분야에서 중요한 역할을 합니다. 예를 들어, 기업들은 데이터마이닝을 통해 시장 동향을 예측하거나 고객의 구매 패턴을 분석하여 개인 맞춤형 마케팅 전략을 수립합니다. 또한, 금융 분야에서는 대출, 채권 등의 상품을 판매할 때 고객의 신용점수, 소득 등의 정보를 분석하여 대출 가능성 등을 파악합니다.

이뿐만 아니라 제조 분야에서는 제품 불량률을 분석하여 불량 원인을 파악하고 이를 해결하는 대책을 수립할 수 있습니다. 이렇듯 다양한 분야에서 활용이 되며 최근에는 인공지능, 통계학, 머신러닝 등 다양한 학문을 융합하여 데이터 속에 담긴 의미 있는 정보를 추출하는 데에 활용됩니다.

데이터마이닝 기법에는 어떤 것들이 있을까?

데이터마이닝을 수행하는 기법은 여러 가지가 있지만 대표적으로는 네 가지로 나뉩니다.

첫 번째는 연관성 분석 기법으로 데이터끼리 얼마나 유사한지를 탐색하는 방법입니다. 대표적인 예시가 '장바구니 분석'입니다. 이를테면 기저귀를 구매한 고객이 동시에 맥주를 구매할 확률이 높다면 두 상품은 연관성이 높은 것입니다. 기업들은 이러한 근거에 따라 매장에 상품을 전략적으로 배치합니다.

▲ 장바구니 분석 기법

두 번째는 분류 분석 기법으로 데이터를 특정 기준으로 분류하는 기법입니다. 예를 들면 신용 평점 데이터를 기반으로 저신용자, 고신용자 등을 분류하거나 건강 기록을 바탕으로 고위험군 보험 가입자를 분류합니다.

세 번째는 군집 분석 기법입니다. 이는 상호 간에 유사한 특성을 갖는 데이터들을 집단화하는 기법입니다. 분류 분석 기법과 비슷하지만 군집 분석은 특정 기준을 미리 설정하지 않고 아무 기준이 없는 상황에서 비슷한 데이터를 군집시킵니다. 예를 들면 카드사 고객들을 군집 분석 해서 고객마다 원하는 카드 혜택을 다르게 하고, 고객 특성을 새롭게 정의하여 고객 특성별 특화된 카드 상품을 만드는 데 활용할 수 있습니다.

네 번째는 신경망 분석 기법입니다. 인간 뇌의 작동 원리를 그대로 모방하는 방법으로, 대량의 데이터의 패턴이나 구조를 인지하는 데 필요한 모델을 구축하는 기법입니다. 입력층, 은닉층, 출력층으로 각 노드가 서로 연결되어 있는 것이 특징이며 입력 데이터를 기초로 가중치를 통해서 의사결정을 하게 됩니다.

데이터마이닝의 수행 과정은 어떻게 될까?

먼저 데이터를 수집하는 것이 첫 번째 단계입니다. 필요한 정보를 얻기 위해 다양한 원천 데이터로부터 데이터를 수집하는 과정이며 나중에 분석을 위해 사용됩니다.

이후에는 데이터 전처리 단계를 거치게 되는데 불필요한 정보를 제거하거나 결측치(Missing Value)를 보완해 주는 작업입니다. 데이터 전처리는 분석 결과에 중대한 영향을 미치기 때문에 가장 중요한 단계입니다.

전처리가 완료되면 데이터의 특성을 파악하기 위해 시각화를 수행하고 이를 통해 데이터의 패턴이나 특징을 파악하게 됩니다. 그 이후 예측 모델을 만들기 위해 지도학습, 비지도학습 등의 알고리즘을 선택하고 데이터를 모델링하여 학습시키는 과정을 거칩니다.

마지막으로 모델을 만들었다면 결과를 해석하고 인사이트와 의미 있는 결론을
도출하여 실제 문제에 적용하고 발전시키게 됩니다.

✍ **저자생각**

데이터마이닝이란 대규모의 데이터를 분석하여 숨겨진 규칙과 패턴을 찾아내는 과
정입니다. 이때 데이터 자체의 품질이 좋지 않으면 신뢰성 있는 결과를 얻기 어렵기
때문에 데이터 전처리 과정에 많은 노력과 시간을 투자해야 합니다. 이를 통해 조직
은 더 나은 의사결정을 하고, 경쟁력을 강화할 수 있습니다.

BPR(Business Process Reengineering)

BPR(Business Process Reengineering)은 비용, 품질, 서비스, 속도와 같은 핵심 성과 지표들의 비약적인 향상을 위해 기업 업무 프로세스를 근본적으로 다시 생각하고 혁신적으로 재설계하는 것을 의미합니다.

과거와 같은 수직적인 사고방식으로는 제품 품질, 서비스, 속도 등에 까다로워진 고객을 만족시킬 수 없다는 사고하에 등장한 기법이며, 기존의 경영활동을 무시하고 기업의 부가가치를 산출하는 활동을 완전히 백지상태에서 새롭게 구성하는 경영 혁신 기법입니다.

BPR은 기업에서 어떻게 수행될까?

BPR은 기업의 업무 혁신을 위해 개선 과제를 도출하고 기존 업무를 재설계하는 경영 혁신 활동입니다.

따라서 BPR의 첫 단계는 현재의 업무 프로세스 현상을 파악하고 프로세스를 충분히 이해하는 것입니다. 이 단계에서 기업의 내·외부 환경을 분석하며 원가절감, 업무개선, 품질강화를 위한 개선 과제를 선정하게 됩니다.

두 번째는 문제점 도출 단계로, 현재의 프로세스 구조를 파악하고 맵(Map)을 구성하여 자료수집, 인터뷰 등을 통해 주요 문제점을 도출해 내게 됩니다. 그다음 벤치마킹을 통해 해당 문제점과 비슷한 문제를 가진 타 기업 또는 조직의 개선 방법을 찾아 개선의 핵심요소를 도출하게 됩니다. 바로 다음 단계인 혁신 프로세스 설계 활동에서 참고할 만한 선진사례를 분석하는 단계입니다.

세 번째는 혁신적인 프로세스를 설계하는 단계입니다. 현황과 문제점을 확인하고 벤치마킹을 통해 선진사례를 분석한 이후에는 나아가야 할 경영 혁신 방향에 맞추어 업무 프로세스를 재설계해야 합니다. 새로운 프로세스가 확정되면 개선 효과가 큰 순서대로 현업에 적용하기 위해 시뮬레이션을 실시하고 관련 부서는 실무에 적용해 개선 내용에 대한 피드백을 진행하게 됩니다.

최종적으로 To-be 프로세스(To-be는 '미래의'를 의미합니다. 즉, 미래에 개선될 프로세스를 뜻합니다.)가 구현된 이후에는 개선사항에 대해 즉각적으로 후속 조치를 해야 합니다. 그 이후 고객 가치를 향상하고 향후 ISP(Information Strategy Planning)와 연계하여 경영 목표 달성을 위한 효과를 극대화하기 위한 노력을 지속하게 됩니다.

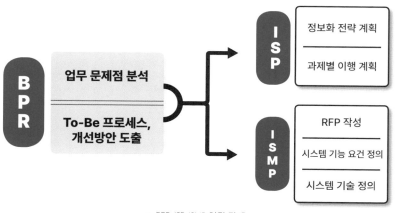

▲ BPR, ISP, ISMP 연관 관계

BPR과 ISP는 어떻게 연계될까?

일반적으로 기업에서는 BPR을 통해 실행과제를 도출하고 ISP(Information Strategic Planning)를 통해 중장기적인 정보화 전략을 수립하게 됩니다.

즉, BPR이 기존에 존재하던 업무 프로세스를 Zero-Base 관점에서 접근하여 실행과제를 도출하는 활동이라면, ISP는 BPR을 바탕으로 도출된 내용을 반영하여 미래의 정보시스템 구축 방향에 대한 청사진을 그리기 위한 계획을 수립하는 활동을 의미합니다.

> ✍ **저자생각**
>
> BPR(Business Process Reengineering)은 조직의 비즈니스 프로세스를 근본적으로 재설계하여 성과를 극적으로 개선하는 방법론입니다. 중·장기적인 기업의 경쟁 우위 확보를 위해 명확한 현황 분석이 필수이며 ISP(Information Strategic Planning, 정보화전략 계획)와 연계하여 효과를 극대화할 수 있습니다.

006

ITSM(Information Technology Service Management)

ITSM(Information Technology Service Management)은 고객 지향적인 IT 서비스의 이행과 개선, 지원을 위한 IT 관리 체계를 의미합니다. 즉, 조직이 장기적인 목표를 실현할 수 있도록 적절한 기술, 프로세스, 인력을 갖추기 위한 체계입니다.

ITSM은 어떻게 등장하게 되었을까?

과거에는 회사 내부에 IT 운영 조직을 두고 IT를 통합관리 하는 경우가 많았습니다. 그러다 보니 IT 조직은 점점 커지게 되고 그에 따른 비용이 늘어나게 되어 기업 입장에서는 ROI(Return On Investment)를 높이고 TCO(Total Cost of Ownership)는 줄이는 방안을 찾게 되었습니다.

비용 절감과 더 전문적인 IT 운영 관리를 위해 아웃소싱을 통해 외부에서 IT 서비스를 운영하는 것이 활성화되었습니다. 그리고 IT를 외주업체에 위탁하여 관리하다 보니 서비스의 품질 향상, 비즈니스 목표와의 연계, 생산성 향상 등을 위해 명확한 업계 표준이 필요하게 되었습니다.

이렇게 등장한 IT 서비스 관련 표준 모델은 COBIT(Control Objectives for Information and Related Technologies), CMMI(Capability Maturity Model Integration), ITIL(IT Infrastructure

Library) 등이 있으며, ITIL이 업계 표준 모델이라 할 수 있습니다.

ITSM과 ITIL

ITSM과 항상 함께 다니는 용어가 ITIL(IT Infrastructure Library)입니다. ITIL은 IT 전문가들의 경험과 지식, 노하우를 종합하여 실무에 적용이 가능하도록 만들어 놓은 모음집입니다. 그리고 ITIL은 1980년대 후반 영국 정부가 IT 기술의 급속한 발전에 대응하기 위해 개발한 프레임워크입니다.

서비스 관리에 대한 전체적인 접근 방식을 지원하기 위해 ITIL은 서비스 사용자를 위한 효율적인 가치 촉진에 중요한 4가지 차원을 아래와 같이 정의하고 있습니다.

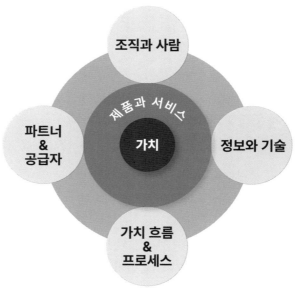

▲ 서비스 관리의 4차원

- **조직과 사람**: 서비스 관리를 위한 고객과 이해관계자들의 관계
- **정보와 기술**: 정보의 중요성과 클라우드, AI 등의 기술의 중요성 강조

- **파트너와 공급자**: 파트너십을 기반으로 가치 공동 창출 & 목표 공유
- **가치 흐름과 프로세스**: 프로세스의 불필요 부분을 제거하여 가치 창출

쉽게 말해 ITSM은 '무엇'에 관한 것이고 ITIL은 '어떻게'에 관한 것입니다. ITIL이라는 이론적 토대를 기반으로 ITSM(IT 서비스 관리)을 수행하게 되며, 궁극적인 목표는 IT 역량과 성숙도 향상을 통해 비즈니스 가치를 재창출하는 데 있습니다.

항목	전통적인 IT 운영	ITSM 기반 운영
관리 관점	IT 내부 운영 조직 중심	비즈니스 또는 현업 중심
관리 도구	단편적인 관리 기능만 구현된 시스템	프로세스화된 솔루션
문제 해결	문제 발생 시 대응	사전 조치(예방)
절차	비공식적인 대응	절차에 따름, Best Practice 적용
과금 방식	기술별로 비용 처리	서비스 수준 기반 과금 (예: 인당 요율 등)

▲ 전통적 IT 운영방식과 ITSM 기반 운영방식의 비교

ITSM은 서비스의 품질 개선과 비용 절감이 주목적이며, 이를 통해 고객 만족도와 신뢰를 기반으로 고객 관계를 지속할 수 있는 선순환 구조를 만들어 내는 것이 주목표입니다.

✍ **저자생각**

ITSM은 서비스 제공 및 운영을 체계적으로 관리하여 서비스 응답성을 높이고 저렴한 비용으로 가용성을 향상하는 접근 방식입니다. ITIL(IT Infrastructure Library)과 같은 이론적 가이드라인을 토대로 ITSM 전략을 수립하면 제공되는 IT 서비스 품질과 효율성을 극대화할 수 있습니다.

007

IT 아웃소싱(IT Outsourcing)

IT 아웃소싱(IT Outsourcing)은 기업이 목표를 달성하기 위해 정보시스템에 대한 관리 기능(기획, 개발 및 운영)의 일부 또는 전부를 외부 전문업체에 위탁하여 수행하는 것입니다. 이때 정보시스템뿐만 아니라 네트워크 구축과 운영, 데이터센터 관리, 헬프데스크 등 다양한 분야에 대해 위탁 관리가 가능합니다.

▲ 아웃소싱 종류

IT와 관련된 업무는 전문적인 지식이 필요할 뿐만 아니라 장애 대응 등 다방면에 걸쳐 인적 자원이 많이 소요되기 때문에 많은 기업들은 IT 전문 기업에 IT 관련 업무를 아웃소싱함으로써 비용을 절감하고 업무 효율성을 향상할 수 있습니다.

IT Outsourcing의 유형에는 어떤 것들이 있을까?

IT 아웃소싱의 유형은 크게 총 3가지로 구분됩니다. 첫 번째 Total Outsourcing은 IT 업무 프로세스 전체를 외부 벤더(Vendor)에 위탁하는 형태로, IT 관련 업무 전체를 위탁하다 보니 내부 업무 효율성이 증대되며 특정한 문제 발생 시 책임 소재가 명확하다는 장점이 있습니다. 반면 특정 공급업체에 종속됨으로써 시스템 구현의 주도권이 상실되거나 경쟁업체 부재에 따라 안일한 상황이 발생할 수 있다는 단점도 존재합니다.

두 번째 Selective Outsourcing은 IT의 특정 기능만 외부 업체에 위탁하는 형태입니다. 주로 시스템 운영 업무를 중심으로 외부에 위탁하는 형태를 말하며 서버의 운영, 유지보수, 장애 대응이나 운영체제를 중심으로 한 인프라의 운영 업무를 위탁하는 경우가 일반적입니다. Total Outsourcing과는 반대로 특정 업무만 위탁하다 보니 책임 소재가 불명확하고 많은 공급사가 존재하여 높은 관리 비용이 발생한다는 단점이 존재합니다. 반면 외부 업체에 대한 의존성 감소, 경쟁업체를 통한 서비스 품질 향상이라는 장점도 존재합니다.

세 번째는 자회사 Outsourcing 형태로 전문 IT 법인을 설립한 후에 위탁하는 서비스입니다. 주로 국내 대기업이 선택하는 형태이며 대기업의 자금력과 내부 기술력을 바탕으로 아웃소싱 업체를 설립해 내부 정보시스템을 자회사가 모두 관리하는 형태입니다. 성실한 고객 응대가 가능하고 단결감이 조성된다는 여러 장점이 있지만 관계성으로 인한 비용 증가, 기존 사업 운영 유지에 따른 나태함 등의 단점이 공존합니다.

세 가지 유형 모두 각각 장단점이 존재하기 때문에 기업의 내외부적 환경, 비용 절감 효과를 명확히 분석하여 기업에 맞는 아웃소싱 유형을 선택해야 합니다.

IT Outsourcing 추진 절차

IT Outsourcing을 추진할 때는 먼저 사업 계획을 수립한 후 제안요청서를 정의하여 사업 발주를 내는 단계를 거칩니다. 사업자가 선정이 되고 계약이 체결되면 서비스를 공급업체에 이전하게 됩니다. 이후에는 IT Outsourcing으로 위탁한 서비스의 품질 관리를 위해 SLA(Service Level Agreement) 등을 통해 서비스 수준과 품질을 지속적으로 점검하게 됩니다. 운영 종료 시점에는 결과 보고, 산출물 제출 등의 단계를 거쳐 사업비를 정산하며 마무리됩니다.

> ✍ **저자생각**
>
> IT 아웃소싱(IT outsourcing)은 비용 절감, 전문성 확보 등 여러 이점을 제공할 수 있지만, 이를 성공적으로 수행하기 위해서는 몇 가지 중요한 점들을 유의해야 합니다. 우선 공급업체의 평판, 신뢰성, 재무 지표를 철저히 검토하여 적절한 공급업체를 선택하는 것이 중요합니다. 또한 SLA(Service Level Agreement)를 통한 명확한 서비스 수준 협약을 통해 아웃소싱 서비스의 성과를 관리해야 합니다.

008

RFP(Request For Proposal)

RFP(Request For Proposal, 제안요청서)란 SW사업 발주자(고객)가 프로젝트 수행에 필요한 요구사항을 체계적으로 정리하여 서비스 공급업체(개발업체)에 전달하는 문서입니다. 꼭 개발 사업에서만 사용되는 표현은 아니며 일반적인 유지보수 사업, 아웃소싱 등 여러 분야에서 사용됩니다.

발주자의 요구사항을 체계적으로 정리하여 서비스 공급업체에 제시함으로써 서비스 공급업체가 제안서를 작성하는 데 도움을 주기 위한 문서입니다.

아래 SW사업 발주 프로세스를 참고해 보면 발주 준비 단계에서 문제를 정의한 이후 입찰 공고 이전 단계에서 발주자(고객)가 제안요청서(RFP)를 작성하게 됩니다.

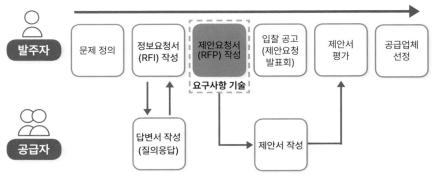

▲ 사업 발주 프로세스

RFP는 왜 작성할까?

SW사업 발주자가 SW사업을 기획하는 시기에 요구사항을 명확히 정의하지 않게 되면 사업 부실과 품질 저하, 수익성 악화로 이어지게 됩니다. 따라서 요구사항 상세화는 SW사업에서 가장 중요한 사항이며 소프트웨어진흥법 제44조(소프트웨어 사업의 과업범위 2항)에 의거하여 제도적인 준수사항으로 정의되고 있습니다.

RFP에는 어떤 내용이 포함될까?

RFP(제안요청서)에는 사업의 추진 배경과 목적 등 전반적인 사업 개요에 대한 내용과 사업 추진 방안, 제안 요청 내용, 제안 안내 사항(입찰 방식) 등에 대한 내용이 포함됩니다. 일반적인 표준 목차는 아래와 같고, 실무에서는 특히 「4. 제안 요청 내용」 내에 있는 상세 요구사항들을 보다 상세히 작성하게 됩니다.

RFP 작성 시 고려해야 할 사항은?

RFP를 작성할 때는 발주사가 원하는 요구사항이 빠짐없이 기재되어야 하며 요구사항을 명확히 정의하기 위해 의미가 불명확한 용어나 표현은 사용하지 않아야 합니다. 또한 기술적 요구 조건의 내용이 중립적인지 여부를 확인하여 특정 HW, SW 기술을 명시하거나 특정 사업자만 참여 가능한 제안요청서 작성은 반드시 지양해야 합니다.

✍ 저자생각

RFP는 명확하고 구체적으로 작성해야 하며, 공급업체가 필요한 정보를 충분히 제공받아 정확한 제안서를 제출할 수 있도록 해야 합니다. 또한 추후 개발 단계에서 명확한 의사소통이 이루어지도록 요구사항을 최대한 상세하게 작성하는 것이 매우 중요합니다.

009

SLA(Service Level Agreement)

SLA(Service Level Agreement)는 서비스 공급업체가 고객에게 제공하기로 약속한 서비스 수준을 명시하는 기술 공급 계약서입니다. IT Outsourcing 서비스 수준을 정량적으로 측정하여 서비스에 대해 평가하고 미흡한 부분은 개선하기 위한 목적으로 고객과 서비스 공급업체 간 합의하에 작성하게 되는 계약서입니다.

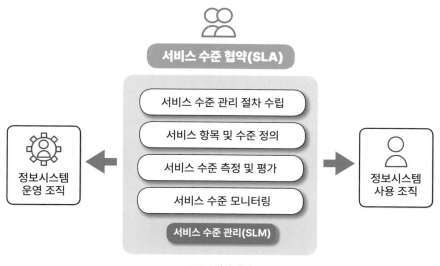

▲ SLA 관리 체계

SLA에는 어떤 내용이 포함될까?

SLA는 서비스 수준에 대한 협약이기 때문에 기본적으로 SLA계약서가 존재합니다. SLA계약서 내에는 IT 서비스 수준 계약 전반에 대한 사항(목적, 기간, 비용 등)이 포함됩니다.

이 계약서에는 서비스 수준을 측정하기 위해 서비스별 상세 항목을 기술한 업무 기술서(SOW: Statement of Work)가 필요합니다. SOW는 프로젝트를 수행하는 목적, 수행 기간, 업무 범위, 책임 범위 등이 포함되어 있는 작업 명세서입니다. 이러한 업무 기술서를 통해 서비스하는 내용을 명확히 기술하고, 해당 서비스 항목에 대한 서비스 수준 관리 지표(Service Level Metrics)를 세워서 정량적인 기준점을 정하게 됩니다.

서비스 수준 관리 지표(Service Level Metrics)를 통해 기준점을 설정했으면 서비스 목표 수준(Service Level Objectives)을 세워서 서비스 목표를 확실하게 도출해야 합니다. 서비스 응답 속도, 가용성 등 서비스가 만족시켜야 할 성능 수준의 정의가 애매하면 어떠한 지표 위주로 기대 수준을 만족시켜야 할지 정확한 판단이 서지 않게 되기 때문입니다.

이 외에도 서비스 측정 주기와 방식, 성과에 대한 보상, 미준수 시 벌칙금 산정 기준 등 서비스 수준 보고와 보상 체계에 관한 내용도 포함될 수 있습니다.

SLA 적용 사례는 어떤 것이 있을까?

SLA 관리 지표 항목은 당연히 기업마다 다르지만 일반적인 IT 서비스 관련 기업이라면 성능, 가용성, 서비스 적기 처리율 등이 가장 흔히 설정되는 지표입니다. 아래의 예시처럼 서비스 관리 지표(항목), 측정 방법, 가중치 등으로 구성됩니다.

구 분	지표	사례
하드 웨어	서비스 가동률	• 서비스 시간 동안 제공 가능한 가용성 • 가동률(%) = (1 - 장애시간/HW 가동시간) * 100
소프트 웨어	서비스 요청 적기 처리율	• 목표 완료일 이내 서비스를 제공한 비율 • 처리율 = (완료된 서비스 요청 건수/총서비스 요 청 건수) * 100
기타	백업 준수율	• 정기 백업 계획 중 정상 백업 비율 • 준수율 = (백업 실시 건수/백업 계획 건수) * 100
	동일 장애 발생률	• 기발생 장애와 동일 장애 재발 비율 • 발생률 = (동일 장애 발생 건수/총장애 발생 건수) * 100

SLA의 도입 절차

SLA 도입 절차는 크게 계획, 구축, 운영 단계로 나뉩니다. 계획 단계에서는 SLA
를 도입하기 위한 목적, 범위, 운영전략을 정의하고 서비스 수준에 대한 이해관계
자들의 인식을 인터뷰 등을 통해 조사합니다.

구축 단계에서는 서비스 내역, 특성을 명확히 하는 서비스 카탈로그를 작성하고
서비스 수준을 직접적으로 평가하기 위한 서비스 측정 항목을 추출하게 됩니다.
이후 계약 당사자 간 합의한 SLA 문서를 작성하고, 최종 내용이 확정되면 완성된
SLA를 조직에 공표 및 배포하게 됩니다.

운영 단계에서는 합의된 서비스 수준을 이행하는지 서비스 수준을 지속적으로
평가하며 모니터링하고, 재 · 개정 필요시 고객과 협의를 통해 SLA를 수정하고 보
완하게 됩니다.

✍️ **저자생각**

서비스 수준 협약(SLA: Service Level Agreement)는 서비스 제공자와 고객 간의 서비스 기대치를 명확히 정의하고, 서비스 제공의 품질을 보장하기 위해 작성하는 계약입니다.

서비스 수준 측정 지표 설정 시 공급업체에 불리하거나 너무 과도한 지표가 설정되지 않도록 유의해야 하고, 고객 관점에서는 애매모호한 측정 지표가 설정되지 않도록 상호 간 충분한 협의가 필요합니다.

010

BCP(Business Continuity Plan)

화재, 재난, 재해 등 비상 상황이 발생했을 때 회사의 중요한 기능이 중단되지 않고 안정적으로 유지되도록 하기 위한 방법론입니다. 이러한 개념은 9 · 11테러 사건 이후 확대되기 시작했으며 코로나19가 지나며 업무 연속성을 보장할 수 있는 환경을 구축하는 것이 필요해지며 그 중요성이 부각되었습니다.

최근에는 기후변화로 인한 재해와 테러에 대한 위험성이 증가하면서 기업의 존속을 위한 BCP 수립이 필수가 되었습니다.

BCP는 어떤 절차로 수행이 될까?

BCP 수립 절차는 다음과 같이 크게 4가지로 나누어볼 수 있습니다.

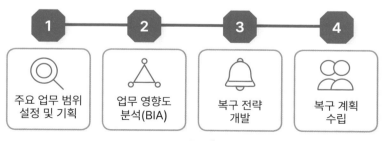

▲ BCP 프로세스

1. 주요 업무 범위 설정 및 기획

가장 먼저 기업의 주요 업무 범위를 설정하는 단계로 조직의 경영시스템과 지원 서비스를 조사하고 이를 바탕으로 명확한 업무 연속성 수립 계획 범위를 정의합니다.

2. 업무 영향도 분석(BIA: Business Impact Analysis)

이 단계에서는 위기 상황이 발생할 경우 회사에 발생할 수 있는 재정적, 물리적 영향도를 파악합니다. 조직의 재무 성과와 공급망의 위협을 인식하는 데 중요한 단계이며 중요한 비즈니스 프로세스, 운영 복구에 필요한 시간을 분석합니다.

3. 복구 전략 개발

BIA 단계에서 수집한 정보를 바탕으로 비상 계획에 대한 전략을 본격적으로 수립합니다. 재난 발생에 대한 인력을 어떻게 가동할 것인지, 시설과 장비의 손상에 대한 수요를 어떻게 충족할 것인지를 고려하여 복구 전략을 수립하게 됩니다.

4. 복구 계획 수립

본격적으로 사업을 지속하기 위한 복구 전략을 수립합니다. 이 단계에서는 문서화 작업이 필수적이며, 경영 자원과 그에 대한 복구팀의 행동 매뉴얼이 포함됩니다. 주요 업무 서비스와 관련된 담당자들은 매뉴얼을 기반으로 주기적인 모의훈련을 수행하며 지속적인 개선을 통해 BCP를 내재화하게 됩니다.

BCP의 핵심 지표에는 어떤 것들이 있을까

BCP 수립 시 업무 영향도 분석, 즉 BIA(Business Impact Analysis)가 가장 중요한 활동입니다. 업무 영향도를 분석할 때는 업무의 우선순위와 가용한 자원을 토대로 핵심 지표를 산정하게 되고 이 지표들은 추후 백업센터 구축 시 중요한 참고사항이 됩니다.

BCP의 핵심 지표는 RTO(Recovery Time Objectives, 재해 시 목표 복구 시간), RPO(Recovery Point Objectives, 재해 시 데이터 손실 허용량), RSO(Recovery Scope Objectives,

재해 시 복구 범위)가 있습니다.

RTO는 재해 발생 후 복구되기까지의 목표 시간을 의미하며 RPO는 재해 발생 시 허용되는 데이터 손실량을 의미합니다. 데이터 손실량을 최소한으로 줄이려면 실시간 또는 일일 백업을 통해 상시로 백업을 해야 합니다. 마지막으로 RSO는 우선순위에 따른 복구 범위를 의미하며, 금융권을 예로 들면 '계정계 시스템, 대외계 시스템'처럼 복구되는 시스템의 범위를 뜻합니다.

※ **계정계**: 금융권 시스템 중 고객의 거래(입금, 출금, 계좌이체 등)를 처리하는 핵심 시스템

※ **대외계**: 여러 기관의 대내외 망을 연결하는 시스템

이렇게 복구 목표와 관련된 핵심 지표를 수립하고 복구 계획까지 모두 수립하였다면 정기적으로 실제 상황을 가정한 모의훈련을 통해 계획의 실효성을 검증하고 개선점을 지속적으로 찾아나가야 합니다.

✎ 저자생각

BCP(Business Continuity Plan)는 조직의 생존과 지속을 위한 중요한 전략적 계획입니다. 많은 기업에서 업무 연속성 계획을 수립하지만 실효성을 확인하기 위해 정기적으로 검토하는 절차와 제도 보완이 필요합니다. 또한 모범 사례를 벤치마킹하고 최신 기술을 반영하여 BCP를 지속적으로 개선해 나가야 합니다.

011

DRS(Disaster Recovery System)

DRS(Disaster Recovery System, 재해 복구 시스템)란 정보시스템 및 데이터, 인프라가 큰 재난이나 중단 사태에도 불구하고 중단 없이 지속적으로 운영될 수 있도록 보장하는 절차와 기술을 의미합니다.

DRS에 대한 중요성은 과거부터 계속 강조되어 오긴 했지만 실제 이를 제대로 구축했던 사례는 드물었습니다. 특히 2022년 발생한 SK C&C 데이터 센터 화재 사고와 2023년 국가 행정전산망 먹통 사태는 DRS에 대한 기업들의 기존 인식에 전환 포인트를 만들어 준 것으로 평가되고 있습니다.

DR시스템이 제대로 구축되어 있지 않으면 결국 금전적인 손해와 기업의 신뢰성·브랜드 이미지 하락으로 이어질 수밖에 없기 때문에 DRS는 기업의 필수 요소입니다.

DRS는 어떻게 구성이 될까?

DRS는 메인이 되는 주 센터와 주 센터를 그대로 복제해서 동일 역할을 하는 복구 센터로 구성이 되어 있습니다.

각 센터 내에는 L2/L3/L4 스위치 등의 네트워크 장비와 WEB서버, WAS서버, DB 서버 등의 서버 장비가 이중화되어 구성됩니다. 또한 데이터를 저장하는 저장소의 역할을 수행하는 스토리지까지 이중화하여 구성합니다.

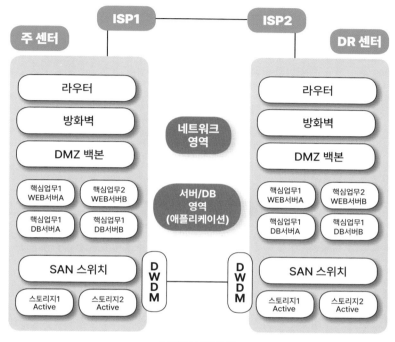

▲ DRS시스템 구성도

두 센터 간 실시간 동기화를 위해 DWDM(Dense Wavelength Division Multiplex, 고밀도 파장 분할 다중화)과 같은 데이터 고속전송 기술을 이용하여 비즈니스 연속성을 확보 하게 됩니다.

이때 주 센터와 복구 센터 간 데이터 동기화 및 복구 시간을 어느 수준으로 처리 할 것인지에 따라 구축 유형이 달라지게 됩니다.

DRS의 구축 유형에는 어떤 것들이 있을까?

DRS의 구축 유형은 다음과 같이 4가지로 나뉘게 됩니다. 장애 발생 후 복구 목표 시간을 '0'으로 잡고 주 센터와 동일한 환경으로 구축되는 Mirror Site, 복구 목표 시간을 '수 시간'으로 정하는 Hot Site 등의 유형이 있습니다.

유 형	설명	비용
Mirror Site	• 주 센터와 동일한 환경 • 재해 발생 시 즉시 대체 가동	높음
Hot Site	• 주 센터와 거의 동일한 수준의 자원 확보 • 재해 발생 시 수 시간 내 복구	↓
Warm Site	• 주요 업무에 대한 일부 장비만 구성 • 재해 발생 시 수일 내 주요 업무만 복구	
Cold Site	• 주 센터 데이터 보관 • 재해 발생 시 시스템 신규로 설치	낮음

재해 발생 시에 복구 목표 시간이 짧으면 짧을수록 DR 센터*는 주 센터와 거의 동일한 환경으로 구성되며 비용도 높아지게 됩니다. 따라서 기업들은 주요 업무와 정해진 예산에 따라 기업에 맞는 DR 센터를 구성하게 됩니다.

또한 DR 센터는 기업에서 자체적으로 구축해서 운영하는 독자구축형, 재해 복구 전문 서비스 업체에 위탁하여 운영하는 외부위탁형, 여러 기관이 공동 출자하여 DR 센터를 구성하는 공동이용형 등 기업의 상황·환경에 맞는 유형으로 구성할 수 있습니다.

---

*　　DR(Disaster Recovery)은 지진·홍수·사용자 실수 등 여러 요인에 의해 시스템이 중단되었을 때, 이를 정상화하는 행위를 의미합니다. 따라서 DR 센터는 시스템 복구를 위해 핵심 데이터를 실시간으로 복제하는 저장센터를 뜻합니다.

✍ 저자생각

DRS(Disaster Recovery System)와 재해 복구 전략을 수립할 때 재해 복구 센터는 지진, 전쟁, 홍수 등을 고려하여 100Km 이상의 원격지에 구축해야 합니다.
재해 발생 시 기업의 신뢰성 저하, 브랜드 이미지 하락으로 이어지지 않기 위해 기업의 상황과 환경에 맞는 DR 센터 구성은 필수 요소입니다.

PART

02

프로젝트 관리

프로젝트 관리는 특정 목표를 달성하기 위해 자원을 계획, 조직, 통제 및 조정하는 일련의 활동입니다. 프로젝트 관리의 개념이 확립되기 이전에는 프로젝트 진행이 전문가의 프로젝트 경험과 개성에 의존하는 부분이 많았습니다.

그러나 현재는 프로젝트 관리 기법을 사용함으로써 프로젝트 관리 요소들이 표준화가 되어 프로젝트 성과가 보다 높아지게 되었고 효율적 업무 수행이 가능해졌습니다. 이번 Part에서는 프로젝트 수행 시 꼭 알아야 할 개념들에 대해 다루어보겠습니다.

001

프로젝트 관리(Project Management)

　프로젝트 관리를 설명하려면 우선 프로젝트가 무엇인지 정확히 알아야 합니다. 프로젝트 관리 연구소(PMI: Project Management Institute)에서는 프로젝트를 '고유한 제품, 서비스 또는 결과를 만들기 위해 수행된 일시적인 노력'으로 정의합니다. 즉, 고객의 요구사항에 맞는 고유한 제품을 만들기 위해 프로젝트팀이 수행하는 정해진 일정 기간의 노력을 의미합니다.

　따라서 프로젝트 관리란, 프로젝트를 성공적으로 완료하기 위해서 일정, 자원, 인력, 리스크를 통제하는 절차, 프로세스 등 관리적인 체계를 말합니다.

프로젝트 관리의 특징	
일시성	프로젝트의 시작 시점과 종료 시점이 명확함
목적성	프로젝트의 목표를 달성하고자 하는 행위를 수행함
유일성	달성하려는 목적이 이전과 동일하지 않음

프로젝트 관리 프로세스란?

　프로젝트 관리의 지침을 제공하는 국제표준인 ISO 21500에서는 프로젝트 생명

주기 동안 발생하는 프로세스를 다음과 같이 5개로 구분하고 있습니다. 여기서 말하는 프로세스는 업무를 수행하는 과정을 의미합니다.

아래와 같이 착수, 계획, 실행, 통제, 종료 순으로 진행되며 각 단계가 서로 영향을 주고받으면서 반복되고 개선되어 나갑니다.

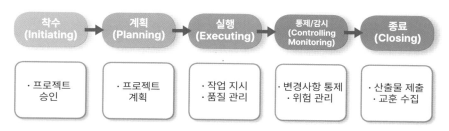

▲ 5단계 프로세스 그룹

단계	주요 활동	비용
착수	• 이해관계자 식별 • 프로젝트팀 편성	• 조직 배정, 프로젝트 관리자 임명 • 프로젝트 목표 승인 및 자원 확보
계획	• 프로젝트 계획 수립 • 예산 편성	• 프로젝트 목표 구체화 및 범위 정의 • 프로젝트 관리 기준선(Baseline) 수립
실행	• 프로젝트 작업 지시 • 품질 보증 수행	• 프로젝트 계획을 시행하는 단계 • 테스트 시나리오 작성 및 테스트 수행
통제	• 변경사항 통제 • 위험 관리	• 범위, 일정, 원가 등 통제 • 내·외부 프로젝트 위험 요소 식별·추적 관리
종료	• 프로젝트 산출물 제출 • Lessons Learned	• 프로젝트 종료를 위한 업무 수행 • 프로젝트 회고 및 교훈 수집

PM(Project Manager, 프로젝트 관리자)의 역할은?

프로젝트 관리자는 전체 프로젝트를 관리하며 성과를 도출해 내는 것이 주 역할입니다. 프로젝트는 정해진 예산과 범위 내에서 많은 인원들이 참여하기 때문에 관리자에게는 팀에 대한 책임을 지고 효율적인 관리를 할 수 있는 전문 지식과 여러 스킬이 필요합니다. 기본적으로 PM이 갖추어야 할 역량은 아래와 같습니다.

첫 번째로 프로젝트를 이끌어나갈 수 있는 리더십입니다. 프로젝트 규모마다 다르겠지만 프로젝트는 다양한 이해관계자들이 연관되어 있어 각자의 목표와 사정을 이해해야 하고 그들 사이에서 의견을 조율하는 소통창구 역할을 수행할 수 있어야 합니다. 또한 일을 순조롭게 진행하려면 일정 관리는 필수입니다. PM은 개발자, 디자이너, 현업 부서 등 다양한 이해관계자가 납득할 수 있도록 일의 우선순위를 합리적으로 정하고 기획했던 시스템을 일정 내 오픈할 수 있도록 스케줄을 짜고 계속해서 체크해야 합니다.

두 번째는 의사결정 능력입니다. 프로젝트에서는 워낙 이슈가 많이 발생하기 때문에 문제가 생겼을 때 문제의 원인을 파악한 후 팀원에게 정확한 해결방안을 제시하거나 의사결정을 내려야 합니다. 그런 다음 지속적으로 프로젝트 방향성을 점검하고 목표에 맞는 방향으로 프로젝트를 리딩해 나가야 합니다.

많은 이해관계자들 사이에서 경청과 설득을 지속적으로 반복해 나가야 하는 것이 PM(Project Manager, 프로젝트 관리자)의 역할입니다.

✍️ 저자생각

프로젝트의 중요한 요소는 요구사항의 정의와 식별, 명확하고 달성 가능한 목표 수립, 다양한 이해관계자들과의 커뮤니케이션입니다. 또한 프로젝트 관리를 위해서는 IT 분야의 기술적인 지식은 물론 구매와 조달, 계약과 법규에 대한 지식이 필요하며, 여러 이해관계자와의 원활한 소통을 위한 커뮤니케이션 스킬도 있어야 합니다.

002

프로젝트 범위 관리란

　목표 일정 안에 프로젝트를 성공적으로 완수하기 위해서는 프로젝트 범위를 통제 가능한 수준으로 사전에 정의하여, 범위 변경으로 인해 발생할 수 있는 생산성과 효율성 저하를 방지해야 합니다.

　그러기 위해서는 프로젝트 완수에 반드시 필요하지 않은 제품과 산출물을 생성하는 '골드 플레이팅(Gold-Plating)'을 방지해야 합니다. 또한 프로젝트에 착수하기 전에 가장 중요한 활동인 '요구사항 식별'을 통해 프로젝트 범위를 명확히 하고, 프로젝트 착수 이후에는 'WBS(Work Breakdown Structure)'를 통해 전체 업무의 일정을 관리해야 합니다.

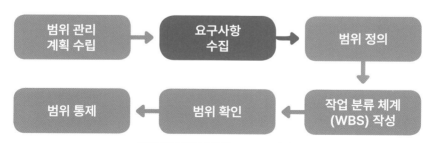

▲ 범위 관리 프로세스(출처: PMP Agile 바이블)

요구사항은 어떻게 수집하고 관리할까?

프로젝트 범위 관리에서 가장 중요한 단계는 바로 요구사항 수집 단계입니다. 왜냐하면 프로젝트가 시작되기 전에 고객이 원하는 관점과 목표를 식별하여 범위를 정의한 후에 이를 기반으로 WBS(Work Breakdown Structure, 작업 분류 체계)로 상세화되기 때문입니다. 고객이 정의한 요구사항을 기반으로 소프트웨어 개발의 전반적인 범위가 정해지게 되는 것입니다.

이렇듯 요구사항 관리는 아주 중요한 활동이며 요구사항을 수집하고 분석하여 명세화 및 검증하는 전반적인 과정을 요구공학이라고 부릅니다.

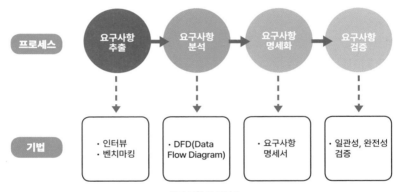

▲ 요구공학 프로세스

프로세스	상세 설명	기법
요구사항 추출	• 고객의 요구사항 식별 • 요구사항 수집	• 인터뷰, 설문조사 • 벤치마킹
요구사항 분석	• 요구사항 도출 단계 • 타당성 분석	• Data Flow Diagram • Use Case 기반 분석
요구사항 명세화	• 요구사항 문서화 • 요구사항 상호 협의	• 요구사항 명세서(S/W Requirement Specification)
요구사항 검증	• 요구사항 명세화 후 검증 • 일관성, 완전성 검증	• 확인(Validation) • 검증(Verification)

요구사항은 고객과 개발자 간의 공동 목표와 개발 범위에 대한 기준선으로 이어지기 때문에 명확하게 정의되어야 합니다. 또한 요구사항이 변경되는 것에 대해 기록되고 관리되어야 하며 변경사항에 대한 추적성이 반드시 보장되어야 합니다.

WBS(Work Breakdown Structure)는 무엇일까

요구사항의 수집과 분석을 통해 고객의 요구사항을 정의하고 그에 따른 프로젝트 전체 범위를 설정했다면 그다음에는 WBS(Work Breakdown Structure)를 작성해야 합니다. WBS는 프로젝트의 전체 업무 범위를 최소 단위의 업무로 분할한 것입니다. 보통 팀원이 1~2주 이내에 처리할 수 있는 단위로 세분화하여 프로젝트의 전반적인 단계에서 진척관리 도구로 활용하게 됩니다.

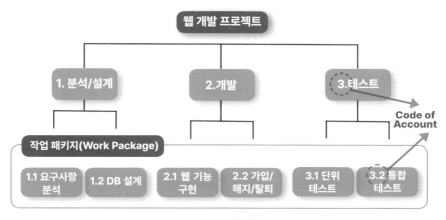

▲ WBS 작성 예시

위 사례에서 가장 하단에 있는 최하위 작업들을 '작업 패키지(Work Package)'라고 하며 각 작업들은 '고유 식별자(Code of Account)'라고 불리는 코드로 관리됩니다. 각 작업 패키지에 대한 작업 상세 내용은 '작업 분류 체계 사전(WBS Dictionary)'을 작성하여 관리하기도 합니다.

실무에서는 아래와 같이 WBS와 간트차트를 결합한 형태로 작성하여 범위 관리, 일정 관리 용도로 많이 활용하고 있습니다.

구분	주요업무	세부업무	상태	진척율	소요일	M W D	1M										
							1W							2W			
							1D	2D	3D	4D	5D	6D	7D	8D	9D	10D	11D
1.회계관리 메뉴			진행 중	50%	5												
	1.1 증빙서류 출력		진행 중	50%	5												
		1.1.1 세금계산서 출력 기능 구현	진행 중	50%	2												
		1.1.2 현금영수증 출력 기능 구현	진행 중	50%	3												

▲ 간트차트 형식과 결합한 WBS 활용 사례

또한 WBS는 모든 프로젝트 작업이 표시되기 때문에 최하위 수준의 전체 작업이 상위 수준으로 완전히 연동되어 추가되거나 남는 항목이 없어야 하는데 이를 '100% 규칙(WBS 100% Rule)'이라고 합니다.

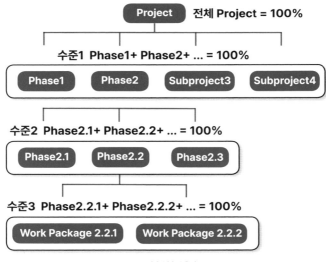

▲ WBS 100% Rule

✍️ 저자생각

프로젝트 범위 관리에서는 고객의 무분별한 요구사항 변경으로 인한 프로젝트 범위 변경이 이루어지지 않도록 프로젝트 초반에 요구사항을 명확히 분석하는 과정이 가장 중요합니다.

또한 프로젝트 범위는 범위 명세서 또는 WBS(Work Breakdown Structure, 작업 분할 구조) 등과 같은 공식적인 문서로 작성되어야 합니다. 여기에는 목표, 주요 작업, 일정에 대한 내용이 포함되어야 합니다.

CCM(Critical Chain Management)

CCM(Critical Chain Management, 주 공정 연쇄법)이란 프로젝트팀에서 한정된 자원과 프로젝트의 불확실성을 고려하여 프로젝트 일정 경로에 버퍼(Buffer)를 둘 수 있는 일정 계획 방법입니다.

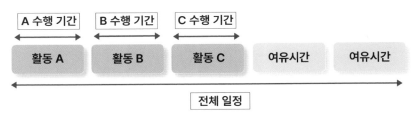

▲ 전체 여유시간을 통합된 버퍼로 책정

프로젝트의 일정 계획을 수립할 때 과다하게 설정될 수 있는 여유시간을 줄여서 통합된 버퍼로 책정하고 버퍼의 소진율을 모니터링하며 전체 일정을 관리하는 기법입니다. 일정을 보다 효율적으로 관리하고 지연을 예방하기 위한 방법이며, 아래와 같은 프로젝트 납기 지연 문제를 해결하기 위해 CCM 기법을 활용합니다.

피딩 버퍼	
파킨슨의 법칙	작업을 빨리 끝낼 수 있어도 주어진 시간을 모두 이용
자기방어	작업을 완료했어도 다른 작업을 시키기 때문에 작업 완료를 숨김
후행 작업 준비 미흡	후속 작업이 준비가 되어 있지 않아 일정이 지연
학생 증후군	마감 기한이 다 되어서야 뒤늦게 작업을 시작

CCM(Critical Chain Management)의 버퍼 관리 방법

CCM의 버퍼 관리 방법은 크게 두 가지가 있습니다. 첫 번째로 '프로젝트 버퍼
(Project Buffer)' 방식으로 Critical Chain상의 활동에서 확보한 버퍼를 Critical Chain
끝에 두어 관리하는 방법입니다. Critical Chain이란 쉽게 설명하자면 작업의 연속
성을 고려하여 생기는 하나의 체인을 뜻합니다.

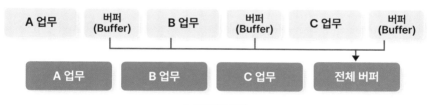

▲ 프로젝트 버퍼

두 번째는 '피딩 버퍼(Feeding Buffer)' 방식으로 Critical Chain에 연결되는 버퍼를
Non-Critical Chain(Critical Chain에 연결되어 있지 않은 별도의 작업)의 끝에 두어 관리하
는 방식입니다. 이 방법은 Non-Critical Chain의 작업이 지연되는 것에 따른 Critical
Chain의 작업 착수 지연을 방지하기 위한 방법입니다.

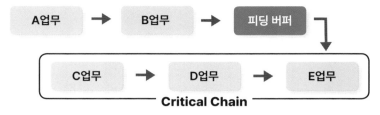

▲ 피딩 버퍼(Feeding Buffer)

프로젝트 도중 일정을 단축해야 한다면?

프로젝트를 수행하다 보면 일정이 지연되는 일이 발생하거나 예정된 일자보다 일찍 완료하기 위해 일정을 단축해야 하는 상황이 종종 있습니다. 프로젝트 수행 중 일정에 차질이 발생하는 경우 금전적인 손해로까지 이어지게 되기 때문에 일정 단축 등 대비책이 반드시 필요합니다.

일정 단축이 필요한 경우 사용하는 방법으로 공정압축법(Crashing)과 공정중첩단축법(Fast Tracking)이 있습니다. 공정압축법(Crashing)이란 직원들이 초과 근무를 하거나, 추가 인력을 투입해서 일정을 단축하는 방법이며 비용이 증가된다는 단점이 있습니다.

공정중첩단축법(Fast Tracking)은 쉽게 말해서 작업을 병행 수행 해서 일정을 단축하는 기법입니다. A라는 작업이 끝나고 나서 B 작업을 시작하는 것이 아니라, A 작업이 수행되는 중간 또는 마무리 시기에 B 작업을 중복해서 병행 작업 한다는 의미입니다. 두 작업 이상을 병행해서 수행하다 보면 아무래도 한 가지 작업만 하는 것보다 품질이 저하될 수 있고, 품질 저하로 인해 재작업을 해야 할 수도 있는 위험성이 증가한다는 단점이 있습니다.

두 가지 방법은 각각 장단점이 존재하기 때문에 프로젝트 상황에 맞는 일정 단축 기법 사용이 필요합니다.

✍️ 저자생각

CCM(Critical Chain Method)에서 버퍼는 프로젝트 전체 일정의 불확실성을 관리하기 위해 필요하며 예기치 않은 지연을 흡수하여 프로젝트가 제시간에 완료될 수 있도록 돕습니다.

프로젝트 일정 지연 시 기업의 금전적 손해로 이어지기 때문에 수시로 일정을 점검해야 하며 일정이 지연될 것에 대비해 사전에 대비책(예비비 편성 등)을 마련하는 것이 중요합니다.

004

형상관리

　형상관리 활동이란 소프트웨어 산출물을 체계적으로 관리하여 품질을 보증하는 활동입니다. 즉, SW개발이나 유지보수에서 만드는 각 단계별 산출물의 형상을 관리함으로써 품질을 향상하는 프로젝트 품질 관리 기법입니다.

형상관리는 왜 필요할까?

　소프트웨어는 실시간 눈으로 확인할 수 있는 객체가 아니라 무형성을 띠고 있기 때문에 기본적으로 관리와 통제에 어려움이 있습니다. 이런 소프트웨어의 특성으로 인해 시간이 지날수록 소프트웨어 내 소스코드의 일관성이 깨지고 개발자가 변경될 때마다 코드가 임의로 변경되는 일이 많습니다.

　이렇게 되면 향후 소프트웨어의 재사용성, 유지보수성이 현저히 낮아지고 이는 곧 SW 품질 하락으로 이어지게 됩니다. 따라서 소스코드뿐만 아니라 SW개발 생명주기에서 발생하는 산출물을 체계적으로 관리함으로써 품질을 보증하기 위해 형상관리는 꼭 필요한 활동입니다.

형상관리는 어떻게 수행될까?

　형상관리는 형상관리 대상을 식별하고 개발 단계별 기준선(Baseline)에 맞도록 통제하며 감사하고 기록하는 절차로 진행됩니다. 기록된 형상 항목들은 저장소(Repository)에 저장되며 소스코드, 프로그램, 산출물 등 형상관리 항목들에 변경이 필요할 때는 변경 승인 절차가 필요합니다. 이때에는 CCB(Configuration Control Board, 형상관리 위원회)라는 조직을 통해 변경 심사 과정을 거친 후 변경 대상이 적절하다 판단한 경우 변경을 실시하게 됩니다.

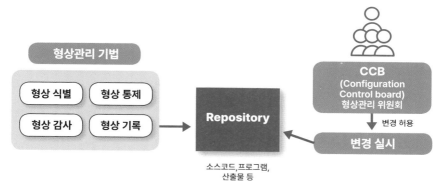

▲ 소프트웨어 형상관리 개념도

단계	상세 설명
형상 식별	형상관리 대상 구분, 관리 목록에 대한 번호 부여
형상 통제	SW 형상 변경 제안을 검토, SW 기준선에 맞게 통제
형상 감사	형상 변경 시 요구사항과의 일치 여부 검토
형상 기록	SW 형상 및 변경 관리에 대한 수행 결과 기록

형상관리 기준선(Baseline)이란?

소프트웨어 개발 과정의 각 단계별 산출물을 검토 · 평가하기 위해 변화를 통제하는 시점의 기준선입니다. 산출물 관리와 판단의 척도가 되며 형상관리를 할 때 이 기준선이 확정되어야 형상관리가 가능해집니다. 형상관리 기준선은 다음과 같은 종류로 분류됩니다.

(1) **기능적 기준선**: 사업수행계획서, 형상관리 계획서, 요구사항 관리대장

(2) **분배적 기준선**: 요구사항 정의서, WBS(Work Breakdown Structure)

(3) **설계 기준선**: ERD(Entity Relationship Diagram), 인터페이스 정의서

(4) **시험 기준선**: 소스코드, 단위 테스트 결과서

(5) **제품 기준선**: 테스트 시나리오, 통합 테스트 결과서

(6) **운영 기준선**: 최종 산출물, 사용자/운영자 매뉴얼

이러한 기준선들은 소프트웨어 개발 단계에서 다음 단계 진행 여부에 대한 의사결정의 지표가 되며, 다음 단계를 진행하기로 결정한 경우 그 시점까지의 산출물은 다음 단계에 대한 기준 문서가 됩니다.

✍ 저자생각

형상관리는 프로젝트 산출물의 변경사항을 체계적으로 관리하고 추적하는 과정을 말합니다. 모든 형상 항목(소스코드, 요구사항 명세서, 설계문서, 다이어그램 등)은 고유한 식별자를 부여받아 각 항목의 변경 이력을 명확히 추적할 수 있도록 해야 합니다. 이전 버전으로 되돌릴 수 있는 기능도 필요하며 이를 위해 Git, SVN, Mercurial과 같은 버전 관리 도구를 활용할 수 있습니다.

005

프로젝트 위험 관리(Risk Management)

프로젝트라는 것은 항상 계획한 대로 순조롭게 진행될 수가 없습니다. 다양한 내/외부 요인으로 인해 위험 요소는 언제든지 발생하기 마련이기 때문입니다. 그렇기에 프로젝트에서 위험(Risk)은 아주 중요한 요소입니다.

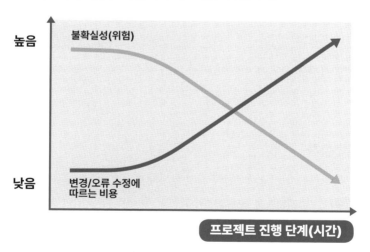

▲ 프로젝트 진행 단계에 따른 불확실성 정도

위험이란 프로젝트 기간 전체에서 발생하며 프로젝트의 정상적인 납기, 품질, 비용에 영향을 줄 수 있는 사건으로, 프로젝트 수행 중에 반드시 식별되고 관리되어야 할 요소입니다. 위험 관리는 이러한 위험을 식별하고 원인을 분석하며, 지속적으로 추적하여 목표에 대한 영향과 대응 방안 등을 관리합니다.

그리고 위험은 사전에 식별할 수 있는 수준에 따라 아래와 같이 구분됩니다.

구분	알려진 위험 (Known Risk)	알려지지 않은 위험 (Unknown Risk)
정의	발생 가능성을 사전에 식별할 수 있는 위험	발생 가능성을 사전에 식별할 수 없는 위험
대응 방안	우발사태 계획 수립 후 상황에 따라 유연하게 대응	리스크 발생 즉시 계획 수립 및 대응 동시 수행
예비비	우발사태 예비비(Contingency Reserve)를 위험과 연관된 작업에 할당	관리 예비비(Management Reserve)를 별도로 편성
기준선	원가 기준선 내	원가 기준선 외(승인 필요)
예비비 재량권	PM(프로젝트 관리자)	경영진

프로젝트 위험은 사전에 식별이 되지 않는 경우가 많기 때문에 프로젝트 생명주기 동안 위험에 대한 분석과 통제는 지속적으로 실행되어야 합니다.

위험 관리 절차

위험을 관리하는 절차는 우선 SW개발에 방해가 되는 요소를 식별하고, 위험 요소의 발생 확률과 영향도를 분석한 뒤, 분석한 결과에 따라 위험 우선순위를 정하여 그에 맞게 대책을 세우는 과정으로 이루어집니다.

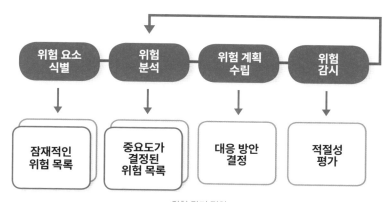

▲ 위험 관리 절차

절차	설명	기법
위험 식별	프로젝트 수행에 영향을 주는 위험 요소 식별 및 문서화	• 전문가 판단 • 인터뷰, 체크리스트
위험 분석	위험 요소가 발생할 가능성과 영향력 판단	• 위험 우선순위 결정
대응 계획 수립	위험을 최소화하기 위한 대응 방안 마련	• 위험 대응 계획(회피, 완화, 수용) • 보험 가입
감시 및 통제	식별된 위험 요소의 발생 확률과 변화 등 관리·감시	• 위험 감사 • 예방 활동 실시

위험을 미리 식별하고 분석하는 것은 쉬운 일이 아니므로 과거 프로젝트에서 위험을 분석한 경험이 많은 관리자에게 의존하게 되는 경우가 많습니다. 이럴 경우 의사결정 나무 분석, 민감도 분석 등 정량적인 위험 분석 기법을 통해서 위험의 영향을 구체적인 수치로 분석하는 단계가 필요합니다.

정량적 위험 분석 사례(민감도 분석)	
개념	여러 가지 위험 중 나머지 위험을 기준값에 고정한 상태에서 특정 위험의 변화가 프로젝트에 미치는 영향을 분석하는 기법
사례	 ▲ 토네이도 다이어그램을 활용한 민감도 분석
분석 결과	• 막대의 길이가 클수록 결과변수에 미치는 영향력이 크다는 것을 의미함 • '인력교체'에 가장 높은 우선순위를 부여하여 관리 필요

🖋 저자생각

프로젝트 위험 관리 시에는 프로젝트 초기에 가능한 많은 리스크를 식별하는 것이 중요합니다. 따라서 팀원, 전문가, 이해관계자 등 다양한 출처를 통해 리스크를 수집해야 합니다. 이후에도 프로젝트를 완료할 때까지 이해관계자들과 정보 공유를 위한 노력이 병행되어야 하며 회피, 전가, 완화, 수용 등 리스크 대응 계획을 수립하여 위험 관리를 철저히 수행해야 합니다.

006

소프트웨어 발주 프로세스

　기업이나 정부에서 필요한 정보시스템을 외부에서 조달하는 경우, 요구 기능을 정의하고 예산과 기간 등을 프로젝트 수주자에게 정확히 전달하여 최선의 수주자를 선정하기 위한 절차를 SW발주 프로세스라고 합니다. SW발주 프로세스가 적용되는 기본 유형은 정보화 전략 계획 사업, SW개발 사업, 운영 사업, 유지보수 사업이 있습니다.

사업 유형	설명
정보 전략 계획	정보화 사업을 성공적으로 실행하기 위한 계획을 수립하는 사업
SW개발	사용자가 필요로 하는 SW를 새롭게 개발하는 사업
시스템 운영	SW개발이 된 이후 사용에 문제가 없도록 관리하며 사용자 지원 업무가 강조된 사업
시스템 유지보수	SW를 사용함에 있어 문제가 발생하여 기존의 SW를 개선하는 사업

SW발주 프로세스는 왜 정의할까?

SW사업을 발주할 때는 RFP(Request For Proposal) 작성, 제안요청 발표회 등 발주자 측면의 프로세스와 공급자 측면의 프로세스가 구분되어 있습니다. 이러한 프로세스를 발주자가 정확히 인지하지 못하면 프로세스 진행 과정에서 문제가 발생할 수 있고, 담당자 간 책임 소재 문제로 인해 업무가 누락되는 위험이 발생할 수 있습니다. 프로젝트에 불필요한 소모적인 논쟁을 줄이고 SW발주 업무를 체계적으로 수행하기 위해 SW발주 프로세스가 필요합니다.

소프트웨어 발주 프로세스

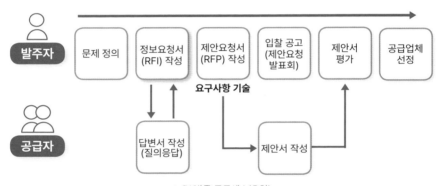

▲ SW발주 프로세스(요약)

소프트웨어 발주는 발주자의 문제 정의로부터 시작해서 RFP(Request For Proposal)를 통해 요구사항을 정의하여 프로젝트 내용, 기간 등을 특정 시스템에 공시하게 됩니다. 공공기관의 경우에는 '나라장터(www.g2b.go.kr)'라는 국가종합전자조달시스템에 입찰 공고를 게시하게 되고 일반 기업은 기업 내부적인 프로세스를 따르게 됩니다. 입찰 공고 이후에는 공급업체가 제안서를 작성하여 발주기관에 제출하게 되고 발주기관이 제출된 제안서를 평가하여 공급업체를 최종 선정 하게 됩니다.

발주자는 제안요청서(RFP)를 작성하기 전에 공급자(외주업체)의 정보를 파악하기 위한 용도로 RFI(Request For Information)를 작성하여 공급업체에 보내게 됩니다. RFI를 받은 공급자는 업체 정보, 보유 기술, 고객사 현황 등을 작성하여 발주자에게 회신하게 됩니다.

발주 프로세스에서 가장 중요한 사항은 제안요청서(RFP) 작성 단계로, 발주자의 요구사항이 잘 반영되어야 하며, 공급자에게 제안서 작성을 위한 명확한 지침 · 방향을 줄 수 있는 수준으로 작성해야 합니다.

절차	내용	산출물
발주 준비	• 개념 및 요구 상세화 • SW 요구사항 정의	• 운영 개념 기술서 • 요구사항 명세서
제안요청서 작성	• 요구사항 문서화 • 계약 조건 정의	• 제안요청서(RFP) • 계약 조건 명세서
업체 선정	• 입찰 공고 및 제안설명회 • 공급자 선정	• 제안서 평가 결과 • 계약서
공급자 관리	• 사업수행계획서 승인 • 공급자 계약 이행 점검	• 사업수행계획서 • 회의록
인수 및 종료	• 인수 테스트 • 사업 종료	• 시험 결과 보고서 • 사업 종료 결과서

SW발주 프로세스를 기업 · 기관에 성공적으로 적용하고 활용하기 위해서는 담당자들뿐만 아니라 전사적으로 SW발주 프로세스의 중요성을 인식하고 적극적으로 활용하려는 노력이 필요합니다.

또한 기업의 상황에 맞게 프로세스를 '테일러링'하고 담당자들의 지속적인 교육을 통해 프로세스를 내재화하는 것이 중요합니다.

✐ 저자생각

소프트웨어(SW) 발주 관리 업무를 발주자가 잘 이해하고 있다면 원하는 SW를 만들고 효과적으로 시스템을 운영해 나갈 수 있습니다.

만약 소프트웨어 발주 관리 업무를 발주자가 잘 알지 못한다면 불필요한 프로세스가 추가되거나 비용과 시간을 낭비할 수 있게 됩니다. 따라서 프로세스 내재화를 위해 지속적인 직원 교육과 노력이 동반되어야 합니다.

007

IT 투자 성과 분석

　IT 투자 성과 분석이란 IT 투자 대안에 대한 성과를 정량적·정성적으로 측정하고 투자에 대한 의사결정을 지원하기 위한 분석 방법입니다.

　과거의 기업은 비용 절감, 생산성 향상, 특정 문제 해결을 목적으로 큰 저항 없이 IT에 투자를 해왔습니다. 하지만 최근 들어 많은 경영자들이 기업의 IT 관리와 관련하여 그 생산성을 측정하고 성과를 분석하는 것을 중요하게 인식하기 시작했습니다. 기업의 CEO가 이러한 문제에 관심을 갖게 된 것은 IT에 대한 투자 규모가 급격하게 늘어났고, IT가 조직의 목표를 달성하는 데 있어 결정적인 역할을 수행하기 때문입니다.

재무적 분석 방법

　경영자들은 IT 투자를 평가하기 위해 주로 아래와 같은 재무 분석 지표를 사용합니다. 재무적 분석의 시작이자 가장 중요한 것은 ROI(Return On Investment) 분석이며 이는 프로젝트의 경제적 관점을 정확히 보여주는 지표입니다.

구분	내용	예시&수식
투자 수익률 (ROI: Return On Investment)	프로젝트 투자 대비 수익률	ROI = 순이익/투자액 * 100%
순 현재가치(NPV: Net Present Value)	미래의 현금흐름을 현재 기준으로 환산한 수익과 투자 금액의 차이 (NPV가 클수록 좋다)	이자율이 연 10%라 가정할 때, 현재의 100원은 1년 뒤의 110원과 동일한 개념으로 가치를 판단(이를 기반으로 일정 기간의 할인율 적용)
비용 편익비(Benefit Cost Ratio)	비용 대비 편익 비율	BCR = 수익/비용 ㉠ 100원 투자해서 200원의 수익을 얻으면 BCR은 2:1이다.
투자 회수기간 (Payback Period)	프로젝트에 투자한 현금을 모두 회수하는 데 걸리는 시간	프로젝트 시작 시점부터 누적 현금흐름이 '+'로 돌아서는 시점까지의 기간

재무 지표는 정량적이기 때문에 전통적으로 투자 성과를 분석할 때 사용하지만, IT 투자는 다른 프로젝트와 달리 IT에 따른 효익을 직접적으로 정량화하기 어려운 부분이 있기 때문에 정성적 지표 등 다른 분석 방법들과 같이 활용하여야 합니다.

정성적 분석 방법 - BSC(Balanced Score Card)

균형성과표(BSC, Balanced Score Card)란 기업의 전략을 수행하기 위해 구체적인 계획을 설정하여 통제하는 경영관리시스템입니다. 동시에 ROI와 같은 기존의 전통적인 재무적 지표에 더하여 기업의 성과를 제대로 평가하기 위한 정성적인 지표이기도 합니다.

즉 고객 관점, 내부 프로세스 관점, 학습 및 성장 관점과 관련한 운영상의 지표들을 포함하여 성과 평가를 하는 것이 더 정확한 투자 성과 평가 방법론이 된다는 의미입니다.

고객 관점의 지표는 고객의 만족도 향상과 고객의 충성도 제고를 위해 고객 관계 관점에서 평가하는 지표를 의미합니다. 또한 내부 프로세스 관점의 지표는 조직 내부 프로세스의 최적화 관점에서 성과 평가를 하는 것입니다. 예를 들면 신제품 개발 건수나 생산 Cycle Time을 지표로 설정하고 서비스의 질을 높이기 위해 어떤 노력을 했는지를 평가하는 지표입니다.

마지막으로 학습과 성장 관점의 지표는 조직 구성원의 노력과 역량 증진에 대한 성과를 평가하는 지표입니다. 예를 들면 자격증 취득 건수, 임직원 만족도 등을 지표로 설정할 수 있습니다.

일반적인 BSC 기법이 IT의 성과 평가에 적용할 수 있도록 변환하면 아래와 같습니다. IT 부서는 내부적인 서비스 제공자이므로 일반적인 BSC의 재무, 고객, 내부 프로세스, 학습과 성장 관점이 각각 기업 공헌도, 사용자, 운영 프로세스, 미래지향적 관점으로 매칭됩니다.

관점	목표	지표
기업 공헌도 관점	IT 투자부터 사업 가치 창출	IT 비용 관리, 신규 사업 가치
사용자 관점	선호되는 정보시스템 공급	고객 만족도, 사용자의 파트너십
운영 프로세스 관점	IT 제품/서비스의 효율적 프로세스 지원	문제 해결 시간, 요구사항 대응 시간
미래지향적 관점	미래의 변화를 기회로 이용	신기술 관련 연구, IT 연구 예산 비율

IT BSC는 IT 성과 평가에 새로운 시각을 제시하여 재무적 측정 지표의 한계를 극복하고 IT 가치와 성과를 합리적이고 보다 객관적으로 측정할 수 있도록 하는 기법입니다.

PART

03

소프트웨어 공학

Software Engineering(소프트웨어 공학)은 소프트웨어를 개발하는 데 있어서 어떻게 개발할지, 무엇을 개발할지와 같은 방법과 도구 그리고 이론을 모두 포함한 포괄적인 개념입니다. 프로젝트 개발 모델부터 비용산정까지 전반적인 소프트웨어의 개발의 생명주기에서 주요한 항목을 해당 파트에서 다루어 보겠습니다.

001

프로젝트 개발 모델

프로젝트 개발 모델의 필요성

건물을 지을 때 어떠한 프로세스 없이 매일매일 닥치는 대로 처리한다면 놓치는 부분이 발생할 수 있어 건물의 안전성도 떨어지고, 일에 순서가 없기 때문에 생산성 또한 매우 떨어질 것입니다.

IT 프로젝트도 마찬가지입니다. 프로젝트를 완수하기 위해서는 많은 인원이 협업해야 하는 상황이므로 일원화된 프로세스로 업무를 진행해야 원하는 제품의 품질과 일정을 맞출 수 있습니다.

이처럼 프로젝트의 일정한 품질과 일정 그리고 산출물을 보장하기 위해서 적용하는 프로세스가 프로젝트 개발 모델입니다.

프로젝트 개발 모델과 개발 방법론의 차이

프로젝트 개발 모델과 개발 방법론을 혼용해서 사용하는 경우가 많은데, 두 개념 모두 프로젝트를 성공적으로 이끌기 위한 개념이지만 목적이 다릅니다.

개발 모델의 경우 프로젝트를 진행하는 절차와 과정에 목적을 두지만 개발 방법론의 경우 원리와 원칙 그리고 산출물(Deliverables)에 목적을 둡니다.

개발 모델의 종류

개발 모델의 종류는 크게 폭포수(Waterfall), 프로토타입(Prototype), 나선형(Spiral), 애자일(Agile) 4가지로 분류할 수 있습니다.

먼저 폭포수(Waterfall) 모델은 일반적으로 애자일과 같이 많이 사용되는 모델로서 분석, 설계, 구현, 테스트, 릴리즈, 유지보수가 순차적으로 진행되는 개발 모델입니다. 프로젝트 규모가 큰 경우 위험을 줄이기 위해 해당 모델을 사용하는 경우가 많습니다. 다만 요구사항이 중간에 변경되거나 추가될 경우 변경사항을 반영하기 어렵다는 단점이 있습니다.

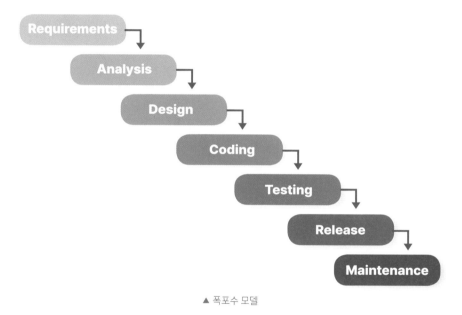

▲ 폭포수 모델

두 번째로 프로토타입(Prototype) 모델은 요구 분석 후 빠른 설계를 기반으로 프로토타입을 만들어 고객과 함께 확인한 뒤 적용하는 개발 모델입니다. 의사소통 관점에서는 고객과 정확한 커뮤니케이션을 할 수 있다는 장점이 있지만, 단계별로 프로토타입을 개발해야 하므로 비용과 일정 면에서 부담이 있는 개발 모델입니다.

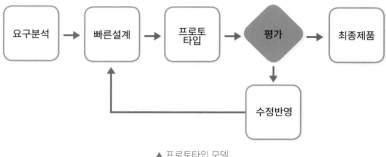

▲ 프로토타입 모델

세 번째로 나선형(Spiral) 모델은 요구사항 분석, 위험 분석, 프로토타입 개발, 사용자평가를 반복적으로 진행하면서 프로젝트를 진행하는 모델입니다. 프로젝트의 위험도가 높은 경우 해당 모델을 적용하여 위험을 줄인다는 장점이 있지만, 프로토타입과 같이 일정과 비용 면에서 많은 부담을 안고 진행해야 하는 개발 모델입니다.

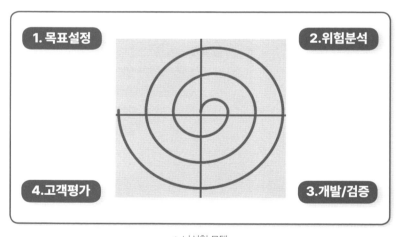

▲ 나선형 모델

마지막으로 애자일(Agile) 모델은 고객과 협력하고, 변화에 능동적으로 대응하며, 작동하는 소프트웨어 중심으로 빠르게 프로젝트를 진행하는 모델입니다. 해당 모델은 소규모 프로젝트 환경이나 MSA(Micro Service Architecture) 환경에서는 적합하나, 대규모 프로젝트에 적용하기에는 계속 반복되는 작업과 프로토타입 개발로 인해 전체 목표를 달성하기 어렵다는 단점이 있습니다.

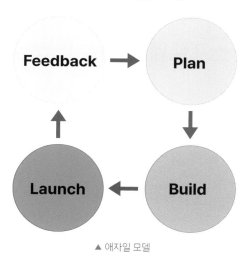

▲ 애자일 모델

주요 개발 모델에 대해서 다루어보았습니다. 다음 토픽에서는 원칙과 산출물 관점인 개발 방법론에 대해서 이야기해 보겠습니다.

✍ 저자생각

프로젝트의 일정한 품질과 일정을 보장하기 위해서 적용하는 것이 개발 모델이며 개발 모델을 바탕으로 여러 팀원이 동일한 프로세스대로 협업하여 프로젝트의 성공률을 높일 수 있습니다.

소프트웨어 개발 방법론

소프트웨어 개발 방법론이란?

소프트웨어 개발 방법론(Software Development Methodology)은 소프트웨어를 개발하는 방법에 대한 이론으로서 소프트웨어 개발 과정, 절차, 방법, 산출물, 기법, 도구들을 체계적으로 정리하고 표준화한 것 입니다.

이러한 개발 방법론의 적용 없이 프로젝트를 진행한다면 작업 절차나 방법이 명확하지 않고 관리가 어려워져 결국에는 프로젝트가 산으로 가는 결과를 맞이할 수도 있습니다.

▲ 개발 방법론

좀 더 쉽게 설명을 하자면 서울에서 부산까지 가는 프로젝트가 있다고 할 때 우리는 부산까지 자동차, 버스, 기차, 비행기 등을 통해서 갈 수 있습니다.

이때 자동차, 버스, 기차, 비행기가 개발 방법론이라고 할 수 있습니다. 어떤 방법론을 선택하든 서울에서 부산까지 가는 프로젝트를 완수할 수 있습니다. 어느 누가 비행기를 타든 1시간 정도 걸려 부산까지 도착할 수 있다는 동일한 결과를 낼 수 있고 공항으로 이동해서 체크인을 하고 짐 검사를 하는 등의 절차도 동일합니다.

이처럼 개발 방법론은 어떤 PM(Project Manager)이 적용하든 동일한 산출물과 결과를 낼 수 있도록 방법을 제시해 주는 이론이라고 할 수 있습니다.

개발 방법론의 구성요소

개발 방법론의 주요 구성요소는 아래와 같습니다.

구성요소	내용
작업 절차	프로젝트를 진행하는 절차 및 순서
작업 방법	각 프로젝트 단계마다 해야 할 일
산 출 물	프로젝트 단계별로 나오는 결과물(산출물)
관 리	프로젝트 진행에 대한 모니터링과 제어
기 법	진행 단계마다 사용하는 도구(모델링 도구 등)

각 개발 방법론별로 다양한 절차와 기법, 도구가 있고 이를 프로젝트 전체에서 공통적으로 사용하고 적용해야만 프로젝트를 성공적으로 이끌 수 있으며, 그렇기 때문에 대부분의 프로젝트는 개발 방법론을 도입하여 진행을 합니다.

개발 방법론의 종류

소프트웨어의 개발 방법론은 크게 정보공학 방법론, 객체지향 방법론, CBD 방법론, 애자일 방법론으로 나눌 수 있습니다. 4가지 방법론의 단점을 보완하거나 각각의 방법론의 장점을 따온 개발론도 있습니다.

방법론	내용
구조적	• 데이터의 구조와 흐름에 기반한 전통적인 방법론 • 요구분석 〉 구조분석 〉 구조설계 〉 프로그래밍
정보공학	• 소프트웨어 공학 발전에 따라 등장한 방법론 • 전략계획 〉 업무분석 〉 업무설계 〉 구축
객체지향	• 분석, 설계, 구현을 객체 중심으로 진행 • 데이터도 객체를 기반으로 설계
CBD (Component)	• 개발된 컴포넌트 조립, 재사용성 극대화 • 도메인 분석을 통한 컴포넌트 구현과 재사용
애자일	• 사람, 소프트웨어, 변화 대응, 협력 기반 방법론 • XP, SCRUM, Kanban 등이 주요 기법

각각에 대해서 상세하게 설명하기에는 지면이 너무 부족하지만 최근에는 이러한 개발 방법론 중 시대의 흐름에 따라서 애자일 방법론(XP, SCRUM, Kanban)이 많이 사용되고 있어서, 애자일 방법론과 그 외로 나누어진다고 봐도 무방할 것 같습니다. 이후에 애자일 방법론에 대해서 좀 더 자세하게 다루어 보고자 합니다.

✍️ 저자생각

어떤 개발 방법론이 가장 좋다고 단정 짓기는 매우 어렵습니다. 서울에서 부산 가는 방법이 여러 가지가 있고 상황에 맞게 선택하는 방법이 옳듯이 프로젝트도 여러 가지 상황이 있기 때문에 프로젝트 상황에 맞는 방법론을 선택해서 적용해야 합니다. 그리고 하나의 개발 방법론을 고수하기보다는 여러 개발 방법론의 장점을 테일러링(tailoring)하여 프로젝트에 좀 더 fit하게 적용하는 것이 좀 더 효율적인 프로젝트 진행을 이끌 수 있다고 생각합니다.

애자일 개발 방법론

이전 토픽에서 개발 방법론에 대해 이야기하였습니다. 개발 방법론 전체를 다 다룰 순 없지만 요즘 많은 기업에서 적용하고 있는 애자일 개발 방법론에 대해서는 세부적으로 알아보고자 합니다.

애자일 개발 방법론의 원칙

애자일 하면 가장 먼저 떠오르는 것은 애자일 선언문입니다. 무슨 방법론에 선언문까지 있느냐 하겠지만 이 선언문 자체가 애자일 방법론의 모든 것을 대변하고 있으므로 한번 소개해 드리겠습니다.

__Individuals and interactions__ over processes and tools
__Working software__ over comprehensive documentation
__Customer collaboration__ over contract negotiation
__Responding to change__ over following a plan
애자일 선언문 중

애자일 선언문 중 4가지 핵심 가치를 대비적으로 보여주는 부분입니다. 오른쪽 구절 대비 왼쪽 구절의 가치가 훨씬 높다는 원칙이며 팀원 간의 협력, 작동하는 소프트웨어, 고객과의 협력, 변경사항에 대한 수용이 그 4가지 가치입니다.

이러한 가치에 맞게 애자일 방법론은 소프트웨어 관점에서 변화에 능동적으로 대응하고 고객 그리고 동료와의 협업을 중요시하도록 방법론이 구성되어 있습니다.

애자일 방법론의 종류

애자일 방법론은 린(Lean), 칸반(Kanban), XP(eXtreme Programming), SCRUM 등 다양하게 있지만 애자일 방법론 중 IT기업에서 기간에 사용하는 SCRUM에 대해서 간단히 설명해 드리겠습니다.

SCRUM은 보통 업무 기간을 2주 ~ 4주 단위의 스프린트로 나누어서 진행하는 방법론입니다. 그리고 해당 기간에 처리할 업무를 정하여 집중해서 처리하고, 리뷰와 회고를 통해서 해당 스프린트를 마무리합니다. 그리고 이러한 절차를 프로젝트 완료 시까지 반복적으로 진행하며 프로젝트를 완수합니다.

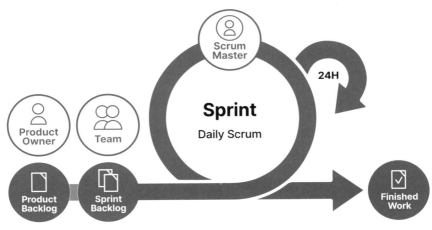

▲ 스크럼 개발 방법론

기간은 짧지만 해당 스프린트 내에 시연할 산출물(Prototype)이 나와야 하고, 회고를 통해서 고객과 짧은 단위로 소통하므로 빠르게 프로젝트를 진행하고 변화에 능동적으로 대응할 수 있다는 장점이 있습니다.

SCRUM은 애자일 방법론의 4대 가치인 작동하는 소프트웨어, 협력과 변화 등에 능동적으로 대응하도록 구성되어 있는 방법론이기도 합니다.

관점	애자일 방법론	폭포수 방법론
요구사항 관리	지속적인 요구사항 개발 및 변경 수용	초기 요구사항 수집 및 엄격한 변경 관리
계획 수립	• 잦은 계획 수립&갱신 • 경험 기반 프로세스	• 상세한 계획 수립(Up-Front) • 계획 기반 프로세스
설계	적시(Just-in-time) 설계	상세한 사전(Up-Front) 설계
문서화	문서화보다 코드를 강조	상세한 문서화 강조
역할	전체 팀워크 중요	엄격한 역할 분리

✍ 저자생각

애자일 방법론이 무조건적으로 좋거나 생산성을 높이는 개발 방법론은 아닙니다. 애자일은 기업과 조직의 개발 문화가 애자일의 선언문과 방향성이 맞을 때 도입해야 효과적으로 프로젝트 진행을 이끌 수 있습니다.

004

소프트웨어 아키텍처

소프트웨어 아키텍처란?

도시를 개발할 때 교통 상황, 상업시설, 문화시설, 교육시설, 치안 등을 고려하지 않으면 각종 교통 인프라나 편의성·안전성이 떨어져 좋은 도시가 될 수 없습니다.

이처럼 소프트웨어 아키텍처는 좋은 소프트웨어를 만들기 위한 기본 체계나 청사진을 말합니다. 아키텍처가 없다면 해당 소프트웨어는 제 기능을 하지 못하거나 특정 사용자만 만족하는 반쪽짜리 소프트웨어가 될 확률이 높습니다.

소프트웨어 아키텍처의 특징

특징	내용
간략화	이해하고 추론할 정도의 간결성 유지
추상화	추상적인 표현을 사용하여 복잡도를 관리
가시성	시스템이 포함해야 할 것들을 가시화
관점모형	이해관계자의 관심사에 따른 모형 제시
의사소통수단	이해관계자 간 원활한 의사소통 수단으로 이용

여기서 이해관계자는 소프트웨어를 사용하는 사용자를 말하며 외식기업으로 비유하면 임원, 매장 직원, 점장, 마케터 등이 될 수 있습니다.

여러 이해관계자(Stakeholder)의 다양한 관심사를 포함할 수 있도록 시스템이 구성되어야 하며, 시스템은 이것을 지원할 수 있는 아키텍처로 구성되어야 합니다.

예를 들면 재무 담당자의 요구사항에만 맞추어 시스템을 저렴하게 구축하면 성능이나 장애 발생 소지가 높아지거나 안정적이지 않은 시스템이 될 수 있기 때문에 IT 담당자의 요구사항도 적절히 수용할 수 있는 시스템으로 구성할 수 있도록 아키텍처를 균형 있게 잘 설계해야 합니다.

소프트웨어 아키텍처의 국제표준

소프트웨어 아키텍처는 소프트웨어를 개발할 때 매우 중요하기 때문에 안정적인 설계가 될 수 있도록 국제적인 표준으로도 제정되어 있습니다. 아래는 아키텍처의 국제표준인 IEEE 42010의 개념도입니다.

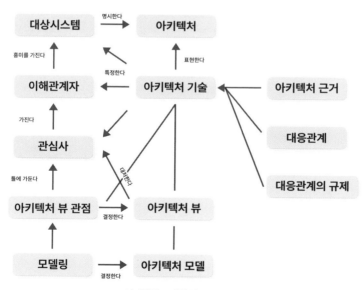

▲ 아키텍처 프레임워크(IEEE 42010)

복잡해 보이지만 많은 이해관계자가 어떤 관점으로 아키텍처를 보고 있고 대상 시스템의 아키텍처가 어떠한 근거로 설계되고 기술되어야 하는지를 나타내고 있습니다.

내용이 어렵지만 위 국제표준의 중요한 구성요소를 정리하면 아래와 같습니다.

구성요소	내용
대상시스템	아키텍처를 적용해야 하는 시스템 또는 Application
이해관계자	해당 시스템에 관심을 갖는 개인 또는 조직
관심사	시스템 목적, 기능, 구조, 지원가능성, 상호운용성
아키텍처	시스템의 청사진, 시스템 구성 및 관계
아키텍처 기술	아키텍처의 이해와 분석, 구축을 위한 설명서

이 외의 상세한 내용은 조금 깊이가 있는 부분으로서 대상시스템에 대한 관심이 있는 사람(이해관계자)들과 그들의 관심사에 맞는 아키텍처를 선택하고 청사진을 그려나가는 것이라고 이해하면 될 것 같습니다.

다음은 이러한 아키텍처의 모델 중에 가장 대표적인 모놀리식(Monolithic) 아키텍처와 MSA(Microservice) 아키텍처에 대해서 살펴보겠습니다.

> ### ✍ 저자생각
>
> 살 사람의 요구에 맞게 구조가 잘 짜인 집이어야 편안하게 지낼 수 있듯이 소프트웨어도 사용자의 요구를 잘 수용할 수 있도록 구조(아키텍처)를 잘 설계하여 만들어야 합니다.

005

모놀리식 아키텍처와 MSA 아키텍처

이전 토픽에서 소프트웨어 아키텍처에 대해서 설명을 드렸는데, 그중에 시스템 구성에 가장 많이 사용되고 있는 모놀리식(Monolithic)과 MSA(Microservice)에 대해서 비교하여 설명해 드리겠습니다.

모놀리식(Monolithic) 아키텍처란?

모놀리식 아키텍처는 전통적으로 많이 사용해 오던 아키텍처로서 시스템의 구성요소가 모두 한 프로젝트 또는 한 시스템 안에 포함되어 있는 형태의 아키텍처입니다.

우리가 사용하는 컴퓨터에 비유를 한다면 노트북이 모놀리식 아키텍처입니다. 노트북은 한 제조사에서 설계부터 조립 판매까지 모든 부품을 선택하여 완성된 형태로 제공을 합니다. 그렇기 때문에 하나하나의 부품을 선택하여 구성하긴 어렵지만 제조사에서 AS부터 교환 · 반품 등의 모든 업무를 한 번에 처리할 수 있습니다.

이처럼 모놀리식 아키텍처는 모든 서비스가 하나의 시스템 안에 포함되어 서로 연관되어 작동하며, 대표적으로 DB(Database)를 하나로 사용하여 정보를 관리하는 구조로 되어 있습니다.

MSA(Microservice) 아키텍처란?

MSA 아키텍처는 모놀리식과 반대로 각각의 서비스마다 별도의 분리된 시스템으로 구성하는 아키텍처입니다.

위의 모놀리식처럼 컴퓨터에 비유한다면 눈치채셨겠지만 조립식 PC가 이에 해당합니다. 조립식 PC는 원하는 부품을 사용자가 선택하여 조립하는 형태로 구매하여 사용합니다. 그렇기 때문에 하나하나의 부품을 선택하여 구성하긴 좋지만 문제가 생길 경우 각각의 부품을 제조사에 요청해야 하는 번거로움이 있습니다.

이처럼 MSA 아키텍처는 각각의 서비스가 별도의 시스템으로 구성되고 시스템 간 Interface(시스템 간 데이터 송수신)를 통해서 데이터를 공유하는 방식으로 구성되는 아키텍처입니다.

모놀리식 아키텍처와 MSA 아키텍처의 구성도 비교

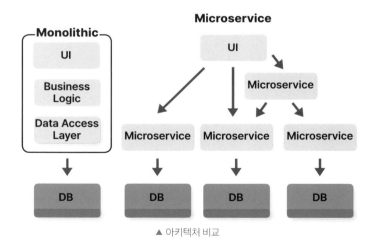

▲ 아키텍처 비교

위의 그림에서 보다시피 모놀리식 아키텍처의 경우 시스템이 하나의 UI(User Interface)와 비즈니스 로직으로 구성되고, MSA의 경우 시스템별로 하나의 단위인 Microservice로 나누어져 구성되고 각각의 Microservice가 서로 통신하는 구조로 되어 있습니다. 이후 Database 편에서 다루겠지만 가장 큰 차이점은 데이터 저장을 하나의 Database에서 하느냐 아니면 각각의 서비스에서 별도의 Database로 구성하느냐입니다.

모놀리식 아키텍처와 MSA 아키텍처의 장단점 비교

항목	모놀리식	MSA
장점	• 단순하고 일관성 있는 시스템 구조로 관리 편리 • 서비스 간 통신이 같은 비즈니스 내에서 진행되므로 성능이 빠름 • 모니터링과 디버깅 용이	• 시스템 확장에 유연성이 높음 • 빠른 배포가 가능하고 변경에 유연함 • 단일 시스템이어서 유지관리 안정성이 높음 • 기술 스택에 대한 유연성이 높음
단점	• 시스템의 변경에 따른 영향도의 범위가 전체 시스템에 미치므로 장애에 민감함 • 개발 및 배포 속도가 느림 • 기술 스택에 대한 유연성이 적음	• 유지관리가 어려움(분야별 전문가 필요) • 복잡성으로 인한 모니터링, 디버깅이 어려움 • 무분별한 MSA구조로 인한 성능 및 트랜잭션 관리 이슈

요새 많은 IT기업에서 MSA를 도입하고 있습니다. 하지만 시스템을 구성할 때 MSA가 반드시 좋은 것도 아니고 모놀리식 아키텍처가 반드시 나쁜 것도 아닙니다. 비즈니스에 대해 면밀히 분석하고 조직 체계와 전문인력 등을 고려하여 아키텍처를 구성해야 합니다.

✍ 저자생각

아키텍처는 대표적으로 모놀리식 아키텍처와 Microservice 아키텍처(MSA)가 있습니다. 각각은 완제품 노트북과 조립식 PC로 비유될 수 있습니다. 각 아키텍처의 장단점과 특징을 알고 현재 비즈니스를 분석하고 이를 운영할 조직 상황을 파악하여 적절한 아키텍처를 도입해야 합니다.

디자인 패턴(Design Pattern)

디자인 패턴(Design Pattern)이란?

디자인 패턴은 이름만 본다면 마치 디자이너가 사용하는 패턴으로 생각할 수 있습니다. 하지만 IT Design(설계) 관점의 패턴들을 디자인 패턴이라고 합니다.

시스템을 만들고 이용할 때 개발 비용보다 다 만들어 놓고 유지보수 하는 비용이 더 많은 비중을 차지하는 경우가 많습니다.

그래서 시스템을 만들 때 나중에 유지보수가 용이하고 비용이 적게 들도록 잘 만들어야 합니다. 과거부터 많은 선배 개발자들이 유지보수나 확장성 등이 좋다고 증명된 설계 형태를 모아둔 것이 디자인 패턴이라고 할 수 있습니다.

디자인 패턴의 등장 배경

1980년대에 들어서면서 소프트웨어 시스템이 점점 더 복잡해짐에 따라 대규모 시스템을 설계하고 구현하는 과정에서 발생하는 문제들을 체계적으로 해결할 필요가 커졌습니다.

객체지향 개발 방법론의 적용과 더불어 디자인 패턴은 1987년에 작성된 'Using Pattern Languages for Object-Oriented Programs'를 통해 제안되었습니다.

이후 1995년에 이른바 4인방(Gang of Four)이 쓴 23개의 디자인 패턴을 수록한 'Design Patterns: Elements Of Reusable Object-Oriented Software)'라는 책이 출판되고 나면서 유명해졌습니다.

현재는 정말 많은 디자인 패턴들이 발표되어 있으므로 이러한 디자인 패턴 중에 시스템에 맞는 패턴을 적용하여 유지보수성과 재사용성을 높일 필요가 있습니다.

디자인 패턴의 종류

디자인 패턴은 너무 많기 때문에 생성 패턴, 구조 패턴, 행위 패턴의 3가지 카테고리로 구분해서 사용하고 있습니다. 각각의 패턴은 모두 객체와의 생성, 조합, 상호작용을 다루는 패턴입니다.

여기에서 객체라는 개념이 나오는데 객체는 레고 블록을 생각하면 됩니다. 레고 블록은 독립적이고, 고유한 형태와 기능을 가지고 있습니다. 예를 들어, 어떤 블록은 바퀴 역할을 하고, 어떤 블록은 창문 역할을 합니다. 그리고 이 블록들은 특정한 방법으로 조립되어 더 큰 구조나 모델로 만들 수 있습니다.

생성 패턴은 객체 생성의 복잡성을 추상화하고, 객체 생성을 캡슐화하여 시스템의 유연성과 재사용성을 높이는 패턴입니다.

구조 패턴은 클래스와 객체의 조합 방법을 정의하여 더 큰 구조를 형성하고, 시스템의 구조적 유연성과 효율성을 높이는 패턴입니다.

행위 패턴은 객체 간의 상호작용과 책임 분담을 다룹니다.

디자인 패턴의 예시

비전공자가 모든 디자인 패턴을 이해하기는 어렵습니다. 그래서 한 가지 패턴을 예시로 들어보겠습니다.

우리는 PPT 작업을 할 때 기존에 그렸던 도형이나 그림을 복사해서 붙여넣기 하여 그림을 그리는 경우가 많습니다. 당연히 생산성이나 재사용성을 높이기 위해서 이렇게 하는 것입니다.

패턴 중에 프로토타입 패턴(Prototype Pattern)이 이러한 패턴입니다. 객체 즉, 도형이나 사진을 직접 생성하는 게 아니고 이미 존재하는 프로토타입을 복사하여 생성하는 것입니다. 상식적으로 너무나 당연히 이렇게 해야 한다고 독자들도 생각하실 것입니다.

▲ 디자인 패턴

이렇게 시스템의 재사용성과 유지보수성, 생산성을 높이기 위해 적용하는 것이 디자인 패턴이며 이 정도 개념만 이해하면 충분하다는 말씀을 드리면서 이번 토픽을 마치겠습니다.

✍ **저자생각**

시스템이 점점 복잡해지면서 만들 때 잘 만들어서 재사용성과 유지보수성을 높일 수 있는 방법이 필요해졌습니다. 이렇게 잘 만들기 위한 여러 방법 및 패턴을 디자인 패턴이라고 합니다. 우리는 알게 모르게 이러한 디자인 패턴을 실생활에서 잘 적용하고 있습니다.

007

UML(Unified Modeling Language)

UML이란?

하나의 시스템을 개발할 때 많은 사람들이 참여합니다. 만약 여러 나라의 사람들이 한 프로젝트를 같이 진행한다고 할 때 저마다 자기 나라의 언어를 사용한다면 의사소통이 어려울 수밖에 없습니다. 그리고 이런 상황이면 프로젝트는 성공하기가 매우 어렵습니다.

▲ 바벨탑

UML은 이렇게 프로젝트에 참여한 여러 사람이 커뮤니케이션을 할 수 있도록 문서나 개발양식을 표준화하여 제공하는 언어입니다. UML을 통해서 참여 인원들은 동일한 이해를 바탕으로 커뮤니케이션을 진행하여 성공적으로 프로젝트를 완수할 수 있습니다.

표준화된 의사소통을 위해서 UML은 사물(Things), 관계(Relationships), 다이어그램(Diagram)의 3가지 구성요소를 가지고 있어야 합니다. 각각에 대해서 한번 살펴보겠습니다.

UML의 구성요소 - 사물(Things)

사물은 UML에서 가장 중요한 추상적 개념으로 구조를 표현하는 정적 사물, 동작을 표현하는 동적 사물, 부가적으로 설명해 주는 주해 사물이 있습니다.

1. **정적 사물**: 시스템의 구조를 표현하는 사물(클래스, 유즈케이스, 통신, 노드)
2. **동적 사물**: 시스템의 행위를 표현하는 사물(교류, 상태 머신)
3. **주해 사물**: 시스템의 개념을 부가적으로 설명하는 사물(노트)

사물은 단어 관점에서 명사 또는 동사를 의미합니다.

UML의 구성요소 - 관계(Relationships)

사물 간의 상호작용에 대해서 표준화한 것이 관계입니다. 관계에 따라서 데이터의 흐름이나 계위 등을 파악을 할 수 있습니다.

1. 의존 관계(Dependency Relationship)

두 사물 간의 의미적 관계로 한 사물의 명세서가 바뀌면 그것을 사용하는 다른 사물에도 영향을 끼치는 것을 말합니다. 예로 스타크래프트의 배력과 매딕/마린의 관계가 있습니다.

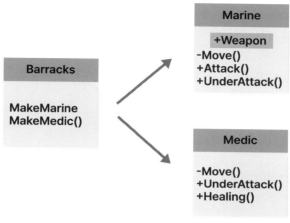

▲ 의존 관계

2. 연관 관계(Association Relationship)

두 사물 간의 구조적 관계로, 어느 한 사물 객체가 다른 사물 객체와 연결되어 있음을 말합니다. 연관을 표현할 때는 이름과 역할 그리고 다중성을 표기합니다. ('has-a') 관계라고도 합니다. 예로 집과 사람의 관계가 있습니다.

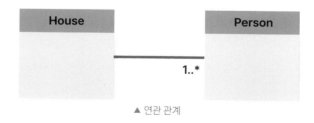

▲ 연관 관계

3. 일반화 관계(Generalization Relationship)

일반화된 사물과 좀 더 특수화된 사물 사이의 관계를 말합니다. ('is-a') 관계라고도 합니다. 도형에서 상속받은 사각형과 동그라미 등을 예시로 들 수 있습니다.

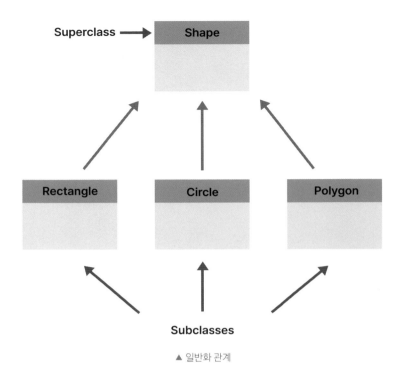

▲ 일반화 관계

4. 실체화 관계(Realization Relationship)

한 객체가 다른 객체에 의해 오퍼레이션을 수행하도록 지정하는 것입니다. 예시) 날 수 있는 객체에 따른 비행기와 새의 관계, Flyable의 행동을 Plane과 Bird에 구현합니다.

▲ 실체화 관계

비전공자가 보기에 이해가 쉽지는 않겠지만 4가지의 관계를 통해서 프로젝트 참여자는 사물과의 관계를 동일 선상에서 이해할 수 있습니다.

UML의 구성요소 - 다이어그램(Diagram)

사물과 관계까지 알아보았으며 이제는 이것을 토대로 구성되는 다이어그램에서 대해서 알아보겠습니다. 다이어그램은 상황과 목적에 따라 아래와 같이 구조기반 다이어그램과 행위기반 다이어그램으로 나누어지며 다양한 종류가 있습니다.

구조 기반 다이어그램은 시스템의 정적 구조를 보여줍니다. 즉, 시스템의 구성요소 간의 관계와 구조를 나타내며, 시스템이 어떤 식으로 구성되어 있는지를 시각화합니다.

행위기반 다이어그램은 시스템의 동적 동작을 보여줍니다. 즉, 시스템이 어떻게 동작하고 상호작용 하는지를 시각화합니다.

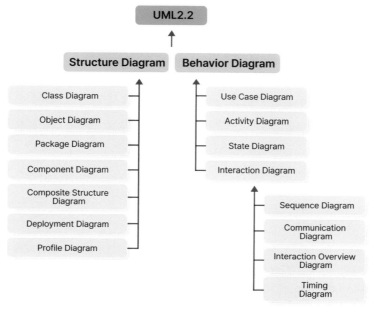

▲ 다이어그램의 종류

모든 다이어그램을 설명하기는 어려우니 가장 많이 사용하고 있는 Use Case Diagram에 대해서 살펴보겠습니다.

User Case Diagram

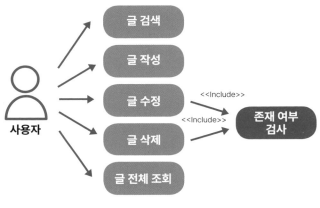

▲ 유즈케이스 다이어그램

위 이미지는 Use Case Diagram의 예시입니다. 여기서 사물은 사용자이고 사용자가 하는 행위인 글 검색, 글 작성, 글 수정 등이 관계입니다. 이렇게 보면 그렇게 어렵지 않다고 생각이 들 것 같습니다.

익숙하게 사람의 모양도 있고 각각의 사람이 해야 할 행동이 명시되어 있습니다. 위에서 설명한 대로 많은 프로젝트 참여자들은 해당 다이어그램을 보고 동일한 이해 선상에서 프로세스를 이해할 수 있어 대규모 프로젝트일수록 UML을 효과적으로 이용할 필요가 있습니다.

> ✍ **저자생각**
>
> 서로 의사소통이 되지 않아서 바벨탑이 실패하고 무너졌으므로 많은 프로젝트 인원이 동일한 이해 선상에서 이해하고 의사소통을 하기 위해서 UML을 사용합니다. 이러한 UML을 통해서 효과적으로 프로젝트를 진행하고 성공으로 이끌 수 있습니다.

008

테스트와 테스트의 원리

테스트의 중요성

다리를 건설할 때 단계별로 진행 상태에 대해 체크하고 안전에 대해 검증하지 않는다면 부실공사와 안전사고로 이어질 수 있는 불완전한 다리가 될 수밖에 없습니다.

시스템도 동일합니다. 단계별로 테스트를 거쳐서 검증하고, 문제사항을 보완하면서 완성을 해야 안정적으로 서비스를 제공할 수 있는 시스템이 될 수 있습니다. 테스트는 시스템의 품질을 높이고, 안정적으로 시스템을 오픈하기 위한 필수적인 절차입니다.

테스트의 주요 단계

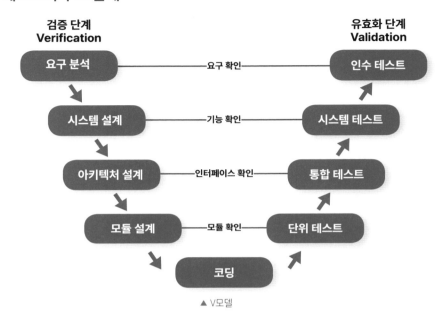

▲ V모델

위 그림은 V모델을 기반으로 하는 테스트의 단계입니다. 현업에서는 여러 단계가 생략되거나 하나로 합쳐져서 진행되는 경우가 많으나 개발 생명주기에 따라 보았을 때 위와 같은 절차로 진행하는 것이 보통이기에 위 그림을 통해서 설명을 드리겠습니다.

테스트	내용
단위 테스트	• 시스템에 대한 설계 완료 후 일정 수준으로 구현이 된 상태에서 기능별로 진행하는 테스트 • 주로 단일 기능의 범위 내에서만 테스트를 진행함
통합 테스트	• 여러 기능의 의존 관계 및 전체적인 시스템의 동작 여부를 기반으로 진행하는 테스트 • 프로젝트에 따라서 상향식, 하향식 테스트 방법을 사용하여 테스트를 진행

시스템 테스트	• 기능 외의 비기능적인 요소에 대한 테스트 시스템 　비기능 항목: 보안, 성능, 접근성, 가용성 • 통합 테스트 후 전체 시스템을 기반으로 테스트 진행
인수 테스트	• 보통 알파테스트, 베타테스트로 부르며 오픈 전에 실사용자와 유사한 환경에서 진행하는 테스트 • 알파테스트: 주로 사내직원 및 개발자가 테스트 • 베타테스트: 실제 환경에서 일부 사용자가 테스트
설치 테스트	• 운영환경에 실제 시스템을 적용하고 진행하는 테스트로 서비스 오픈과 동일함. • 시스템의 호환성이나 타 시스템과의 연계에 집중

테스트의 원리

　테스트에는 주요한 7가지의 원리가 있습니다. 모두 테스트에 대한 철학을 담고 있는데 그 내용을 한번 살펴보겠습니다.

원리	내용
결함발견	• 테스트의 목적은 결함이나 오류를 발견하는 것 • 결함을 발견하고 이를 보완하여 품질을 향상하는 작업 • 반대로 결함이 없는 소프트웨어는 없다는 원리
완벽테스팅 불가	• 소프트웨어는 완벽하게 테스트하는 것이 불가능 • 간단한 소프트웨어를 제외하고는 테스트 케이스가 무한대에 가깝기 때문에 완전한 테스트는 불가 • 결함발견의 원리와 연관되어 결함을 0%로 만들 수는 없다는 원리
초기테스트	• 테스트는 최대한 개발 초기에 진행해야 한다는 원리 • 결함을 초기에 수정하지 않으면 이후에 눈덩이처럼 불어나 나중에는 수정하기 점점 어려워짐 • 개발 초기에 수정하여 이후 과정에서 비용과 노력 감소
결함집중	• 대부분의 결함은 20%의 모듈에서 80%가 발생한다는 원리 • 결함이 집중되는 요소를 식별하고 해결해야 함 • 주로 복잡한 구조나 연관성이 많은 모듈 또는 숙련되지 않은 개발자의 모듈 등이 결함 집중 요소임

살충제 패러독스	• 동일한 케이스의 테스팅은 테스트 효과가 없다는 원리 • 살충제를 동일한 곳에 계속 뿌리는 것에 비유 • 테스트 케이스는 환경에 맞게 계속 수정되고 보완되어야 효과적 인 테스트가 가능
정황의존적	• 테스트에 대한 전략이나 기법은 프로젝트의 특성에 맞게 적용되 어야 한다는 원리 • 성능과 안전의 관점이 다르듯이, SNS의 시스템 테스트 기법을 의 료 소프트웨어에 적용할 수는 없음
오류부재의 궤변	• 오류가 검출되지 않았다고 해서 소프트웨어가 결함이 없다는 것 은 아니라는 원리 • 완벽테스팅불가의 원리 테스트에서 결함이 없다고 해서 완벽한 소프트웨어라고 보장할 수 없음 • 최대한 많은 결함을 찾아내어 완성도를 높여야 함

정해진 리소스와 기간 내에 프로젝트를 완수하기 위해서 효과적인 테스트 기법을 적용해야 할 때 위와 같은 테스트 원칙은 테스트를 계획하고 수행하는 데 많은 도움을 줄 수 있습니다. 실제 업무를 하다 보면 이러한 원리들이 유용하게 적용되는 경우가 많으며, 단순히 원리의 내용보다는 이러한 원리가 나온 이유에 대해서 고민을 하고 시스템의 안정성을 확보하기 위해 필요한 전략을 세우는 것이 필요합니다.

🚗 **저자생각**

결함이 없는 완벽한 소프트웨어는 없습니다. 최대한 많은 결함을 초기에 찾아내어 보완한 소프트웨어가 완성도 높은 소프트웨어이며, 테스트의 7대 원리에 기반한 테스트 작업을 통해서 소프트웨어의 품질을 관리할 수 있습니다.

009

명세기반 테스트

테스트는 크게 명세기반 테스트와 구조기반 테스트로 나누어 볼 수 있습니다. 두 가지 테스트의 가장 큰 차이점은 소스코드를 참고하느냐 안 하느냐입니다. 이번 토픽에서는 소스코드에 대한 참고 없이 진행하는 명세기반 테스트에 대해서 살펴보겠습니다.

명세기반 테스트란?

명세기반 테스트는 블랙박스 테스트(black-box testing)라고도 부르며 말 그대로 소프트웨어의 내부 구조나 코드에 대한 이해 없이 명세서나 요구사항 문서에 기반하여 테스트 케이스를 작성하고 수행하는 방식입니다.

주로 사용자의 요구사항이 제대로 구현되어 있는지 프로그램에 대한 명세서나 테스트 시나리오를 기반으로 테스트를 진행하며, 입력값에 대한 기대 결괏값을 정하고 이에 맞게 프로그램이 동작하는지 검증하는 방식으로 진행합니다.

▲ 명세기반 테스트 개념도

명세기반 테스트의 주요 기법

명세기반 테스트는 사용자의 요구사항이 만족되는지 테스트 시나리오를 만들어 진행하기 때문에 입력과 결괏값에 초점이 맞추어져 있습니다. 주요한 테스트 기법에 대해서 간단히 살펴보겠습니다.

기법	내용
동등 분할 기법	• 입력된 정보를 유사한 특징을 가진 범주로 분류하고 각 범주의 대표케이스를 작성하는 방법 • 예를 들어 0~100까지의 값이 있다면 3개의 범주로 분할하고 각각의 대푯값을 넣어서 테스트하는 방식 ← 입력 범위 → 대푯값　대푯값　대푯값 ▲ 동등 분할 기법
경곗값 분석	• 입력 데이터를 각각의 범주로 분할하고 분할한 경곗값으로 테스트 케이스를 설계하는 방법 • 동등 분할 기법의 확장이며 경계에 가장 가까운 값으로 테스트를 하는 방식 ← 입력 범위 → 경곗값　경곗값　경곗값　경곗값 ▲ 경곗값 분석

	의사결정 테이블
의사결정 테이블	• 주요한 의사결정값을 테이블(표)로 만들고 각각의 값들 간의 결합에 의한 테스트 케이스를 설계하는 방식 • 각 의사결정값들을 조합하여 다양한 형태의 테스트 시나리오를 도출하는 방식

상태	Case1	Case2	Case3	Case4
			테스트 조건		
유효한 지폐	N	Y		
유효한 카드			N	Y
유효한 암호			Y	N
			예상 결과		
지폐 거부	Y	N	N	N
카드 거부	N	N	Y	Y
허용	N	N	N	N

▲ 의사결정 테이블

상태전이

• 현재 상태에서 다음 상태로 전이되는 다이어그램을 통해서 각각의 상태 변화로 발생되는 동작을 테스트하는 기법

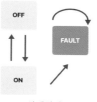

▲ 상태전이

유즈케이스

• 유즈케이스 명세서(UML 토픽 참고)를 기반으로 테스트 시나리오를 구성하는 기법
• 명세서의 상황별 동작에 대한 명세기반으로 시나리오 설계

▲ 유즈케이스

분류트리	• 테스트를 진행할 소프트웨어의 구조를 트리 형태로 분석하여 테스트 케이스를 설계하는 기법 • 트리구조로 시각화하여 테스트 케이스의 중복을 최소화할 수 있음  ▲ 분류트리

명세기반 테스트의 장점과 단점

명세기반 테스트의 장점은 사용자 관점에서 소프트웨어의 기능을 테스트할 수 있고, 구조와 상관없이 독립적으로 테스트를 진행할 수 있기 때문에 테스트가 효과적이란 것입니다. 반면 단점은, 내부적인 코드의 논리적 오류를 발견하기 어렵고, 명세서에 의존하기 때문에 명세서의 품질에 따라서 테스트가 불완전할 수도 있다는 것입니다.

✍ 저자생각

명세기반과 구조기반 테스트는 상호보완적입니다. 시스템의 특성과 테스트의 단계에 따라서 적절히 적용하는 것이 필요하며, 명세기반 테스트의 경우 사용자의 요구사항에 대한 반영 여부나 각각의 모듈의 입력과 출력이 올바르게 되는지 테스트할 때 유용합니다.

010

구조기반 테스트

명세기반 테스트에 이어서 소스코드나 내부 구조를 기준으로 테스트를 진행하는 구조기반 테스트에 대해서 살펴보겠습니다.

구조기반 테스트란?

구조기반 테스트는 화이트박스(white-box testing)라고도 부르며 소프트웨어의 내부 구조, 코드, 논리 흐름을 기반으로 테스트 케이스를 작성하고 수행하는 방식의 테스트 기법입니다. 주로 코드의 특정 부분이 올바르게 동작하는지와 모든 코드의 경로를 찾아서 테스트할 때 주로 사용합니다.

주로 소스코드와 내부의 제어 흐름을 기반으로 테스트 케이스를 도출하여 테스트 케이스를 진행하며 아래와 같은 개념도로 나타낼 수 있습니다.

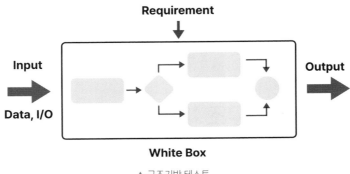

▲ 구조기반 테스트

개념도와 같이 소스코드나 구조를 직접 확인하고 가능한 모든 범위에서 테스트를 진행하도록 테스트 케이스를 작성합니다.

구조기반 테스트의 주요 기법

구조기반 테스트는 소프트웨어의 내부 코드 구조를 기준으로 테스트 케이스를 작성합니다. 즉, 소프트웨어가 어떻게 수행되는지에 중점을 두며 동작에 대한 테스트 커버리지를 어디까지 가져갈지에 초점이 맞추어져 있습니다.

기법	내용
구문 커버리지	• 프로그램을 구성하는 모든 문장들이 최소한 한 번은 실행될 수 있는 입력 데이터를 테스트데이터로 선정 • 프로그램 내 모든 구문을 보장하는 방법이지만 커버리지가 약함
결정 커버리지	• 프로그램 내의 전체 결정문이 적어도 한 번은 참과 거짓의 결과를 수행하는 테스트 케이스 생성 • 결과에 초점을 두며 모든 결과를 한 번씩 테스트하는 방법

A	B	A or B
1	1	1
1	0	1
0	1	1
0	0	0

▲ 결정 커버리지

조건 커버리지	• 결정 명령문 내의 각 조건이 적어도 한 번은 참과 거짓의 결과가 되도록 수행하는 테스트 케이스 • 조건에 초점을 두며 모든 조건을 커버하는 방법 ▲ 조건 커버리지
조건/결정 커버리지	• 전체 조건식뿐만 아니라 개별 조건식과 결과가 모두 한 번씩은 수행되는 커버리지 • 조건과 결과가 모두 한 번씩은 테스트되는 방법 ▲ 조건/결정 커버리지
다중조건/결정 커버리지	• 모든 개별식 조건의 모든 조합을 고려한 커버리지 • 실제 프로젝트에서는 적용하기 어려운 방법 • 중복을 제거한 조건/결정 커버리지 적용 필요 ▲ 다중조건/결정 커버리지

조건 커버리지

A	B	A or B
1	1	1
1	0	1
0	1	1
0	0	0

▲ 조건 커버리지

조건/결정 커버리지

A	B	A or B
1	1	1
1	0	1
0	1	1
0	0	0

▲ 조건/결정 커버리지

다중조건/결정 커버리지

A	B	A or B
1	1	1
1	0	1
0	1	1
0	0	0

▲ 다중조건/결정 커버리지

구조기반 테스트의 장점과 단점

구조기반 테스트의 장점은 코드의 모든 부분이 테스트가 되므로 숨겨진 오류나 로직의 오류를 발견하기 쉽다는 것입니다. 반면 단점은 요구사항에 대한 검증이 어렵고, 복잡한 코드의 경우 테스트 케이스가 너무 많아져 커버리지를 확보하기 어렵다는 것입니다.

> ✍️ **저자생각**
>
> 구조기반 테스트는 소스나 구조를 보기 때문에 프로젝트 개발 시점에 단위 테스트나 하위 레벨의 로직 검증 혹은 데이터 검증에 주로 활용될 수 있으며, 명세기반 테스트와 적절히 조합하여서 사용되어야만 품질을 높일 수 있습니다.

011

경험기반 테스트

경험기반 테스트란?

앞서서 명세기반 테스트와 구조기반 테스트에 대해서 살펴보았습니다. 최근에는 테스트가 자동화되고 있기 때문에 명세기반과 구조기반 외에 전문가의 직관이나 경험에 따라서 결함을 발견하는 경험기반 테스트 방법도 많이 사용되고 있습니다.

경험기반 테스트란 이처럼 이전의 경험이나 히스토리를 바탕으로 전문가의 직관이나 비즈니스에 대한 이해를 통해 테스트를 효율적으로 진행하는 기법입니다.

경험기반 테스트의 특징

경험기반 테스트는 아래와 같은 특징이 있습니다.

첫 번째로 명세기반이나 구조기반의 공식적인 기법으로 테스트하기 어려운 부분을 효과적으로 테스트할 수 있습니다.

두 번째로 전문가의 경험에 의존적이기 때문에 테스터의 경력과 경험에 따라서 테스트의 효과가 달라집니다.

마지막으로 살충제 패러독스(동일한 테스트 케이스로 계속 반복 테스트)에 빠지지 않기 위해 프로젝트나 비즈니스에 대한 높은 이해도가 필요합니다.

특징에서 알 수 있듯이 전문가의 역량과 프로젝트 및 비즈니스의 상황에 따라서 테스트의 효과가 많이 달라질 수 있습니다.

경험기반 테스트의 주요 기법

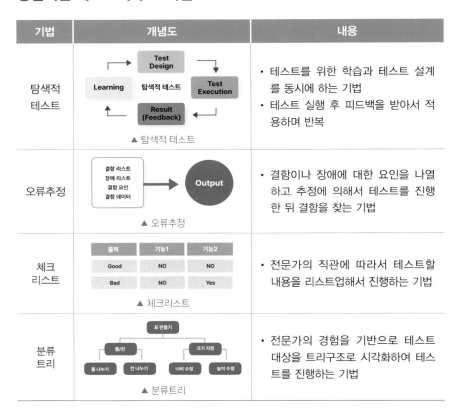

기법	개념도	내용
탐색적 테스트	▲ 탐색적 테스트	• 테스트를 위한 학습과 테스트 설계를 동시에 하는 기법 • 테스트 실행 후 피드백을 받아서 적용하며 반복
오류추정	▲ 오류추정	• 결함이나 장애에 대한 요인을 나열하고 추정에 의해서 테스트를 진행한 뒤 결함을 찾는 기법
체크 리스트	▲ 체크리스트	• 전문가의 직관에 따라서 테스트할 내용을 리스트업해서 진행하는 기법
분류 트리	▲ 분류트리	• 전문가의 경험을 기반으로 테스트 대상을 트리구조로 시각화하여 테스트를 진행하는 기법

테스트 기법에서도 알 수가 있듯이 전문가의 직관이나 경험에 의존하여 테스트할 항목(Test Case)을 뽑아내고 이를 기반으로 테스트를 진행합니다.

이러한 테스트 특성 때문에 해당 전문가의 개발 및 아키텍처, 그리고 비즈니스에 대한 이해도가 테스트의 품질과 정확도에 많은 영향을 미칠 수 있는 테스트 기법이라고 할 수 있습니다.

경험기반 테스트는 전체 커버리지를 확보할 수는 없지만, 위험도 기반으로 테스트(Risk 기반 테스트)의 우선순위를 정하고 시스템의 Critical한 영역에서 중대한 결함을 찾을 때 높은 효율성을 보일 수 있습니다.

✍ 저자생각

공식적인 테스트 기법인 명세기반 테스트와 구조기반 테스트에서 커버할 수 없는 부분을 전문가의 직관과 경험에 따른 경험기반 테스트를 통해서 효과적으로 테스트할 수 있습니다. 다만 이러한 전문가의 직관이나 경험도 히스토리에 근거하기 때문에 AI의 발전에 따라서 역할이 많이 축소되지 않을까 하는 생각을 해봅니다.

012

CMMI(Capability Maturity Model Integration)

CMMI란?

어떠한 조직이나 기업에서 프로젝트를 진행할 때 얼마나 잘 진행할 수 있을지 정량적으로 평가하는 것은 어렵습니다. 실무에서는 주로 기존에 진행했던 프로젝트 레퍼런스를 바탕으로 판단하는 것이 일반적이기도 합니다.

이러한 부분을 정량적으로 평가할 수 있게 만든 기준이 CMMI이며, 조직의 개발 능력이 얼마나 성숙되어 있는지를 평가할 수 있는 모델이라고 할 수 있습니다.

CMMI는 미국 국방성에서 시작되었는데 우수한 소프트웨어 개발업체를 평가하기 위한 객관적인 기준을 만들기 위해 초기 모델인 SW-CMM을 시작으로 지금의 CMMI 2.0까지 발전하게 되었습니다. 그럼 CMMI 2.0을 기준으로 CMMI가 어떻게 구성되어 있고 각각의 단계는 어떠한 수준이 되어야 하는지 알아보도록 하겠습니다.

CMMI의 구성요소

CMMI는 크게 아래와 같이 5가지로 구성되어 있습니다. 복잡하지만 이렇게 관리되고 측정하는구나 정도로만 이해해 주시면 될 것 같습니다.

기법	내용
성숙도 수준 (Maturity Levels)	• CMMI는 조직의 프로세스 성숙도를 다섯 가지 수준으로 나눔 • 초기 〉 관리 〉 정의 〉 정량적 관리 〉 최적화
성능 영역 (Performance Areas)	• CMMI는 여러 성능 영역(Area)으로 나누어져 있으며, 각 영역은 특정한 프로세스와 목표를 포함 • 프로젝트 관리 영역, 프로세스 관리 영역, 엔지니어링 영역, 지원 영역
행동과 실행 (Practices and Activities)	• 각 성능 영역 내에서 구체적인 실행 방법과 활동을 정의 • 조직이 목표를 달성하기 위해 따라야 하는 지침을 제공
목표와 성과 (Goals and Outcomes)	• 각 성능 영역에 달성해야 할 구체적인 목표를 설정 • 목표는 조직의 프로세스 성숙도를 평가하는 데 사용
모델 구성 (Model Components)	• CMMI는 핵심 프로세스 영역(Core Process Areas)과 확장 프로 세스 영역(Extended Process Areas)으로 모델이 나누어져 있음
적용 지침 (Adoption Guidance)	• 조직이 CMMI를 적용하고 성숙도를 높이기 위한 실질적인 지침을 제공

CMMI의 성숙 단계

위 구성요소 중 하나인 CMMI 기반의 성숙도 단계에 대해서 상세히 살펴보면 아래와 같이 총 5단계로 관리되며, 단계가 높을수록 조직의 개발 프로세스의 성숙도가 높다고 판단할 수 있습니다.

▲ CMMI 성숙도 단계

CMMI의 활용 사례

국내에서 CMMI(역량 성숙도 모델 통합)를 적용한 활동과 그 효과는 다양한 산업 분야에서 찾을 수 있고, 특히 소프트웨어 개발, IT 서비스, 제작사 등 많은 기업들이 CMMI를 적용하고 있습니다. 위에서 설명한 개발성숙도에 대한 평가를 포함해서 고객관리 시스템의 품질 개선, SR(Service Request) 프로세스 개선, 기업인프라 비용 절감 등 많은 부분에 CMMI를 적용하여 시스템에 대한 개선과 서비스 만족도를 높이고 있습니다.

✍ 저자생각

현업에서는 주로 프로젝트의 레퍼런스를 바탕으로 기업이나 조직의 역량을 판단하곤 합니다. 하지만 SI를 주로 하는 기업에서 CMMI의 성숙도를 확보하고 이것을 활용하여 프로젝트를 제안한다면 좀 더 공신력 있고 효과적인 프로젝트 수주가 가능할 것으로 보입니다.

013

유지보수의 개요(Lehman 소프트웨어 변화)

유지보수(Maintenance)가 중요한 이유?

소프트웨어의 유지보수는 전체 생명주기(Life cycle)에서 매우 중요한 부분을 차지합니다. 여러 이해관계자가 지속적으로 사용하면서 개선사항이나 오류 사항이 계속 갱신되므로 이러한 부분을 적용하고 관리하는 데 많은 리소스와 비용이 들어가기 때문입니다.

이전에 언급한 아키텍처나 디자인 패턴이 소프트웨어의 특성에 맞게 적용되어야 이후 유지보수를 할 때 용이하고 비용과 리소스가 적게 드는 건 어떻게 보면 너무나 당연한 이야기입니다.

유지보수의 특성은 리만(Lehman)이 제시한 소프트웨어의 변화의 원칙을 이해하면 쉽게 알 수 있습니다.

Lehman의 소프트웨어 변화의 원칙

리만의 법칙은 소프트웨어 시스템이 운영되는 동안 어떻게 변화하는지를 설명합니다. 이는 소프트웨어의 유지보수 활동이 어떻게 이루어지는지에 대해 이해하는 기본이 될 수 있습니다.

법칙	내용
Continuing Change (지속적인 변경)	• 프로그램을 구성하는 모든 문장들이 최소한 한 번은 실행될 수 있는 입력 데이터를 테스트데이터로 선정 • 프로그램 내 모든 구문을 보장하는 방법이지만 커버리지가 약함
Increasing Complexity (복잡성 증가)	• 변경에 따른 소프트웨어의 복잡성은 증가함 • 복잡성을 최소화하기 위해서 모듈화나 리팩토링이 필요하며 유지보수의 중요한 요소임
Program Evolution (소프트웨어의 진화)	• 소프트웨어 변경에 어떠한 추세나 패턴이 존재함 • 조직이나 사용자의 특성에 따라서 소프트웨어의 이러한 패턴도 영향을 받음
Organizational Stability (조직적 안정성)	• 변화에 따른 개발 생산성에 영향을 크게 미치지 않음 • 영향이 없다는 것은 변화가 있어도 생산성이 거의 비슷한 수준이라는 의미
Conservation of Familiarity(친근성 유지)	• 소프트웨어 각 버전의 변화는 일정하게 이루어짐 • 진화와 비슷하게 추세와 패턴이 있기 때문에 예측이 가능
Continuing Growth (지속적 성장)	• 소프트웨어의 생명주기(Life Cycle) 동안 사용자 요구사항을 만족하며 지속적으로 성장함 • 복잡도는 증가하지만 지속적으로 사용자의 요구에 의해서 Customizing됨
Declining Quality (품질 감소)	• 지속적인 변화에 따라서 품질이 감소됨 • 품질의 감소를 최소화하고 오랫동안 소프트웨어를 사용할 수 있는 전략 필요
Feedback System (피드백 시스템)	• 소프트웨어의 변화는 주요한 이해관계자들의 피드백에 의해 영향을 받는 구조 • 사용자들의 피드백을 수용하여 지속적으로 성장하는 시스템으로 진화

요약을 해보자면 "소프트웨어는 계속 변화하며, 변화하는 소프트웨어는 복잡성이 높아지고 품질은 낮아지지만 사용자와 조직에 맞추어 특정한 패턴에 따라서 성장한다"입니다.

이러한 소프트웨어의 변화의 원칙은 실무에서도 동일하게 적용되는 점이 많습니다. 그래서 변화의 특성과 조직의 특성에 따라서 소프트웨어의 생명 연장을 지속시키는 것이 중요합니다.

이것이 유지보수의 개념이고 원칙이라고 할 수 있습니다.

✍ **저자생각**

소프트웨어는 변화하며 복잡성이 높아집니다. 조직의 특성에 따라서 맞춤화되겠지만 결국에는 품질이 저하되어 재구축을 하는 일정한 생명주기를 가지게 되는 특성도 있습니다. 생명주기를 길게 가져가도록 프로젝트 초기 단계부터 고민하고 만든 소프트웨어가 유지보수를 하기 좋은 즉, 좋은 소프트웨어라고 할 수 있습니다.

014

모듈화(Modularization)

모듈화란?

이전 토픽에서 유지보수와 연관 지어서 소프트웨어의 변화에 대해서 살펴보았습니다. 이번에는 이러한 유지보수에 효과적으로 대응하기 위한 방법 중 하나인 모듈화에 대해서 살펴보겠습니다.

소프트웨어의 모듈화는 유지보수와 밀접하게 연관되어 있습니다. 모듈화란 단어 그대로 소프트웨어를 분석하고 추상화해서 작은 독립적인 부분으로 나누는 것을 말합니다.

그럼 모듈화가 유지보수에 어떻게 도움을 주는지 살펴보겠습니다.

모듈화의 장점

모듈화는 기본적으로 각 모듈 간의 기능이 독립되므로 유지보수 관점에서는 대표적으로 아래와 같은 5가지 장점이 있습니다.

장점	내용
코드 분석 용이성	• 모듈화된 소프트웨어는 각 모듈이 잘 정의되어 있고 기능이 독립적이기 때문에 개발자가 해당 모듈의 기능을 이해하기 쉬움 • 모듈 단위로 코드를 구성하면 구조와 흐름을 쉽게 파악할 수 있음
오류 수정의 용이성	• 모듈화된 소프트웨어는 특정 모듈의 오류가 다른 모듈에 영향을 미치는 경우가 적음 • 오류 발생 시 해당 모듈의 수정으로 해결되는 경우가 많고 영향도 전파(Side effect)가 적어 수정과 적용에 용이함
기능 개선의 용이성	• 기능 개선이 필요할 때 수정이나 확장이 필요한 모듈만 다루면 되므로 개발 시간이 단축됨 • 전체 시스템에 미치는 영향이 적기 때문에 테스트나 배포의 시간도 단축됨
병렬 개발의 용이성	• 모듈화가 잘된 소프트웨어는 여러 개발자가 동시에 개발을 진행할 때 용이함 • 각 모듈의 영향도가 적어 독립적으로 개발과 테스트를 진행하기 쉬워 개발 속도가 빠름
재사용성 (Re Use)	• 잘 만들어진 모듈은 다른 프로젝트나 시스템에서 재사용하기 용이함 • 재사용은 개발 비용과 리소스를 줄이는 데 많은 도움이 됨

이러한 이유들로 인해 모듈화는 소프트웨어 개발 단계뿐만 아니라 유지보수 단계에서도 매우 중요한 역할을 합니다. 모듈화가 잘 이루어지면 소프트웨어 전반의 유지보수성을 크게 향상해 생명주기를 연장할 수 있습니다.

모듈화의 특징

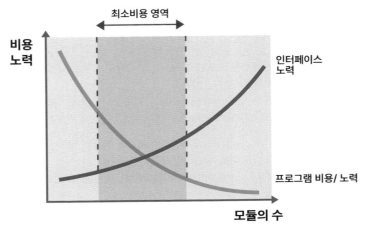

▲ 모듈화의 특징

위 그림이 모듈화의 특성을 가장 잘 표현하는 그림이 아닌가 싶습니다.

아키텍처의 MSA 복잡도와 비슷한 특성으로 모듈화가 잘되어 있다고 해서 무조건 유지보수 비용이 줄어드는 것은 아닙니다. 위에서 설명한 대로 모듈 간의 독립성이 높아질수록 전체 영향도는 줄어들지만 모듈 간 통신(Interface)을 하기 위한 비용이 급격히 늘어나게 되므로 모듈의 개수가 일정 수준 이상 늘어나게 되면 리소스나 비용이 오히려 늘어나게 되므로 적정 수준의 모듈화가 필요합니다.

✍ 저자생각

모듈화는 소프트웨어를 기능 단위로 분해함으로써 개발 생산성을 높여 유지보수의 비용과 리소스를 줄여주는 기술입니다. 단 너무 세부적인 모듈화는 오히려 더 많은 통신 비용으로 돌아오기 때문에 적당한 기능의 레벨로 모듈화를 할 필요가 있습니다.

리팩토링(Refactoring)

리팩토링이란?

　리팩토링은 소프트웨어 모듈의 외부적인 기능은 수정하지 않고 내부적인 구조나 관계 등을 단순화하여 소프트웨어의 유지보수성을 향상하는 기법입니다. 모듈화가 유지보수 단계 이전에 적용하는 기법이라고 한다면 리팩토링은 유지보수를 진행하는 단계에서 복잡도가 높아질 경우에 수행하는 기법이라고 보면 됩니다.

　유지보수 단계라고 해서 리팩토링이 꼭 필요한 것은 아닙니다. 소프트웨어 변화의 법칙에 따라 변화가 거듭됨에 따라 복잡도가 일정 수준 이상이 되어 변경에 비용이 많이 증가하게 될 때 리팩토링을 진행할 필요가 있습니다.

리팩토링의 효과

　리팩토링은 주로 아래 4가지의 효과가 있습니다.

효과	내용
유지보수성 향상	• 복잡한 코드를 단순화하기 때문에 가독성이 높아져 변경 시 비용이 줄어듦
변경 대응 용이	• 코드 변경 시 가독성이 높아져 비용이 감소하므로 요구 변경 시 대응이 쉬움
생산성 향상	• 최적화된 소스 기반으로 재사용이 용이하고 개발의 생산성도 높아짐
품질 향상	• 코드가 단순화되어 오류나 장애의 소지가 줄어들거나 사전에 방지할 수 있어 품질이 향상됨

리팩토링을 통해서 유지보수성뿐만 아니라 소프트웨어 품질까지도 향상할 수 있어 일정 수준 이상으로 복잡도가 높아지거나 변경이 발생한다면 리팩토링을 수행해야 합니다.

리팩토링의 대상

소프트웨어에는 코드스멜(Code Smell)이라는 말이 있습니다. 이 말은 코드에서 냄새가 난다는 말인데, 주로 리팩토링이 필요한 코드를 이르는 말입니다. 이처럼 리팩토링은 보통 아래와 같은 코드를 대상으로 합니다.

효과	내용
중복된 코드	• 동일한 기능을 하는 코드가 여러 곳에 존재하여 동작을 진행하는 경우
긴 메소드*	• 메소드의 코드가 너무 길거나 여러 가지 기능을 한 번에 처리하는 경우 (*메소드(Method): 하나의 기능을 처리하는 단위)
긴 파라미터*	• 파라미터가 너무 많거나 일관성이 없는 형태로 처리하는 경우 (*파라미터(Parameter): 메소드에서 입력받는 데이터)
거대한 클래스*	• 하나의 클래스가 너무 많은 변수나 메소드를 처리하는 경우 (*클래스(Class): 하나 이상의 메소드와 변수를 기반으로 기능을 처리하는 단위)

클래스의 의존성	• 하나의 클래스에 변경이 가해질 때 여러 클래스에 영향을 미치는 경우
추측성 일반화	• 미래에 사용할 것을 대비하여 사용하지도 않는 코드를 미리 만들어 놓은 경우
잘못된 주석*	• 단순한 기능에 대한 주석이나 일반적인 코드 설명을 넣어 놓는 경우 (***주석**: 코드에 대한 상세 설명(동작과는 무관))

위와 같은 코드스멜의 경우 리팩토링을 수행하여 코드 자체의 가독성과 개발의 생산성, 그리고 품질을 높여 결론적으로 유지보수성을 향상할 수 있습니다.

> ✍ **저자생각**
>
> 리팩토링은 유지보수 단계에서 소프트웨어의 복잡도를 낮추고 개발의 생산성을 높여 유지보수성을 높이는 기법입니다. 현업에서 변경 관리 절차에 리팩토링을 포함하여 주기적으로 소프트웨어의 품질을 높인다면 유지보수성은 자연스럽게 높아질 것입니다.

016

정보시스템 감리

감리란?

건물이나 다리를 만들고 나면 당연히 규격에 맞는 재료를 사용했는지 안전에 문제는 없는지 등의 검사를 해야 안전하게 건축물을 이용할 수 있습니다. 정보시스템도 마찬가지로 시스템이 요구사항과 규정에 맞게 만들어진 것인지 확인할 필요가 있습니다.

감리는 이처럼 이해관계자로부터 독립된 제3자가 구축된 시스템에 대해서 종합적으로 점검하고 문제점을 개선하는 활동입니다. 이해관계자와 독립되어야만 공정하고 정확한 감리가 이루어질 수 있기 때문에 감리법인 등을 통해서 진행하는 것이 일반적입니다.

감리의 대상

모든 시스템에서 감리를 받는 것은 아니므로 공공기관이 아니라면 감리를 받아본 경험이 거의 없을 것입니다. 그럼 감리의 조건에 대해서 살펴보겠습니다.

구분	기준
시스템 특성	• 대국민 서비스를 위한 행정 또는 민원업무처리 • 다수의 공공기관이 공동으로 구축 또는 사용하는 경우 • 공공기관의 연계 또는 정보의 공동이용이 필요한 경우 (단, 총사업비 1억 원 미만의 소규모 사업으로 비용 대비 효과가 낮다고 인정하는 경우는 제외)
시스템 규모	• 정보시스템 구축 사업으로서 사업비가 5억 원 이상인 경우 (총사업비 중에서 하드웨어, 소프트웨어의 단순한 구입 비용을 제 외한 금액)
공공기관장 판단	• 해당 공공기관의 기관장이 감리가 필요하다고 판단한 경우

위 내용과 같이 대국민 또는 행정기관에서 사용하는 시스템 중 조건에 맞을 때 수행하는 것이 감리입니다. 개발을 수행하는 업체에서 요구사항에 맞게 적절한 절차로 시스템을 구축했는지 감리를 통해서 체크하여 시스템의 안정성이나 사용성을 판단할 수 있습니다.

감리의 산출물과 점검 기준

프로젝트를 수행할 때 매뉴얼 등의 산출물이 있듯이 감리도 어떻게 감리가 수행되었는지 그리고 시스템이 적합한지 등을 보고하는 산출물이 있습니다. 대표적으로 아래와 같이 3가지로 구성됩니다.

구분	기준
감리계획서	• 감리를 할 대상의 사업현황을 파악하고 감리를 어떻게 진행할지 에 대한 계획 • 발주자와 사업자의 인터뷰를 통해 감리의 범위, 일정, 투입인력 등의 내용을 포함함
감리수행결과 보고서	• 감리를 수행한 뒤 과업(개발할 항목)의 이행 여부를 점검한 결과 또는 시정조치를 할 항목을 포함 • 종합의견, 과업내용 이행점검결과 등이 포함됨 • 개선을 할 항목과 개선의 유형(필수, 협의, 권고) 사항 그리고 시 스템의 적합/부적합 여부를 보고

구분	기준
시정조치 확인보고서	• 감리수행결과 보고서에서 시정조치 항목을 수행한 결과를 보고 • 감리법인은 해당 보고서를 발주자와 수행사에 제출

산출물만 보아도 감리 계획을 하고 수행을 한 뒤 시정사항까지 확인하는 작업으로 이루어지는 것을 알 수 있습니다.

산출물 중간에 내용이 있듯이 감리에 대한 점검 결과는 아래와 같이 나누어지며 그 사안에 따라서 피감리인(프로젝트 수행사)은 조치를 해야 합니다.

구분	기준
개선권고	• **필수**: 반드시 개선해야 할 사항 • **협의**: 발주기관과 피감리인의 상호 협의 진행 • **권고**: 감리 범위는 아니지만 사업목표에 도움 되는 사항
개선시점	• **장기**: 장기적인 관점에서 지속적인 개선이 필요한 사항 • **단기**: 구축 종료까지 완료해야 하는 사항
과업내용 이행여부	• **적합**: 점검한 결과가 판정 기준에 부합하는 경우 • **부적합**: 판정 기준에 부합하지 않거나 중대한 결함이 있는 경우 • **점검 제외**: 환경이 준비되지 않거나 선행 기능의 결함으로 점검하지 못한 경우(명확한 사유를 작성해야 함)

✍ 저자생각

감리는 정보시스템의 과업 수행 여부를 제3자에게 점검받고 문제점을 개선하는 활동입니다. AI의 발달과 시스템의 복잡성 증가로 감리도 많은 IT 산업 분야를 이해하고 수행해야 하므로 전문성이 점점 중요시되고 있습니다.

017

오픈소스 소프트웨어

오픈소스 소프트웨어란?

　오픈소스 소프트웨어(Open Source Software)는 말 그대로 누구나 사용할 수 있도록 오픈된 소프트웨어입니다. 소스코드를 무상으로 공개하며 그 소프트웨어를 누구든 사용하고 수정하여 다시 배포할 수 있는 소프트웨어입니다.

　오픈소스 시장은 AI, 빅데이터, 클라우드와 함께 지속적으로 성장하여 현재는 많은 기업에서 오픈소스를 적용하고 시스템을 구축하고 있습니다. 하지만 그렇다고 해서 무조건적인 이용과 산업에 대한 차별 및 독점까지 허용하지는 않습니다. 이번 토픽에서는 오픈소스 소프트웨어의 이러한 가치와 특징에 대해서 살펴보도록 하겠습니다.

오픈소스 소프트웨어의 가치

　사용하는 소프트웨어를 오픈소스로 공개하면 기술의 혁신을 이룰 수 있고, 비용이 절감된다는 장점이 있습니다.

　오픈소스는 공개와 공유라는 기본적인 특성이 있기 때문에 기술을 오픈소스로 공개하면 지속적으로 개선사항이 적용되고 최신 기술이 접목되는 과정을 통해서 고도화됩니다. 이러한 오픈소스를 이용한다는 것 자체로 최신 기술 트렌드를 이용할 수 있고, 학습을 통해 기업 내의 기술 경쟁력을 높일 수 있다는 장점이 있습니다. 라이선스에 대한 비용과 유지보수 비용도 상당한 부분을 절감할 수 있습니다. 이미 개발되어 있는 소스를 재사용하여 빠르게 적용할 수 있기 때문에 직접 개발할 때보다 개발에 대한 리소스가 줄어들고 이는 비용의 절감으로 이어질 수밖에 없습니다.

오픈소스 소프트웨어의 특징

이런 오픈소스에는 주요한 5가지 특징이 있습니다. 특징 중 반환 의무는 오히려 단점이 되는 경우도 있지만 건강한 개발 생태계를 위해서는 이런 특징을 알고 적용해야만 오픈소스를 잘 활용할 수 있습니다.

구분	기준
자유로운 사용	• 오픈된 소스나 라이브러리의 자유로운 사용 • 커뮤니티 기반의 소스 고도화를 통한 품질 향상
Copyleft	• 공개된 소스코드를 기반으로 분석과 응용 • 기업 내 개발/인프라/보안 담당자의 기술력 상승
무료 사용	• 기업 내부 사용이나 외부 판매 시에도 자율적으로 사용
반환 의무	• GPL(General Public License) 등의 라이선스는 소스코드를 공개해야 할 의무가 있음 • 해당 부분을 오픈소스로 사용 시 제약이 있으므로 라이선스 정책에 대한 부분을 세심히 확인하여 사용 필요
저작권	• 오픈소스도 저작권법에 따라서 법적 권리가 보장됨 • 라이선스 정책을 준수하지 않을 경우 저작자와 분쟁이 발생

특징에서 알 수 있듯이 자유롭게 사용할 수 있다는 장점도 있지만 엄연히 라이선스가 존재하며, 소스코드의 공개라는 허들이 있기 때문에 라이선스 측면에서는 민감한 부분이 많은 것이 오픈소스입니다.

이러한 부분 때문에 오픈소스의 양립성(여러 개의 오픈소스 사용 시 라이선스가 충돌하는 문제)이라는 문제도 대두되고 있습니다.

> ✍ **저자생각**
>
> 기업의 기술 경쟁력과 비용의 절감이라는 측면에서 오픈소스는 긍정적인 부분이 많이 있습니다. 다만 기업에서 오픈소스 사용 시 라이선스에 대한 정책을 검토할 수 있는 체계를 만들고 시행하는 부분도 고려가 되어야 향후에 생길 분쟁이나 취약점에 대응할 수 있습니다.

018

소프트웨어 비용산정

이번 토픽은 소프트웨어의 비용산정에 대한 부분입니다. 비용산정은 기업의 입장에서는 굉장히 중요한 부분입니다. 현업에서는 보통 투입되는 인력과 기간을 기반으로 비용을 산정하는 것이 대부분이며, 기존의 레퍼런스와 프로젝트 과업의 내용을 기반으로 전문가가 산정하는 것이 보통입니다. 이번 토픽에서는 비용산정 관련 유형과 주요 기법을 다루어 보고자 합니다.

소프트웨어 비용산정의 유형

소프트웨어 비용산정은 상향식, 하향식, 수학적의 3가지 유형으로 분류할 수 있습니다.

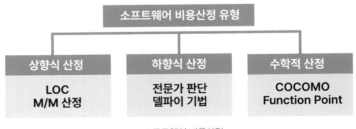

▲ 소프트웨어 비용산정

유형	내용
상향식 산정	• 프로젝트의 세부 단위 작업별로 비용을 산정한 뒤 전체 비용을 합산하여 산정하는 방식 • **주요 기법**: LOC(Line of Code), M/M(투입인력/기간)
하향식 산정	• 기존의 프로젝트 레퍼런스나 과거의 경험을 바탕으로 전문가와 다수의 개발자가 회의를 통해서 비용을 산정하는 방식 • **주요 기법**: 전문가 판단 기법(두 명 이상), 델파이기법(다수)
수학적 산정	• 각 기능별 정해진 산출 공식을 사용하여 비용을 산정하는 방식이며 비용산정의 자동화를 목표로 함 • **주요 기법**: FP(Function Point, 기능별 점수), COCOMO(LOC의 상위 버전)

각각의 특징에 따라서 여러 기법이 존재하며 공공기관에서는 FP(Function Point) 기법이 주로 사용되고 일반 사기업에서는 M/M 기법이 주로 사용됩니다.

소프트웨어 비용산정의 유형별 장단점

기법	개념도	내용
상향식	• 세부 기능별 산정으로 객관성 높음 • 측정이 용이하고 이해가 쉬움	• 기술적인 난이도나 비기능적 요소에 대해서는 고려 안 됨 • 자동화나 재사용에는 제약이 많음
하향식	• 전문가의 경험과 높은 신뢰도가 있는 경우 정확성이 높음 • 산정의 결과가 대체적으로 균형을 이룸	• 개인의 주관이 많이 포함되므로 객관적이지 않음 • 전문가의 전문성과 경험에 많이 의존함
수학적	• 국제표준을 기반으로 산정 • 논리적인 근거 제시 가능 • 자동화, 재사용이 용이함	• 산정을 위한 전문성이나 전문가가 필요 • 세부적인 요구사항이 도출되어야만 산정이 가능

각각의 유형에 따라서 장단점이 존재하며, 프로젝트의 상황이나 전문가의 참여 유무에 따라 적절한 기법을 사용하여 산정을 해야 합니다.

비용산정은 기업의 이익뿐만 아니라 프로젝트 관리 관점에서 원가 관리와 연관 되며 이는 범위 관리에도 영향을 줄 수 있어 프로젝트의 성공 유무와도 이어지는 중요한 요소입니다.

✍ 저자생각

프로젝트의 적절한 비용산정을 토대로 적절한 리소스가 투입되어야만 성공적으로 프로젝트를 완수할 수 있습니다. 비용산정에는 여러 가지 방법이 있으나 기업의 현황과 프로젝트의 특성에 따라서 PM이 적절한 방법을 선택하여 산정해야 합니다.

PART

04

디지털서비스

Digital Service(디지털서비스)는 디지털 기술을 이용하여 제공하는 다양한 서비스를 의미합니다. 우리가 전자기기를 통해 이용하는 대부분의 서비스뿐만 아니라 인터넷을 통해 제공되는 서비스들을 포괄합니다. 이번 Part에서는 다양한 분야의 대표적인 디지털 서비스에 어떤 것들이 있는지 다루어 보겠습니다.

Web

Web이란?

　우리가 크롬과 같은 웹브라우저를 실행하고 원하는 사이트에 들어가기 위하여 www를 입력하곤 합니다. www는 World Wide Web의 약자로 우리가 흔히 말하는 인터넷을 떠올리면 편할 것 같습니다. 하지만 인터넷은 TCP/IP로 구현된 통신망을 이야기하고 Web은 그 안의 HTTP(Hyper Text Transport Protocol)를 통해 HTML 문서로 구현된 공간을 의미하기 때문에 사실 'Web=인터넷'은 아니긴 합니다.

　Web은 '거미줄'이라는 어원을 떠올려 보면 복잡하게 얽혀 있을 것 같지만 구성을 보면 생각보다는 단순합니다. Web은 클라이언트와 Web서버로 구성되어 있고 중간은 Domain주소(영문형 주소)와 IP주소를 변환하는 DNS(Domain Name Server)로 구성되어 있습니다. 여기서 클라이언트는 우리의 PC를 생각하면 되고 서버는 우리가 웹사이트에서 한 요청에 대한 응답을 하는 컴퓨터라고 생각하면 됩니다.

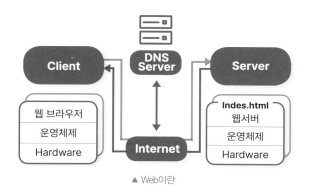

▲ Web이란

우리가 문서를 교환하기 위해 HTTP라는 프로토콜로 웹서버에 접속하려면 DNS 서버에서 Domain주소를 IP주소로 변환하고 Web 서버로 전달됩니다. 그러면 클라이언트에게 받은 요청사항을 Web서버에서 처리하고 그 결과를 클라이언트에게 다시 전송합니다. 사실 서버에는 WAS서버라는 친구가 있습니다.

Web서버의 친구인 WAS서버에 대하여 간단히 소개해 드리겠습니다.

Web서버와 WAS서버를 구분하는 이유는?

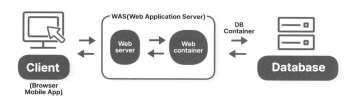

▲ Web서버와 WAS서버란

앞에서는 Web서버만 이야기했지만 사실 WAS서버라는 서버도 존재합니다. 그러면 왜 Web서버와 WAS서버를 구분할까요? 웹사이트 화면을 생각해 보면 누구에게나 보이는 동일한 정보, 예를 들면 화면에 표현되는 이미지 파일 같은 정적인 콘텐츠가 있는 반면 로그인을 하고 난 이후에 보이는 장바구니 화면처럼 사용자별로 다른 동적인 콘텐츠도 있습니다. 그리고 이러한 동적인 콘텐츠를 위하여 WAS

서버가 필요합니다. WAS서버를 활용하는 이유를 정리하자면 아래와 같습니다.

- **서버 부하 방지**: 동적 콘텐츠와 정적 콘텐츠 제공 주체 분리
- **보안 강화**: Web서버와 WAS서버의 물리적 분리
- 유연한 웹 애플리케이션 제공

이러한 웹의 기본적인 구성을 알았다면 Web이 어떻게 발전해 왔고, 앞으로 어떻게 변화할지 궁금하지 않은가요?

Web은 앞으로 어떻게 변화해 갈까? Web 3.0 시대

Web은 1989년 팀 버너스리라는 소프트웨어 공학자가 개발하면서 시작되어 무려 40여 년의 역사를 가졌습니다. 긴 시간을 감안하면 초기의 Web과 현재의 Web은 조금 다를 것입니다. 그렇다면 Web의 미래를 설명하기 전에 Web의 발전사를 간략히 소개해 보겠습니다.

Web을 세대로 나눈다고 하면 1.0, 2.0, 3.0으로 구분할 수 있습니다. 먼저 Web 1.0 시대에는 운영자가 제공하는 단순한 정보를 읽을 수 있는 단방향적인 제한된 환경이었습니다. 초창기 Yahoo와 같은 포털사이트에서 날씨, 뉴스와 같은 정보들을 얻었던 시대를 생각해 보면 이해가 쉬울 것 같습니다.

이러한 Web 1.0의 단점으로 인하여 정보제공과 사용자 간 소통에 한계가 있었고 이를 개선하여 등장한 것이 Web 2.0입니다. SNS(Social Network Service)를 생각해 보면 이해하기가 쉬운데 개인의 SNS사이트에 의견을 게시하고 다른 사용자와 정보를 공유하며 소통하는 양방향적 웹 환경이 구성된 것입니다. 현재는 Web 2.0 시대라고 보시면 됩니다.

Web 1.0의 정보의 단방향이란 한계를 Web 2.0에서 해결하였지만 Web 2.0도 한계가 있었습니다. 바로 Web 2.0에서 사용자가 작성한 정보의 소유권이 웹서비스 사업자에게 있다는 점, 사용자에 대한 보상이 미비한 점 그리고 이러한 정보들이 중앙집중화되어 해킹과 정보 유출 등에 대한 High Risk를 가진다는 점입니다.

이에 맞춰 블록체인이라는 기술이 부각되면서 정보들을 분산 저장 하는 탈중앙화 기반의 Web 3.0 개념과 부수적으로 사용자에게 보상을 제공하는 P2E와 같은 개념이 등장하게 됩니다. 블록체인을 기반으로 데이터를 소유하고 이를 통한 보상을 받는 새로운 세대에 대한 개념이 등장한 것입니다. 현재까지 설명 내용을 바탕으로 Web 세대를 비교해 보면 아래의 표와 같습니다.

구분	웹 1.0	웹 2.0	웹 3.0
정보제공	단방향	양방향	가치 공유
추구 가치	정보 교류	참여, 공유, 개방	소비, 창조, 소유
콘텐츠	소비	소비+창조	소비+창조+소유
데이터	WWW	중앙집중	분산
핵심 인프라	서버-클라이언트	클라우드	클라우드, 블록체인
단 말	PC	PC, 모바일	PC, 모바일 웨어러블기기
시 기	1991~1999년	2000~2022년	2022년~

✍️ 저자생각

웹 2.0에서 웹 3.0의 발전에 주목할 필요가 있습니다. 블록체인의 등장에 따라 환경이 사업자 중심에서 사용자 중심으로 바뀌고 있고 이에 따라 P2E와 같은 서비스, 블록체인 기반의 DAO, DID와 같은 기술에 관심을 갖고 적응해 나가야 할 것입니다.

002

UI(User Interface)/UX(User eXperience)

사용자 인터페이스, 사용자 경험? 그게 뭐지

요즘에는 PC를 넘어 스마트폰으로 인터넷을 하는 시대에 살고 있습니다. PC에서 보았던 웹페이지들을 스마트폰에서 보기도 합니다. 그런데 PC와 같이 큰 화면에서 보았던 웹페이지는 조그마한 스마트폰에서 보면 매우 불편함을 느끼게 됩니다. 서비스 제공자는 이러한 불편함 때문에 사용자에게 초점을 맞춰 시각적으로 또는 경험적으로 편리함을 제공하기 위해 노력하고 있습니다. UI와 UX는 이러한 사용자를 위한 디자인 방법론이라고 볼 수 있습니다.

먼저 UI는 User Interface의 약자로 웹이나 앱 같은 서비스나 제품의 시각적 요소와 더불어 레이아웃의 집합을 이야기합니다. 직관적인 부분으로서 사용자가 처음 봤을 때 느껴지는 첫인상과 같은 느낌입니다.

UX는 User eXperience의 약자로 사용자가 서비스나 제품에서 상호작용 하면서 느끼는 경험을 의미합니다. 이 버튼을 누르면 어떻게 동작할지 과거의 경험을 생각하면 이해하기 쉬울 것입니다.

아마 앞의 정의만 보았을 때는 "UI와 UX 차이가 뭐지? 어떤 걸 설명하는지 잘 모르겠다"라고 느끼실 것입니다. 이해를 돕기 위하여 예를 들어 설명해 보겠습니다.

UI/UX 예를 들어보자면? 건물 설계와 인테리어

UI와 UX가 도대체 무슨 차이가 있을까요?. 특히나 UX와 같은 경우 정의만 보면 이해하기가 어렵습니다. 여러분의 이해를 위해서 집을 짓는 과정을 예로 들어 보겠습니다.

우리가 집을 설계한다고 생각해 보겠습니다. 아마 설계를 위해서는 방과 화장실의 개수나 배치와 위치 같은 기본계획을 세워 토지에 맞는 구조로 설계도를 그릴 것입니다. 그 이후에는 인테리어 부분을 계획할 것입니다. '방, 화장실 개수는 면적 대비 몇 개가 적당하고 화장실의 위치는 이쪽이 낫고, 채광을 고려하면 거실 위치는 남향이 나을 것 같다'와 같이 이전 경험에 기반하여 설계도를 그릴 것입니다. 이것이 바로 UX 디자인입니다. 경험에 기반하여 최적의 기능을 제공하기 위한 설계를 하는 것이죠.

자, 이제 인테리어를 해보겠습니다. '거실 벽면은 하얀색으로, 방문은 우드톤으로 맞춰 따뜻한 느낌을 주고 가구 배치를 드문드문하여 넓은 느낌을 준다'와 같이 시각적인 요소를 통해 집의 이미지를 디자인하는 것을 UI 디자인이라고 합니다.

이제 UI와 UX가 어떤 것인지 조금 이해가 되셨을까요?

그래서 어떻게 개발하는 건데?

앞에서 UI와 UX에 대해서 알아보았으니 이제 UI · UX 디자인을 개발하는 절차에 대하여 알아보도록 하겠습니다. 여러 가지 방법론이 있지만 6단계로 나누어 설명을 드리겠습니다.

▲ UI/UX 개발 프로세스

(1) 목표 정의

서비스 대상 기업의 요구사항 수집을 위한 인터뷰, 트렌드 분석 및 개발 목표 협의 등을 통해 제공 서비스의 UI/UX 개발 목표 범위를 정의합니다.

(2) 프로젝트 계획

선행 조사 된 시장 현황과 사용자 니즈 조사를 통해서 UX전략을 수립합니다. 사용자, 비즈니스, 기술적 목표를 설정하고 차별화 포인트를 계획합니다.

(3) 요구사항 정의

페르소나 설정을 통한 Targeting을 설정한 후에 사용자 요구사항을 도출하고 IA(Information Architecture) 설계 및 UX컨셉션(UI, GUI)을 정의합니다.

(4) 설계 및 구현

UX컨셉션을 통한 UI 상세설계, GUI(Graphic User Interface)화면 디자인을 위한 템플릿 제작 및 화면 디자인, GUI가이드 문서를 작성하고 작성된 UI/GUI 검증을 합니다.

(5) 테스트

설계 및 구현된 내용에 대하여 사용성 테스트 계획 수립 후 테스트를 수행하고 테스트 결과를 분석하여 수정이 필요한 부분을 도출해 냅니다.

(6) 배포 및 관리

사용자 중심의 매뉴얼 작성 가이드를 개발하고 UX 요구사항을 수집하여 요구사항에 대한 피드백 및 지속적인 UI/UX 관리를 수행합니다.

성공적인 UI/UX 디자인을 위한 주안점

앞에서 UI/UX 개발을 위해 사용자 중심의 레이아웃을 구현하는 프로세스를 설명해 드렸습니다. 이러한 개발 과정에서 성공적인 디자인을 수립하기 위하여 기본적인 설계 목표를 수립하는 것이 매우 중요합니다. 따라서 정부에서는 설계 목표 수립을 위한 가이드라인을 아래의 7가지로 제시하고 있습니다.

- 사용자에게 필요한 기능과 정보를 제공
- 작업에 소요되는 시간과 단계를 최소화
- 직관적이고 일관성 있게 개발
- 사용자가 원하는 방식으로 이용할 수 있게 개발
- 사용자가 실수하지 않게 개발
- 모든 유형의 사용자가 이용할 수 있게 개발
- 원하는 서비스와 정보를 쉽게 찾을 수 있게 개발

✍ 저자생각

UI/UX의 중요성은 결국 사용자 중심에서 생각하는 것과 직결됩니다. 따라서 사용자가 활용하는 다양한 OnDevice에 따라 달라질 필요도 있습니다. 이를 위해 적응형 웹, 반응형 웹과 같은 용어도 알아볼 필요가 있습니다.

영상회의 기술

코로나 이후 패러다임의 변화를 이끌어 낸 영상회의 기술

우리는 코로나를 경험하면서 많은 변화를 겪었습니다. 그중의 하나는 바로 재택근무일 것입니다. 재택근무를 하기 위해 SSL VPN을 통해 내부망에 접속하여 업무를 처리하고, 재택근무 중인 사람들과 회의가 필요할 때 영상회의 기술을 통해 원격지에서도 얼굴을 마주 보고 회의를 할 수 있었습니다. 특히, 교육 부분에서도 많은 변화를 이뤄냈는데, 오프라인에서 교육했던 방식에서 영상회의 기술을 활용한 온라인 교육 중심으로 변화가 일어났습니다.

이처럼 활용성이 커지고 있는 영상회의 기술은 이름에서도 유추할 수 있듯이 영상기술, 통신기술 등을 활용해서 온라인상에서 영상·음성을 공유할 수 있는 기술을 의미합니다. 영상회의 기술이 활성화되면서 다양한 플랫폼에서 영상회의를 간단하게 활용할 수 있게 되었습니다. 지금부터는 영상회의 기술을 구성하는 여러 가지 기술요소에 대하여 알아보려고 합니다.

영상회의를 가능하게 하는 기술은 무엇이 있을까?

영상회의를 가능하게 하는 기술 방식은 크게 2가지로 볼 수 있습니다. 하드웨어 중심의 MCU 기반 영상회의 기술과 소프트웨어 기반의 WebRTC를 통한 영상회의 기술입니다. 이어서 두 가지 기술에 대하여 소개해 보도록 하겠습니다.

(1) MCU 기반 영상회의 기술

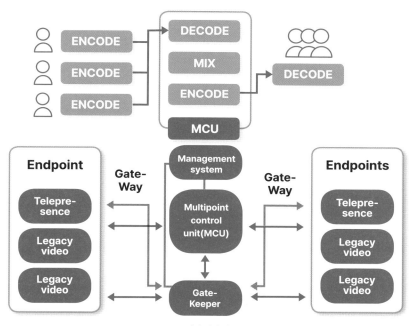

▲ MCU 기반 영상회의 기술

MCU 기반 영상회의 기술은 MCU(Multipoint Control Unit)라고 하는 다지점 제어 장치와 게이트웨이를 중심으로 데이터를 처리합니다. MCU 서버는 MP(Multipoint Processors)와 MC(Multipoint Controller)로 구성되어 다자간의 영상 처리를 위해 트랜스코딩, 비디오 구성, 오디오 믹싱, 회의 설정 등을 처리합니다. 또한 Gate Keeper를 통한 호 처리 등을 수행하여 종단 간 통신이 가능하도록 합니다. 이는 H.323이라고 하는 영상회의 표준에서 사용하는 방식입니다.

(2) WebRTC 기반 영상회의 기술

이전의 모바일 환경에서는 영상회의를 위한 별도의 애플리케이션이 필요하였습니다. 따라서 이를 개선하여 접속 환경에 대한 편의성을 제공하고자 Non-plugin 방식으로 웹브라우저, API 기반의 WebRTC(Web Real-Time Communication) 기술이 등장하게 되었습니다. SDP(Session Description Protocol)를 통해 세션을 연결하고 STUN, TURN Server를 통해 NAT 또는 DHCP로 인한 연결이 어려울 경우 대체 경로를 제공합니다.

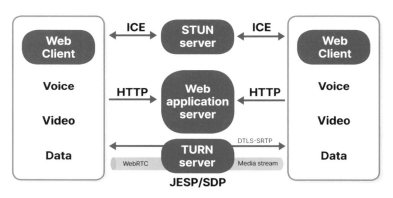

▲ WebRTC 기반 영상회의 기술

세부적인 기술요소는?

영상회의를 위해서는 영상 및 음성 기술과 이를 효율적으로 압축하기 위한 코덱 기술, 멀티미디어 전송을 위한 프로토콜 그리고 세션 연결 등을 위한 통신 프로토콜 등이 필요합니다.

구분	주요기술	설명
영상 코덱 기술	H.264	AVC(Advanced Video Coding)
	H.265	HEVC(High Efficiency Video Coding)

음성 코덱	G.711	64kbps PCM 음성부호화 표준
	G.729	8kbps 속도 음성부호화 표준
미디어 전송 기술	MMT	방송, IP 기반 멀티미디어 전송 표준
	RTP	미디어 실시간 전송 프로토콜
	MPEG-DASH	HTTP 적응형 스트리밍 기술
통신 프로토콜	SDP	멀티미디어 세션, 호 정보 기술 프로토콜
	SIP	멀티미디어 통신 세션 프로토콜
	H.323	영상회의 표준 기술

위와 같은 기술들을 통해 사용자는 영상회의를 활용할 수 있으며 실감형 서비스, 고화질 및 고음질 서비스 증가로 인해 이와 연계한 기술들이 같이 발전하고 있습니다.

✎ 저자생각

코로나19 시기를 지나면서 영상회의의 활용이 증가하고 있고, 영상기술도 발전하고 있어 관련된 압축기술, 전송기술에 대한 복합적인 관점에서의 관심이 필요합니다.

004

가상화 기술(Virtualization)

가상화 기술이란?

우리는 요즘 클라우드 혹은 클라우드 컴퓨팅이라는 단어를 많이 사용합니다. 이러한 클라우드는 인터넷의 발전과 가상화 기술의 확산에 의해 주목받게 되었습니다. 그렇다면 가상화 기술은 무엇일까요? 가상화 기술은 물리적인 하드웨어 자원을 소프트웨어를 통해 논리적으로 변화시키는 것과 같이 가상화를 해주는 기술을 말합니다.

사실 우리는 클라우드 이전부터 가상화 기술을 누구나 한 번은 경험해 봤습니다. 우리 컴퓨터의 '내 컴퓨터'를 실행하면 내 컴퓨터에 C드라이브, D드라이브로 나뉘어져 있을 겁니다. 실제로는 하드디스크가 물리적으로 1개 설치되어 있지만 논리적으로 분할하여 C드라이브, D드라이브로 나누어 사용하는 것입니다. C드라이브를 포맷해도 D드라이브의 데이터가 유지되는 것은 논리적으로 구분이 되어 있기 때문입니다. 이는 하나의 하드웨어 리소스 가상화로 볼 수 있습니다.

장치 및 드라이브(3)

로컬 디스크 (C:)
232GB 중 57.5GB 사용 가능

HDD (D:)
1.78TB 중 557GB 사용 가능

MGTEC (E:)
931GB 중 426GB 사용 가능

▲ 가상화 기술이란

가상화의 원리는?

앞서 설명한 하드디스크 파티셔닝은 일종의 공유(Sharing)를 통한 가상화라고 볼 수 있습니다. 이 외에도 가상화는 크게 4가지의 원리가 있습니다.

- 공유(Sharing)
- 단일화(Aggregation)
- 에뮬레이션(Emulation)
- 절연(Insulation)

(1) 공유(Sharing) 기반 가상화

공유를 기반으로 한 가상화는 일반적으로 이해하기 쉬운 가상화로 물리적 자원을 여러 개의 논리적 자원으로 분할하는 것을 말합니다. 이는 논리적인 자원들이 물리적 자원을 공유하기 때문에 공유 기반 가상화라고 합니다.

(2) 단일화(Aggregation) 기반 가상화

단일화 기반 가상화는 공유 기반 가상화와 반대로 여러 개의 물리적 자원을 결합해서 하나인 것처럼 가상자원을 합치는 것을 말합니다. 물리적인 한계로 인한 한계점을 단일화를 통해 극복하게 됩니다.

(3) 에뮬레이션(Emulation) 기반 가상화

에뮬레이션 기반 가상화는 원래 하드웨어의 물리적 자원에서는 없었던 기능을 소프트웨어를 통해 논리적으로 구현하는 방식의 가상화입니다.

(4) 절연(Insulation) 기반 가상화

가상화된 하드웨어 자원들은 논리적으로 구분이 되고, 가상화 자원들을 사용하는 사용자에게 영향을 주지 않으면서 물리적 자원의 교체가 가능하도록 모듈화하는 방식입니다.

가상화 종류는?

앞서 설명한 가상화는 물리적 자원을 논리적으로 나누거나 합쳐 구현하는데, 구현하고자 하는 대상에 따라 아래와 같이 구분할 수 있습니다.

구분	설명	세부 종류
서버 가상화	하나의 서버를 여러 대의 논리적인 가상서버로 구분하여 분할	VMware Hypervisor
네트워크 가상화	물리적인 네트워크를 논리적 Overlay 네트워크로 구분	VLAN VxLAN
애플리케이션 가상화	애플리케이션을 중앙 서버에 설치하고 가상 인터페이스만 보내는 기술	Citrix App-V
데스크톱 가상화	하나의 물리적인 데스크톱을 여러 개의 논리적인 데스크톱으로 구분	VDI
스토리지 가상화	물리적인 저장 장치를 논리적으로 구분하여 파티셔닝	SAN NAS

이러한 가상화 기술을 인프라에 적용하게 되면 IT 자원을 더욱 효율적으로 사용할 수 있으며, 관리가 용이해지므로 유지보수 비용을 줄일 수 있게 됩니다. 그렇다면 가상화를 구현하기 위한 핵심기술에는 어떤 것들이 있을까요?

가상화 구현을 위한 핵심기술

앞서 가상화는 물리적인 자원을 논리적으로 구분한다고 설명하였습니다. 그렇다면 논리적으로 구분하기 위해서는 어떤 기술이 필요할까요? 생각해 보면 물리적인 자원은 고정되어 있기 때문에 논리적으로 구분하기 위한 기술이 더해져야 할 것입니다.

결론부터 말씀을 드리자면 가상머신 방식과 컨테이너 방식을 통해 논리적인 구분 혹은 기능을 구현합니다. 가상머신 방식은 Hypervisor라고 하는 일종의 소프트

웨어가 필요합니다. 또한, Hypervisor는 2가지 type이 존재하는데

- **Type1의 경우**: 호스트 OS 없이 하드웨어에 Hypervisor가 설치되고 그 위에 가상머신을 구현하는 방식입니다.
- **Type2의 경우**: 호스트 OS가 존재하며 그 위에 Hypervisor와 가상머신을 구현하는 방식입니다.

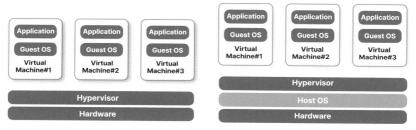

▲ 가상화 구현을 위한 기술(TYPE1)/왼쪽   ▲ 가상화 구현을 위한 기술(TYPE2)/오른쪽

마지막으로 Container는 Hypervisor의 OS가상화 방식과는 다르게 OS를 가상화하여 여러 개의 Container를 OS커널에서 직접 실행합니다. 따라서 Hypervisor보다 가볍고 메모리를 적게 차지하게 됩니다. 이를 위하여 Host OS 위에 Container Engine을 구성하고 Container라고 하는 경량 소프트웨어 패키지를 구성하게 됩니다.

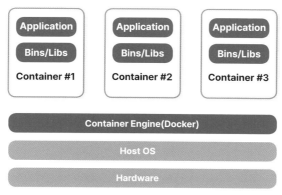

▲ 가상화 구현을 위한 기술(Container)

✎ 저자생각

가상화 기술은 모든 영역에서 활용도가 증가하고 있습니다. 따라서 기존의 하드웨어에서 가상화 기반의 하드웨어로 마이그레이션하는 것이 중요합니다. 또한 가상화 기술 적용을 통한 논리적 분리 시 보안 취약점이 상속될 수 있으므로 보안에 대한 고려가 필요합니다.

005

클라우드 컴퓨팅(Cloud Computing)

클라우드 컴퓨팅이란?

Cloud란 무엇일까요? 직역하자면 구름인데 보통 인터넷을 표현할 때 구름 모양으로 표현합니다. 그렇다면 요즘에 많이들 이야기하는 클라우드 컴퓨팅은 무엇일까요? 클라우드 컴퓨팅이란 물리적인 컴퓨팅 자원을 가상화하여 인터넷을 통해 사용자가 원하는 서비스를 제공하는 것을 말합니다.

클라우드 컴퓨팅이 활용되기 이전에는 사용자가 On-Demand 형태로 사무실에 구축하여 운영 관리를 하거나 호스팅 업체에 물리적인 컴퓨팅 자원을 임대 혹은 구매하여 사용하였습니다. 최근 가상화 기술의 발전에 따라서 물리적인 하드웨어 자원을 소프트웨어적으로 논리적 분할이 가능해졌고 인터넷 환경 발전에 따라서 클라우드 컴퓨팅이 부각되게 되었습니다.

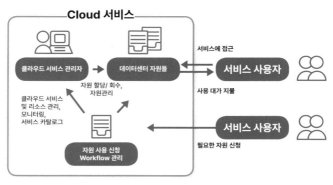

▲ 클라우드 컴퓨팅이란

클라우드 컴퓨팅이 왜 부각될까? 단점은 없을까?

클라우드 컴퓨팅이 어떤 특징이 있는지를 살펴보면 왜 사용하고, 왜 발전하고 있는지를 알 수 있을 것 같습니다. 또한 어떠한 단점이 있고 따라서 이를 적용하기 위해 어떤 것들을 고려해야 할지 살펴보겠습니다.

먼저 클라우드 컴퓨팅의 장점을 정리해 보자면 아래와 같습니다.

- **확장성**: 스케일아웃(Scale-Out)
- **과금제도**: 고정금액을 변동금액으로
- **유연성**: 사용자에게 맞게 설정 변경 용이
- **접근성**: 인터넷을 통한 접근 용이

우선 클라우드 컴퓨팅은 확장성이 우수합니다. 리소스를 논리적으로 할당하는 것이 가능하기 때문에 기능 고도화나 리소스의 확장을 위해서 스케일 아웃(Scale-Out)으로 수평적인 확장이 가능합니다. 또한 클라우드 컴퓨팅 비용은 사용하는 만큼 지불되기 때문에 과거의 고정금액 방식에서 벗어나 변동금액이 되며 사용량에 따라 비용 절감이 가능하게 됩니다. 리소스의 할당이 자유롭기 때문에 유연성이 우수하며, 인터넷만 되면 접근이 가능하기 때문에 접근성도 우수하다는 것이 장점 중 하나입니다. 그렇다면 이렇게 우수한 클라우드 컴퓨팅의 단점은 무엇일까요?

- 공급업체 종속성
- 인터넷 의존성
- 데이터 사용과 관리 분리

클라우드 컴퓨팅은 On-Demand 방식과 비교할 때 데이터가 클라우드 사업자의 서버 등에 저장되기 때문에 공급업체에 종속될 수 있는 리스크가 있습니다. 또한 인터넷을 통한 접근 가능은 장점으로 볼 수도 있지만 반대로 인터넷이 안 되는 상황이 발생하면 접근이 불가하다는 점에서 단점이 될 수도 있습니다. 더불어 공급업체 종속성으로 인해 개인정보와 같은 중요 데이터의 관리와 사용자가 분리돼 적극적인 대처가 어렵다는 점도 단점으로 꼽습니다.

기업 니즈에 맞춰 활용하는 클라우드 컴퓨팅 종류

클라우드 컴퓨팅은 서비스 운영 및 서비스 모델에 따라서 종류를 구분할 수 있습니다. 클라우드 컴퓨팅은 데이터의 중요성에 따라 Public, Private, Hybrid로 나누어 운영방식을 다르게 하기도 하고 필요한 자원의 종류에 따라 IaaS, PaaS, SaaS와 같은 서비스 모델로 구분하여 활용하기도 합니다.

구분	주요기술	설명
서비스 운영	Public Cloud	클라우드 서비스 제공자 소유 및 관리
	Private Cloud	클라우드 서비스 사용자 소유 및 관리
	Hybrid Cloud	Public + Private 혼합 방식
서비스 모델	IaaS	Infrastructure as a Service 물리적인 인프라 범위를 서비스로 제공
	PaaS	Platform as a Service 개발에 필요한 플랫폼을 서비스로 제공
	SaaS	Software as a Service 사용자에게 필요한 Software를 서비스로 제공

클라우드 컴퓨팅 구현을 위한 주요기술은?

클라우드 컴퓨팅은 앞서 말씀드린 장점들을 유지하기 위해 여러 기술들이 필요합니다. 가상화 기술을 기반으로 안정성을 유지하기 위한 분산처리 기술 등 다양한 기술들을 접목하여야 합니다.

구분	주요기술	설명
가상화 기술	Hypervisor Container	가상 하드웨어 인프라를 기반으로 서버의 논리적 가상화
분산처리 기술	Load Balancing	대규모 서버의 데이터를 분산처리 하는 기술
오픈 인터페이스	Open API, SOA	인터넷을 통한 서비스 및 정보 공유 지원 기술
서비스 프로비저닝	자원 제공 기술	실시간 자원 제공
SLA	서비스 수준 관리 시스템	서비스 제공 품질 계약 제공
보안	Firewall, IPS, ACL	컴퓨팅 자원 및 데이터에 대한 보안

✍ 저자생각

클라우드 컴퓨팅을 기반으로 민간 · 공공영역이 클라우드 기반의 인프라로 바뀌고 있습니다. 수집 데이터의 중요도, 비즈니스 영향도를 기반으로 BIA(Business Impact Analysis), DRP(Disaster Recovery Planning) 등을 수립하고 이원화 · 이중화와 같은 대책을 통해 서비스가 중단되지 않도록 고려하는 것이 중요합니다.

스마트팩토리(Smart Factory)

'똑똑한 공장' 스마트팩토리란?

요즘에는 '스마트+폰'과 같이 많은 분야에 스마트를 붙이고 있습니다. 조금은 상투적이지만 아마 스마트를 붙이는 이유는 '이전과는 확연히 다른 발전된 서비스를 제공합니다'라고 표현하고 싶기 때문인 것 같습니다. 이는 공장에도 여지없이 적용되면서 'Smart + Factory = 똑똑한 공장'이라는 단어를 만들어 냈습니다. 스마트팩토리는 제품의 기획, 설계, 생산, 유통 판매 등 전 공정에 ICT기술을 적용하고 데이터 중심의 관리를 통해 생산성을 향상하는 지능화된 공장을 의미합니다. 그렇다면 우리나라는 스마트팩토리가 왜 필요할까요?

우리나라는 제조업이 GDP의 약 25~30%에 해당할 정도로 매우 높은 비중을 차지하고 있습니다. 이에 따라 이전의 공장시스템이 스마트공장으로 탈바꿈된다면 더욱 생산성이 향상되면서 높은 산업 경쟁력을 갖추게 된다고 볼 수 있습니다. 그렇다면 지금도 운영되고 있는 공장자동화와 스마트팩토리의 차이점은 무엇일까요?

공장자동화와 스마트팩토리의 차이점은?

공장자동화는 제조 과정에 일정한 입력값을 부여하여 무인화 혹은 사람의 개입을 최소화하는 '제조 과정 중심'이라고 볼 수 있습니다. 이를 위해 로봇기술이 적용되기 때문에 공장자동화의 핵심기술은 로봇이라고 볼 수 있습니다. 하지만 스마트팩토리는 공장자동화와 구조적, 기술적 측면에서 아래의 5가지 차이를 가집니다.

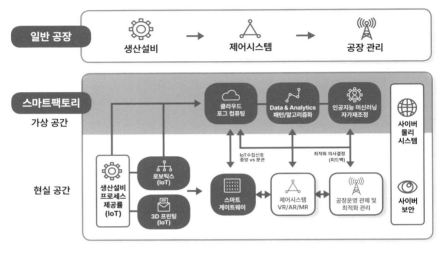

▲ 공장자동화와 스마트팩토리 차이점

첫째, 4M+1E 디지털화입니다. 먼저 4M은 Man, Machinery, Material, Method를 의미하고 E는 Environment를 의미합니다. 이러한 5가지 요소를 디지털화하여 측정 가능한 정보를 제공해야 합니다.

둘째, 각 요소 간 연결을 위한 수직·수평적 통합입니다. 제조 과정에서의 단계와 같은 수평적 요소와 기획, 설계, 생산, 유통 등 전 공정에 대한 가치사슬의 연결을 위한 수직적 통합이 필요합니다.

셋째, 지능화입니다. 스마트팩토리는 현실 공간과 가상 공간으로 구분할 수 있으며 현실 공간과 연계된 가상 공간에 인공지능과 같은 기술을 통해 지능화된 기능의 제공이 필요합니다.

넷째, 데이터의 적극적 활용입니다. 스마트팩토리는 한번 세팅을 하고 지켜보는 것이 아니라 더 효율적인 부분이 있다면 빠른 시일 내 수정이 가능하도록 데이터의 축적 및 활용이 가능해야 합니다.

다섯째, 시스템 간 연결입니다. IIoT(Industrial Internet of Things)나 5G 특화망과 같이 효율적인 통신기술을 활용하여 확장성이 담보된 시스템 간 연결이 필요합니다.

대표적으로 이 다섯 가지 부분을 과거 공장자동화와의 차이점으로 볼 수 있습니다. 그럼 스마트팩토리를 구현하기 위한 기술에는 어떤 것이 있을지 살펴보겠습니다.

스마트팩토리의 주요 기술요소와 발전 단계

앞서 살펴본 공장자동화와의 차이점 다섯 가지 부분과 연결하여 스마트팩토리 구현을 위한 대표적인 기술을 설명한다면 아래의 표와 같습니다.

No	구분	주요기술	설명
1	디지털화	센서	정보 수집을 위한 각종 센서
2	수직 · 수평 통합	플랫폼	ERP, MES, SCM, CRM 등
3	지능화	CPS	사이버 물리시스템
		인공지능	딥러닝, 머신러닝 등
4	데이터 활용	클라우드	데이터 저장
		빅데이터	데이터 분석
5	연결	IIoT	산업용 IoT
		5G 특화망	이동통신 5G 자가망
		TSN	초저지연
		엣지컴퓨팅	Edge구간 데이터 전송 기술

위 표에는 다양한 기술들이 열거되어 있지만 사실상 한 번에 적용하여 똑똑한 공장을 만들기는 현실상 어렵습니다. 따라서 자율주행기술 수준을 5단계로 나누었듯이 스마트팩토리도 기능별 발전 단계를 나누고 있습니다.

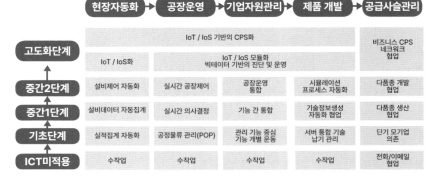

	현장자동화	공장운영	기업자원관리	제품 개발	공급사슬관리
고도화단계	IoT / IoS 기반의 CPS화				비즈니스 CPS 네크워크 협업
	IoT / IoS화	IoT / IoS 모듈화 빅테이터 기반의 진단 및 운영			
중간2단계	설비제어 자동화	실시간 공장제어	공장운영 통합	시뮬레이션 프로세스 자동화	다품종 개발 협업
중간1단계	설비데이터 자동집계	실시간 의사결정	기능 간 통합	기술정보생성 자동화 협업	다품종 생산 협업
기초단계	실적집계 자동화	공정물류 관리(POP)	관리 기능 중심 기능 개별 운동	서버 통합 기술 납기 관리	단기 모기업 의존
ICT미적용	수작업	수작업	수작업	수작업	전화/이메일 협업

▲ 스마트팩토리 발전 단계

일련의 공장 과정을 현장자동화부터 공장운영, 기업자원관리, 제품 개발에서 공급사슬관리까지 기능적인 수준에 따라 5단계로 나눌 수 있습니다. 제품 생산 과정에서의 기술 발전에 따라 단계가 올라가며, 결국 우리가 바라는 진정한 스마트팩토리는 고도화 단계로 IoT를 적극 활용하여 실시간성을 확보하고 CPS(Cyber Physical System)를 활용하여 사이버공간상에 비즈니스를 구현할 수 있는 수준입니다.

✍ 저자생각

이동통신 5G 기술을 활용한 4.7Ghz 대역 자가망인 이음5G가 등장했지만 주목받지 못하고 있습니다. 이음5G와 TSN과 같은 기술을 통해 스마트팩토리에서 중요한 전송 속도 향상과 저지연을 이룸으로써 진정한 스마트한 공장이 되기를 기대합니다.

007

스마트시티(SmartCity)

스마트시티란 무엇이고 어떻게 시작되었을까?

스마트시티란 스마트도시법 제2조에서 "도시의 경쟁력과 삶의 질 향상을 위하여 건설 · 정보통신기술 등을 융 · 복합하여 건설된 도시기반시설을 바탕으로 다양한 도시서비스를 제공하는 지속 가능한 도시"라고 정의하고 있습니다.

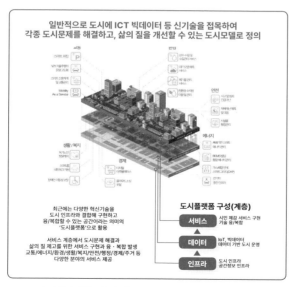

▲ 스마트시티란 / 출처: 국토교통부(2019), 스마트시티 개념도

급속한 도시화에 따라 인구와 자원 소비가 도시에 집중되면서 교통혼잡, 재난 등 다양한 사회문제가 발생하자 이를 ICT기술을 활용하여 해결하고자 시작하게 되었습니다.

우리나라에서는 유비쿼터스도시법이 2008년 제정되면서 본격적으로 시작하게 되었으며 이후 세계적 동향에 맞춰 법령을 스마트도시법으로 개정하면서 지금까지 국가 사업으로 추진하고 있습니다.

스마트시티는 어떻게 발전되어 왔을까?

스마트시티를 시작했을 당시에는 유비쿼터스도시란 이름으로 시작하였으며, 2기 신도시 중 165만m^2 이상의 신도시에 본격적으로 적용했습니다. 이후 스마트도시법으로 명칭이 개정되면서 적용 대상 면적기준을 30만m^2으로 변경하여 신도시뿐만 아니라 기존 도시로 사업 대상을 확대하게 됩니다. 2018년도에는 종전의 면적기준인 30만m^2도 삭제하면서 본격적으로 구도심에도 스마트시티 구축을 반영하게끔 조성 범위를 확대하였습니다.

초기 유비쿼터스도시가 부족한 정보통신 인프라 구축에 목적이 있었다면 스마트시티는 이미 구축된 서비스를 통합플랫폼을 통해 여러 기관에 연계하는 확장성을 고려한 서비스 중심으로 변화해 갔습니다. 아래는 유시티와 스마트시티를 비교한 표입니다.

구분	U-City	Smart-City
목 표	건설, 정보통신 융복합 신성장 육성	도시문제 해결 혁신 생태계 육성
정 보	수직적 데이터	다자간 양방향
플랫폼	폐쇄형(Silo타입)	폐쇄형+개방형
제 도	U-city법	스마트도시법
주 체	중앙정부 중심	중앙정부+지자체

대 상	신도시	신도시+기존 도시
사 업	물리적 인프라 구축	통합플랫폼 구축 신기술 추진(데이터 허브)

스마트시티 구성과 기술요소는?

스마트시티는 방범, 교통, 환경 등 다양한 서비스를 제공하기 위하여 크게 3가지 구성으로 이루어집니다.

우선 **첫 번째로 인프라 시설물**입니다. 인프라 시설물은 도시의 정보를 수집하는 현장시설로서 방범CCTV, 교통CCTV, 미세먼지 수집 장치 등이 이에 해당됩니다. 수집된 정보는 자가망 혹은 통신사 임대망의 광통신을 통해 스마트시티 통합관제센터로 전송됩니다. 광통신망은 속도 및 안정성 부분이 우수하지만 구축 비용에 대한 부담과 확장성이 떨어진다는 단점으로 인하여 요즘에는 LTE 같은 이동통신망이나 Zigbee, NB-IoT와 같은 무선통신망도 많이 활용하는 추세입니다. 특히 최근에는 도시 미관에 대한 부분도 중요해지면서 광케이블을 가공 구축에서 지중매설로 진행하는 추세입니다.

두 번째는 스마트시티 통합관제센터입니다. 인프라 시설물에서 수집된 정보들을 지자체별로 구축된 스마트시티 센터로 전송하게 되고, 이곳에서 수집된 정보들을 저장, 가공, 처리하고 있습니다. 또한 인프라 시설물에 대한 운영 관리를 하는 중심 역할이 있는 가장 중요한 시설 중 하나입니다. 따라서 국가 보안시설로 지정되어 엄격한 관리를 받기도 합니다.

세 번째는 스마트시티 통합플랫폼입니다. 초기 스마트시티는 일정한 표준이 없어 개별적인 개발로 인하여 서비스 간 연계에 어려움이 있었습니다. 따라서 연계를 위해 통합플랫폼을 만들어 확장성을 가질 수 있도록 하였습니다. 현재는 TTA 표준에 의한 통합플랫폼이 상용SW로 나와 있어 도입에 대한 편의성을 제공하고 있습니다.

특히나 통합플랫폼은 기본적인 5대 서비스를 제공하고 있습니다.

- 112센터 긴급영상 지원
- 112 긴급출동 지원
- 119 긴급출동 지원
- 재난 상황 긴급대응 지원
- 사회적 약자 지원

이 외에도 다양한 서비스들이 개발되고 있고 효율성 있는 연계 체계를 위하여 많은 지자체에 통합플랫폼이 도입되고 있습니다.

스마트시티의 발전 방향

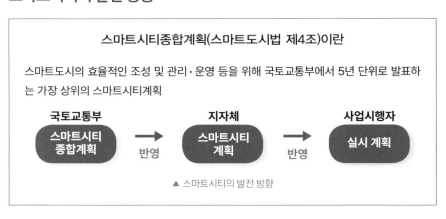

스마트시티종합계획(스마트도시법 제4조)이란

스마트도시의 효율적인 조성 및 관리·운영 등을 위해 국토교통부에서 5년 단위로 발표하는 가장 상위의 스마트시티계획

국토교통부 **스마트시티 종합계획** → 반영 → 지자체 **스마트시티 계획** → 반영 → 사업시행자 **실시 계획**

▲ 스마트시티의 발전 방향

스마트시티는 스마트도시법에 의해 5년 단위로 스마트시티종합계획을 수립하고 있습니다. 24년부터 스마트시티종합계획(4차)을 계획하고 있으며, 종합계획 결과에 따라 지자체의 스마트시티 계획도 영향을 받을 것입니다. 결과적으로 스마트시티 구축 사업 시행자는 이와 연계한 사업을 진행하게 되므로 스마트시티종합계획은 스마트시티 방향성에서 가장 중요한 부분입니다.

향후 예상되는 스마트시티의 발전 방향은 다음과 같습니다.

첫째, 지속 가능한 공간모델 확산입니다. 현재까지 킬러서비스가 교통과 방범에 한정된다는 점이 아쉬운 점으로 남는 만큼 환경과 같은 다양한 분야에서 체감할 수 있는 서비스가 계획되지 않을까 생각합니다. 또한 중소형 도시나 마을 단위의 특화된 스마트시티가 생길 것입니다.

둘째, 데이터 중심의 도시 기반 구축입니다. 2018~2022년에 클라우드를 기반으로 데이터 수집, 저장 및 활용을 지원하는 데이터허브 기술을 개발하고 실증한 바 있습니다. 이를 더욱 고도화 및 상용화하여 수집된 도시정보를 빅데이터로 분석하고 AI를 기반으로 의사를 결정할 것입니다. 궁극적으로 도시문제를 사전에 대응하고 운영 효율화를 위한 디지털트윈을 반영해 도시문제를 해결하는 방향으로 갈 것입니다.

셋째, 민간 영역에 대한 산업생태계 조성입니다. 1, 2, 3차 스마트시티종합계획을 시행하며 느낀 점이 있다면 아마 공공주도의 한계점일 것입니다. 이에 따라 스마트도시법도 민간에 개방하는 방식으로 변화해 왔고, 규제샌드박스 등을 통해 활성화를 이루고자 해왔습니다. 향후에도 창의적이고 혁신적인 서비스를 위하여 어반테크(Urban Tech)를 민간에 개방하고 수익모델을 제시하는 방법 등을 통해 지속 가능한 서비스 구축 및 제공을 하지 않을까 예상합니다.

✍️ **저자생각**

스마트시티 이전 유시티 때부터 다양한 분야에 ICT기술을 적용해 온 시도는 있었습니다. 다만 일회성에 그친 이유는 막대한 유지관리비와 효율성 저하로 시민들이 체감으로 좋지 못하다고 느꼈기 때문입니다. 공공주도의 스마트시티는 이러한 부분에서 한계가 분명 존재합니다. 따라서 민간 영역에서 적극적 개방 및 서비스 모델 개선을 통해 지속 가능한 서비스를 제공해야 할 것입니다.
최근 스마트시티는 데이터허브 플랫폼을 통해 도시에서 생산되는 데이터를 수집하여 빅데이터 분석 등을 함으로써 도시문제를 개선하는 방향으로 발전하고 있습니다. 이러한 플랫폼을 통한 스마트시티의 발전을 기대합니다.

XR(eXtended Reality)

메타버스의 친구 XR

메타버스란 단어가 한동안 주목을 받았었습니다. 메타버스란 가상을 뜻하는 Meta와 우주를 뜻하는 Universe가 결합된 단어로 가상과 현실이 융합된 공간에서 사람과 사물이 상호작용 하며 경제, 사회, 문화적 가치를 창출하는 세계를 의미합니다. 즉, 현실 세계와 유사한 혹은 현실 세계에서 확장된 3차원 가상 공간입니다.

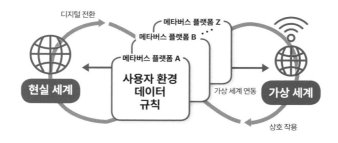

▲ 메타버스의 친구 XR

이러한 메타버스는 증강현실(AR: Augmented Reality), 라이프로깅(Life logging), 거울 세계(Mirror Worlds), 가상 세계(Virtual Worlds)의 4가지 유형을 지니고 있습니다. 먼저

증강현실이란 포켓몬고와 같이 현실 정보 위에 가상의 정보를 입히는 것을 이야기합니다. 라이프로깅은 현실의 정보를 가상 세계에 저장하며 공유하는 것을 말하며 나이키 트레이닝클럽과 같이 운동 정보를 저장하는 것으로 이해하면 좋습니다. 거울세계란 현실과 동일한 정보를 가상 세계에 구현한 것으로 구글어스를 떠올리면 되고 가상 세계는 마인크래프트와 같이 가상의 공간을 구축한 것입니다.

이러한 메타버스는 경제, 사회, 문화적 가치를 창출하기 때문에 다양한 기술이 접목되어 있습니다. 이 중 핵심기술인 XR(eXtended Reality)에 대하여 조금 더 살펴보도록 하겠습니다.

메타버스를 구현하기 위한 핵심기술 XR

메타버스의 친구는 NFT, 블록체인 등 많지만 그중 가장 친한 친구를 꼽자면 XR을 들 수 있을 거 같습니다. XR(eXtended Reality)은 확장현실로 사용자가 몰입할 수 있도록 돕는 그래픽 기반의 초실감형 기술을 의미합니다. 이러한 확장현실은 VR(Virtual Reality), AR(Augmented Reality), MR(Mixed Reality)로 구분 가능하며, 메타버스 기반을 구성하는 필수 요소로 구분됩니다. 그렇다면 VR, AR, MR은 무엇이고 어떤 차이점이 있을까요?

먼저 VR(Virtual Reality)이란 가상현실로서 모든 영역이 가상 그래픽으로 구성된 현실을 말합니다. 우리가 이전부터 사용했던 대부분의 게임들이 VR에 해당됩니다. 게임이라는 가상현실 속에서 캐릭터, 배경 등이 전부 가상적인 그래픽으로 구성되어 있습니다. 다만 이전에는 2차원의 저사양 그래픽 요소였다면 근래에는 3차원의 현실과 유사한 그래픽 요소와 더불어 게임뿐만 아닌 다양한 서비스 요소가 포함되면서 가상현실 활용성이 증가하게 됩니다.

두 번째 AR(Augmented Reality)은 증강현실이라고 부릅니다. 앞서 메타버스의 4가지 유형 중 하나로 소개했던 기술로 현실 정보 위에 2차원 혹은 3차원의 가상 정보를 랜더링(Rendering)하여 두 정보가 오버랩되는 것을 의미합니다. 포켓몬고를 떠올리면 이해하기가 쉬운데 스마트폰의 카메라를 켜고 카메라를 통해 수집되는 현실 세계 영상에 포켓몬스터 캐릭터가 겹쳐 스토리를 이어 나가는 것을 한 번쯤 보셨을 거 같습니다.

마지막으로 MR은 Mixed Reality의 약자로 혼합현실이라고 부릅니다. VR과 AR의 장점을 합쳐 현실과 가상을 혼합한 형태로 AR과 유사하지만 '상호작용'이 가능하다는 차이점이 있습니다. AR에서는 포켓몬이 정해진 형태 및 움직임 등을 제공했다면 MR에서는 가상이미지의 크기를 줄이거나 움직이게 하는 동작들이 가능합니다.

✍ 저자생각

코로나19 시기 사회적 거리 두기로 인하여 메타버스가 한참 주목을 받았던 때가 있었습니다. 세계적인 기업인 페이스북도 메타로 사명을 변경할 정도로 메타버스의 시대가 왔다고 생각했지만 실제로는 그러지 못했습니다. 그 이유는 현실과 연계된 실용성 있는 서비스 모델이 없었기 때문이라고 판단합니다. XR과 같은 인프라에 주목하는 것도 중요하겠지만 현실과 융합된 효용성 있는 서비스로 메타버스가 다시 주목받기를 기대합니다.

009

RPA(Robotic Process Automation)

Macro vs RPA(Robotic Process Automation)

대학생 때 수강 신청이나 좋아하는 가수의 콘서트 티켓 구매를 위해서 Macro를 사용한다는 말을 들어 본 적이 있을 겁니다. Macro는 특정 소프트웨어에서 일정 행동을 반복하는 것을 말합니다. 다만 Macro는 웹이면 웹 Macro, 워드라면 워드 Macro 등 일정 응용프로그램에 한정되어 사용할 수 있습니다.

이와 같은 원리로 일정 행동을 반복하는 경우 소프트웨어를 통해 반복함으로써 효율성을 향상하는 기술이 있습니다. 바로 RPA입니다. RPA란 Robotic Process Automation으로 사람이 처리하는 단순 반복 업무를 소프트웨어 로봇을 통해 처리하는 자동화 기술입니다. Macro와는 달리 특정 응용프로그램에 한정되지 않아 더욱 효율적인 부분이 있습니다.

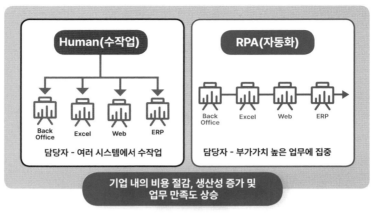

▲ Macro vs RPA

RPA 특징과 도입 분야

RPA는 단어에서 유추할 수 있듯이 자동화를 통해 업무 처리의 효율성을 가져오기 때문에 아래와 같이 장점들이 많이 있습니다.

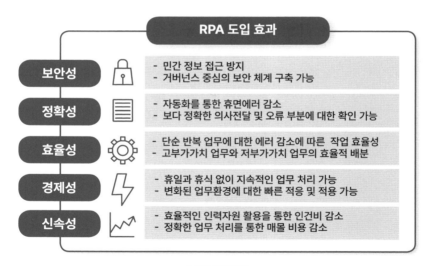

▲ RPA 도입 효과

요약해 보면 단순 반복 업무에 효율적이기 때문에 시간 및 물리적 자원을 효율적으로 활용할 수 있게 되고, 그로 인한 유연성을 가져오기 때문에 비용을 절감할 수 있습니다. 또한 인간이 갖는 체력의 한계를 극복하여 휴먼에러를 방지할 수 있게 되면서 정확한 업무 처리가 가능해집니다. 그렇다면 이러한 장점을 갖는 RPA의 주요 특징은 무엇일까요?

- 기존 시스템 변경 불필요
- 짧은 시간 내 개발 및 현장 적용 가능
- **적용 가능 업무**: 표준화, 단순 반복, 정형데이터
- 사용자 작업 흐름 모방

여러 가지 장점이 부각되다 보니 기업 및 공공에서도 RPA 도입이 확산하고 있습니다. RPA를 활용하는 주요 분야를 살펴보면 아래와 같습니다.

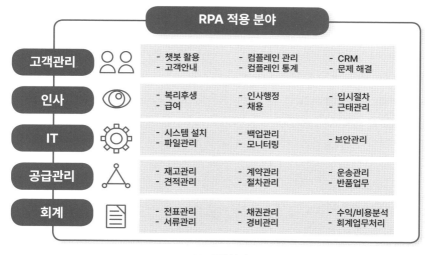

▲ RPA 도입 분야

이러한 RPA는 앞서 말씀드린 바와 같이 정형화, 표준화된 업무, 단순 반복 업무만 할 수 있었는데 최근에는 조금 더 지능화되는 방향으로 발전하고 있습니다.

RPA 발전 방향

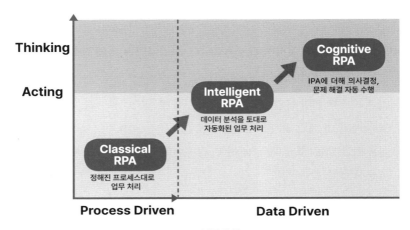

▲ RPA 발전 방향

거의 모든 분야에 적용되고 있는 'AI'가 RPA에도 적용되고 있습니다. 현재의 RPA 수준에서 데이터 분석을 자동적으로 수행하는 IPA(Intelligent Process Automation)로 발전하고, IPA에 더해 의사결정을 자동으로 수행할 수 있는 CPA(Cognitive Process Automation)로 발전하고 있습니다. 결론적으로 RPA에 AI가 추가되면서 Data 중심의 영역으로 확장되어 비정형 데이터까지 처리 가능한 지금보다 조금 더 효율적인 방향으로 가고 있습니다.

> ✍ **저자생각**
>
> RPA는 궁극적으로 기존 자동화를 초월한 초자동화(Hyperautomation)라는 개념으로 다가갈 것입니다. 이를 위하여 생성형 AI와 같은 기술들이 접목되어, 반복되는 업무들을 단순화하고 프로세스를 개선하는 방향으로 발전할 것으로 예상합니다.

010

블록체인(BlockChain)

탈중앙화를 꿈꾸는 블록체인 기술

여러분은 비트코인이라는 단어를 한 번쯤은 들어 봤을 것입니다. 비트코인은 가상화폐의 한 종류로 마치 블록체인과 같은 개념처럼 쓰이고 있지만 정확히는 블록체인이라는 기술을 금융 분야 즉, 화폐에 적용한 것입니다. 2008년 처음 비트코인이 시작되었을 때는 주목을 받지 못하였다가 근래에 들어 투자 수단으로 주목받게되면서 시장이 점점 커지고 관련 법의 제정과 더불어 국가 차원의 중앙은행 디지털 화폐인 CBDC(Central Bank Digital Current) 개념까지 등장하게 됩니다.

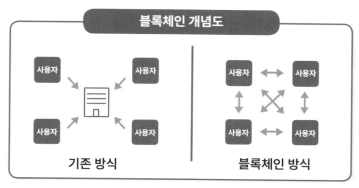

▲ 블록체인이란

그럼 왜 가상화폐의 기반 기술인 블록체인이 주목을 받는 것일까요? 그 이유는 블록체인이 구현되는 원리를 보면 알 수 있습니다. 기존 시스템은 중앙서버를 기반으로 중앙집중적으로 구현되는데 이는 중앙서버가 영향을 받았을 경우 신뢰성이 무너질 수 있다는 치명적인 단점을 갖고 있습니다. 하지만 블록체인은 분산원장이라고 하는 데이터 조각들을 다수의 사용자에게 전송함으로써 탈중앙화를 기반으로 검증을 통한 신뢰성을 제공하기 때문에 주목받게 되었습니다. 그렇다면 블록체인은 어떻게 구성되었기에 탈중앙화를 제공할 수 있는 것인지 살펴보겠습니다.

헤더와 보디로 구분된 블록체인 구성

블록체인은 크게 헤더(Header)와 보디(Body)로 구성되어 있습니다. 헤더는 블록 해시, 버전, 넌스(nonse)와 같은 블록체인 고유 정보들을 담고 있고, 실질적인 정보는 보디에 Transaction 저장되어 있습니다. 이러한 Transaction은 다수의 블록에 분산 저장 하여 신뢰성을 검증하게 됩니다.

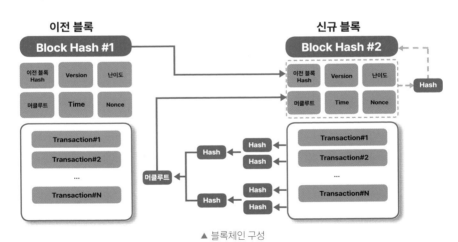

▲ 블록체인 구성

블록체인을 구성하는 요소에 대한 개념들은 아래와 같습니다.

구분	구성요소	설명
헤더	블록해시	각 블록 간의 무결성 검증을 위한 해시값
	이전 블록해시	이전 블록의 해시값
	버전	블록체인 버전 정보
	넌스(Nonce)	암호 처리를 위한 난수
	머클루트	트랜잭션 집합의 루트 해시값
	Time	블록 생성 시간
보디	트랜잭션	거래에 대한 기록

다양한 분야로의 활용을 위한 블록체인의 발전 과정

블록체인은 초기 가상화폐를 시작으로 현재의 단계까지 발전을 해 왔습니다. 단계를 구분하기 위하여 블록체인 1.0, 2.0, 3.0으로 세대를 나누는데 비트코인이라는 가상화폐는 대표적인 블록체인 1.0으로 불립니다. 활성화에는 성공했지만 단지 화폐로서의 기능만 제공하기 때문에 이를 개선하기 위하여 블록체인 2.0이 등장하게 됩니다. 블록체인 2.0은 스마트 콘트랙트라고 하는 계약 기술을 동반합니다. 블록체인 2.0의 대표적인 사례는 이더리움으로 이를 통한 De-Fi(Decentralized Finance)와 같은 탈중앙화된 금융서비스가 등장하게 됩니다.

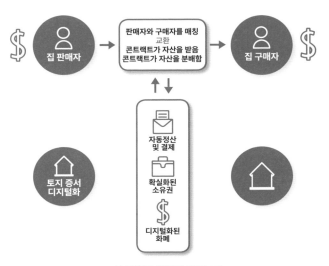

▲ 블록체인 버전(블록체인 2.0)

블록체인 2.0도 금융 분야에 한정된다는 한계로 인해 이를 조금 더 다양한 분야로 확장하기 위해 블록체인 3.0이 등장하게 됩니다. NFT(Non Fragile Token)와 같은 디지털 자산의 소유주를 증명하는 가상 토큰과 분산앱 DApp(Decentralized Application), DID(Decentralized Identify)와 같은 탈중앙화 신원증명 기술도 적용되면서 새로운 사업으로 흘러 들어가고 있습니다.

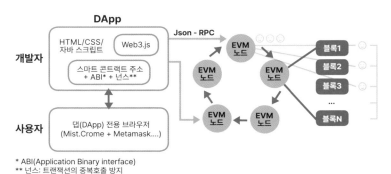

* ABI(Application Binary interface)
** 넌스: 트랜잭션의 중복호출 방지

▲ 블록체인 버전(블록체인 3.0)

블록체인 종류

블록체인이 탈중앙화를 목표로 하고 있지만 모든 참여자가 참여 가능한 것은 아닙니다. 데이터의 성격에 따라서 블록체인은 4가지 종류가 있으며, 그 목적에 따른 블록체인의 종류에 대한 정의는 아래와 같습니다.

구분	설명
Public 블록체인	모든 사람이 참여 가능한 블록체인, 구성원은 동등한 권리를 가짐
Private 블록체인	조직이 블록체인을 제어하는 방식, 구성원에 대한 부분과 권한을 조직이 결정
Hybrid 블록체인	Public + Private 블록체인의 결합, 특정 데이터만 제어하고 나머지는 공개
Consortium 블록체인	조직 그룹이 관리하는 방식

✍️ 저자생각

블록체인이 탈중앙화란 목표 때문에 주목받고 있는 기술이지만 블록체인의 트릴레마*를 모두 만족시키기는 참 어렵습니다. 따라서 블록체인의 탈중앙화를 유지하면서 나머지 요소에 대해 보완을 할 수 있도록 블록체인 경량화 기술 등을 고려하는 부분이 필요해 보입니다.

---

* 블록체인 트릴레마 : 블록체인 기술이 동시에 달성하기 어려운 세 가지 딜레마(탈중앙화, 보안성, 확장성)

LBS(Location Based Service)

우리의 위치 정보를 활용하는 LBS란

예전에는 지도를 통해서 목적지를 찾아갔었는데 요즘에는 대부분 내비게이션을 통해 목적지를 찾아갑니다. 이는 현재의 우리 위치 정보를 활용하기 때문에 가능한 것인데 이를 LBS(Location Based Service)라고 합니다. LBS는 측위 기술을 활용하여 위치를 파악하고 수집하여 이를 활용하는 서비스를 말합니다.

그렇다면 LBS에서는 어떻게 우리의 위치 정보를 알 수 있을까요? 아마 제일 먼저 GPS를 떠올리셨을 겁니다. GPS(Global Positioning System)는 지구 위에 떠 있는 중궤도 위성(지구 약 20,000km 상공 공전)을 활용한 미국의 GNSS(Global Navigation Satellite System)의 종류입니다. 결국 우리나라는 미국의 인공위성인 GNSS를 활용하고 있는 것입니다. GPS뿐만 아니라 우리가 흔히 들고 다니는 스마트폰으로도 위치 정보를 얻을 수 있습니다. 우리의 스마트폰은 데이터 통신을 위해서 이동통신 기지국과 지속적인 연락을 하게 되는데 이를 활용하면 위치 정보를 얻을 수 있습니다.

LBS를 구현하기 위한 주요 구성요소

앞서, GPS와 스마트폰 등을 활용하면 위치 정보를 얻을 수 있다고 말씀드렸습니다. 이는 위치 정보를 수집하는 LBS의 구성요소 중 하나입니다. 이제는 수집한 위치 정보를 활용하기 위해서 LBS가 어떻게 구성되어 있는지 설명해 드리겠습니다.

▲ LBS 구성요소

LBS는 크게 3가지 주요 기반 기술로 구성이 됩니다.

- LDT(Location Determination Technology): 위치 결정 기술
- LAP(Location Application Platform): 위치 활용 프로그램
- LEP(Location Enable Platform): 위치 처리 플랫폼

우선 LDT는 IPS(Indoor Positioning System)와 OPS(Outdoor Positioning System)로 구분이 가능하며, 다양한 무선통신 기술을 활용하여 다수의 인공위성이나 기지국, 무선 AP 등을 통해서 위치를 측정하는 기술을 말합니다. 세부적인 기술 설명은 아래에서 조금 더 자세히 설명해 드리겠습니다.

두 번째로, LAP는 위치 응용프로그램으로 수집된 위치 정보를 토대로 콘텐츠를 제공하는 실질적인 서비스를 말합니다. 스마트폰의 T-MAP과 같은 내비게이션을 생각하면 좋을 것 같습니다.

세 번째로, LEP는 위치 처리 플랫폼으로 LDT로 수집된 위치 정보를 저장·가공하여 LAP로 활용 가능하도록 위치 정보를 제공하는 역할을 합니다.

위치 정보 수집을 위한 LDT의 위치 측위 기술 종류

LDT는 위치 정보를 결정하기 위한 기반 기술로 실내에서 주로 활용하는 IPS와 실외에서 활용하는 OPS로 구분할 수 있습니다. 또한 위치 정보 수집을 위한 주요 기반 기술에 따라 아래 표와 같이 구분이 가능합니다.

구분	기반	기술종류
실내 측위 (IPS)	이미지 기반	VPS(Visual Positioning System)
	센서 기반	PDR(Pedestrian Dead Reckoning)
	인프라 기반	UWB(Ultra Wide Band), BLE Beacon, 무선AP
실외 측위 (OPS)	인공위성	GPS, D-GPS, RTK
	이동통신	Cell-ID, AOA, TOA, TDOA
	혼합 방식	A-GPS(이동통신+위성 혼합)

위치 측정을 위한 기준점인 기준국으로 위치를 수집하기 위해서 2차원 정보는 최소 3개의 기준국 신호가 필요하고 3차원 정보(2차원+높이)는 최소 4개의 신호가 필요합니다. 다만 인프라가 추가로 필요하다는 점과 구현 복잡성으로 인해 이미지 기반 측위 기술과 같은 다양한 방식의 신기술들이 등장하고 있습니다.

✍️ **저자생각**

LBS는 다양한 분야에 활용되고 있고 활용도가 점점 증가하고 있습니다. 정부에서 기상 상황 및 이벤트 등에 대한 안내를 하는 CBS(Cell Broadcasting System)가 대표적인 예로 활용성은 좋지만 정확도에서 떨어지는 부분이 있습니다. 따라서 위치 오차에 대한 부분과 개인 위치 정보에 대한 보안의 중요성도 고려해야 할 것입니다.

ITS(Intelligent Transportation System)

ITS는 왜 필요할까?

ITS(Intelligent Transportation System)는 지능형교통체계라고 불립니다. 자동차, 열차, 선박, 항공기 등 교통수단과 도로 등 교통시설에 정보통신 기술을 적용하여 교통 운영을 최적화하고 교통체계의 편의성, 안정성 등을 높이는 시스템입니다.

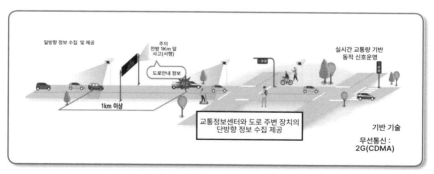

▲ ITS 1세대 개념도 / 출처: 국토교통부(2022), 1세대 ITS 개념도

차량을 비롯한 교통수단의 폭발적인 증가로 인하여 도로와 같은 한정된 공간에 서 이를 효율적으로 관리 · 운영하기 위해 ITS가 등장하게 되었습니다.

1990년대 말에는 국가 차원에서 대응하기 위하여 국가통합교통체계효율화법을 제정하였고, 10년 단위로 기본계획을 수립하여 공표하고 이를 지자체 등에서 기본계획과 연계하여 ITS 사업을 추진하고 있습니다.

차량 분야에서 ITS는 어떤 기술일까?

ITS는 차량, 선박, 항공 등 여러 종류가 있지만 가장 많이 활용 중이며 실제 체감할 수 있는 차량 분야만 다루고자 합니다. ITS는 크게 보면 정보를 수집하는 VDS(Vehicle Detection System), CCTV(Closed-circuit Television), AVI(Automatic Vehicle Identification System) 등 기반시설물과 수집된 정보를 처리하는 교통정보센터 그리고 처리된 정보를 활용하는 정보제공 부분으로 나누어져 있습니다. 각 부분별 구성요소들을 살펴보면 아래와 같습니다.

구분	구성요소	설명
정보수집	감지기, 센서	VDS, CCTV, AVI 등 차량정보 수집
정보처리	교통정보센터	수집 데이터 저장, 가공
정보제공	도로전광표지	교통정보표출(VMS) 및 기관별 활용

이러한 구성을 활용하여 차량 부분 ITS에서 제공하고자 하는 서비스 분야는 크게 아래의 5가지 서비스로 구분할 수 있습니다.

구분	구성요소	설명
ATMS	첨단교통관리시스템	ATC, AIM, ATE 등
ATIS	첨단교통정보시스템	RGS, TIS, TRIS
APTS	첨단대중교통시스템	PTIS, PTM
CVO	첨단화물운송시스템	HMM, FFM
AVHS	첨단차량 및 도로시스템	AHS, AVS

ITS에서 C-ITS(Cooperative ITS)로 발전

ITS의 단점 중 하나는 수집된 정보를 단순히 VMS(도로전광표지)와 같은 표출 도구에 제공하는 등 일방향적이라는 점입니다. 이를 개선해 등장한 것이 C-ITS입니다. 결론적으로 ITS와 C-ITS의 가장 큰 차이점은 정보 방향성 개선으로 시설물과 차량 간 상호 정보 공유가 가능해진 부분입니다.

현재 C-ITS는 교통정보센터에 빅데이터, AI 같은 기술들이 접목되면서 데이터의 재가공을 통한 서비스를 제공하고 있고 수집된 정보가 자율주행과도 연계가 되면서 효용성이 높은 사업이 되는 중입니다.

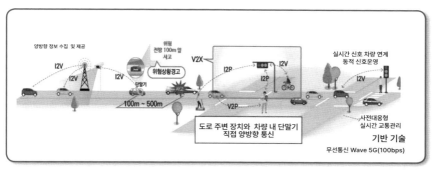

▲ C-ITS 3세대 개념도 / 출처: 국토교통부(2022), 3세대 ITS 개념도

앞서 설명한 ITS와 C-ITS를 간단히 비교하면 아래와 같습니다.

구분	ITS	C-ITS
정보연계단위	시설물-센터	시설물, 센터-차량, 개인
무선통신	2G	WAVE, LTE-V2X
대응방식	사후대응형	사전대응형
구축시점	2000년~	2015년~
자율주행연계	연계 어려움	연계 가능

양방향 서비스가 되기 위해서 자연스럽게 센터와 차량(V2C), 인프라와 차량(V2I) 혹은 차량과 차량 간(V2V) 통신방식이 중요하게 되었습니다. 현재 C-ITS에서 활용하는 통신방식은 WIFI 표준규격 IEEE802.11p와 IEEE1609를 결합한 WAVE, 이동통신 셀룰러 방식인 C-V2X가 있습니다.

현재 구축된 C-ITS는 대부분 안정성이 검증된 WAVE 방식으로 구축되었지만 자율주행 연계, 속도와 커버리지 한계로 인하여 C-V2X 방식이 등장하였으며, 우리나라는 향후 구축을 위한 표준을 정하기 위해 실증사업을 진행한 결과 2023년 12월에 C-V2X를 C-ITS 표준 통신방식으로 결정하였습니다.

C-ITS의 주요 구성요소와 서비스

C-ITS는 차량과 인프라 시설물과의 통신(V2I), 차량과 C-ITS 센터와의 통신(V2C), 차량 간 통신(V2V) 등이 가능해지면서 다양한 서비스를 제공할 수 있게 되었습니다. 각 부분별 구성요소들을 살펴보면 아래와 같습니다.

구분	구성요소	설명
정보수집	노변기지국(RSU)	인프라 시설물, 교통정보 수집
정보처리	C-ITS 센터	수집 데이터 저장, 가공
정보제공	차량단말기(OBU)	차량 통신단말기, 정보 송수신

이러한 구성을 활용하여 국토교통부와 한국도로공사는 C-ITS에서 구축하고자 하는 분야로 아래의 15가지 서비스를 제안하고 있습니다.

구분	건수	세부 종류
위치기반	2종	위치기반 데이터 수집, 교통정보 제공
요금징수	1종	요금징수 시스템
주행안전	8종	도로위험구간 정보, 노면기상정보 제공 등

버스관리	1종	버스 운행 관리
어린이안전	2종	옐로버스 운행 관리, 스쿨존 속도 제어
긴급차량	1종	긴급차량접근경고

🖎 저자생각

우리나라의 C-ITS 표준 통신방식이 실증사업을 통해 LTE-V2X로 결정되었습니다. 도로교통 분야는 LTE-V2X를 통한 데이터로 안전성을 보완하게 되겠지만 지연이 발생할 경우 무용지물이 될 수 있습니다. 따라서 5G 기반의 NR-V2X와 Edge Computing을 통해 지연을 최소화하는 것이 중요해 보입니다.

013

자율주행기술(Autonomous Driving)

모빌리티가 스스로 판단 · 제어하는 기술: 자율주행기술

장거리 운전을 할 때면 '누가 대신 운전 좀 해줬으면 좋겠다'라는 생각을 한 번 쯤은 해본 적 있을 겁니다. 근래에 들어 뉴스에 심심치 않게 나오는 소재가 바로 자율주행입니다. 유명한 전기차 기업인 테슬라에 자율주행기술이 적용되었다, 판교 어디서 자율주행버스를 운영하더라 같은 소식을 접하면 점점 자율주행이 우리의 삶에 가까워지고 있는 것처럼 느껴집니다.

이러한 자율주행기술은 기술적 성숙도에 따라 레벨 1 ~ 레벨 5로 구분할 수 있으며, 현재는 레벨 4를 앞둔 시점에 있습니다.

레벨 구분	Level 0	Level 1	Level 2	Level 3	Level 4	Level 5
역할	운전자 보조 기능			자율주행 기능		
자율주행 수준	비자율주행	운전자 지원	부분 자동화	조건부 자동화	고도 자동화	완전 자동화
자동화 항목	없음	조향/속도	조향/속도	조향/속도	조향/속도	조향/속도
운전 주시	필수	필수	필수	시스템 요청 시	일정 구간 내 불필요	전 구간 불필요
자동화 구간	–	특정 구간	특정 구간	특정 구간	특정 구간	전 구간
주요 기능	사각지대 경고	차선 유지 크루즈	차선 유지 크루즈	주행 지원 시스템	지역 자율주행	완전 자율주행

▲ 자율주행기술이란

현재 상용자동차에 레벨 3까지는 적용이 되었지만 레벨 4부터는 적용이 쉽지 않은 현실입니다. 레벨 3는 갑작스러운 장애물의 등장과 같은 이벤트 상황에서 운전자에게 운전대를 Take-over하기 때문에 비상 상황에 대한 대응이 가능하지만 레벨 4 ~ 레벨 5는 운전대가 없고 이벤트 상황이 발생하더라도 자동차 스스로 판단을 해야 하므로 윤리적 딜레마 해결과 더불어 높은 안전성을 요구합니다. 또한 예측할 수 없는 수많은 변화가 생기는 도로 환경을 고려한 정밀한 제어가 가능해야 하기 때문에 구현하기 어려운 점이 있습니다. 그렇다면 이렇게 어려운 기술인 자율주행을 구현하기 위해서는 어떤 구성과 어떤 기술들이 필요할까요?

자율주행을 위한 다양한 기술들: 센싱, 판단, 제어

▲ 자율주행기술의 구성

자율주행을 위해서는 결국 사람처럼 자동차가 판단을 해야 합니다. 사람이 어떤 목적지를 가기 위해 눈, 코, 귀 등 감각기관을 통해서 환경을 인식하고 뇌를 통해 판단을 하고 팔다리를 통해 목적지로 이동하는 것과 같이 자율주행도 마찬가지입니다. 따라서 자율주행을 구현하기 위해서는 3가지 기술적 요소가 필요합니다.

- **센싱기술**: Lidar, Radar, 카메라 등
- **판단기술**: Embedded PC, 센서퓨전 등
- **제어기술**: ECU, ABS, EPS 등

먼저 센싱기술은 자율주행을 위한 눈, 코, 입과 같은 감각기관이 됩니다. Lidar, Radar, 카메라 등을 통해 주행환경에서 빛과 전파의 반사파를 통해 물체를 파악하고 카메라를 통해 객체를 인식하는 과정을 거칩니다. 다수의 센싱기술이 접목될 경우 더 안정감이 생길 수 있지만 경제성을 고려해 고가의 Lidar는 배제하는 등 여러 가지 시도가 이루어지고 있습니다. 이렇게 각기 다른 센서를 통해 수집된 정보를 Sensor Fusion하여 모으고 각기 다른 요소로 수집된 센싱 정보들을 합쳐 종합적 판단을 위한 정보로 가공하게 됩니다.

두 번째, 판단기술은 자율주행을 위한 주행판단을 합니다. 센싱기술에서 수집된 정보들을 토대로 인공지능(머신러닝, 딥러닝, SLAM 등) 기술을 통해 주행에 대한 판단을 합니다. 도로 환경에 따라 스스로 속도, 주행 경로, 차선 변경 등을 판단하여 제어부로 정보를 전달하게 됩니다.

마지막 차량제어는 판단기술에서 계산된 정보를 실제로 구현합니다. 자동차의 핵심기술인 ECU(Electronic Control Unit), Actuator 등에서 엔진, 변속기, 기계적 장치들을 구동하여 실질적으로 자율주행을 하게 됩니다.

위에서 설명한 자율주행은 차량에만 국한되지 않습니다. 다양한 모빌리티 수단에서도 활용이 가능합니다. 이어서 모빌리티별 자율주행기술에 대하여 간략하게 소개해 드리겠습니다.

육·해·공 다양한 모빌리티별 자율주행기술

자율주행이 자동차에서 주목을 받고 있긴 하지만 다양한 교통수단에도 적용 가능한 것이 사실입니다. 다만 자율주행차가 주목받는 이유는 생활에 밀접하면서도 구현이 다른 수단에 비해 어렵기 때문이라고 생각합니다. 전철은 노선이 정해져 있고 궤도와 철로가 고정되어 있어 자율주행을 하기에 가장 유리하고 비행기와 배의 경우 도로보다 물리적 공간이 상대적으로 넓어 충돌과 같은 잦은 이벤트 상황의 가능성이 적기 때문에 구현하기에 더 유리한 점이 있습니다. 따라서 교통사고 같은 부분보다는 기상 상황에 대해 포인트를 맞추게 될 것입니다.

(1) 비행 부분 자율비행

비행 부분에서 자율비행이라고 하면 "우리가 타는 비행기는 이미 자율비행으로 운영하고 있는 거 아니야?"라고 생각할지도 모릅니다. 하지만 그 기술은 오토파일 럿으로서 자율비행과는 조금 차이가 있습니다. 비행에서 오토파일럿은 정해진 구간에서 항로를 미리 설정하여 비행하는 것이기 때문에 운항경로, 운행 공역별 비행고도와 같은 운행 데이터를 미리 입력해야 합니다. 자동차로 따지면 조금 똑똑한 크루즈콘트롤이라고 할까요? 따라서 AI 기반의 자율비행과 같은 기술로 볼 수 없습니다.

자율비행은 EU EASA에서 Level 1부터 Level 3까지 3단계로 정의하고 있습니다. 인간의 개입을 보조, 협력, 자동화에 따라 구분하는 것입니다.

▲ 모빌리티별 자율주행기술 단계(비행) / 출처: 국토부 K-UAM 로드맵(2020)

항공기와 더불어 UAM(Urban Air Mobility)이라는 도심항공교통수단이 주목을 받기 시작하면서 우리나라는 UAM 활성화를 위한 K-UAM 로드맵(2020년)을 수립하였습니다. 로드맵에서 조종사 탑승, 원격조종의 단계를 거쳐 2035년 이후 자율비행을 목표로 추진하고 있습니다.

▲ K-UAM 로드맵(비행) / 출처: 국토부 보도자료, K-UAM 로드맵 발표(2020)

(2) 열차 부분 자율주행

어렸을 적 놀이동산에서 롤러코스터를 탔었던 기억을 되살려 보면 '지하철과 같이 Rail을 활용하는 열차의 경우 운전자 없이도 충분히 자율적으로 운행될 수 있겠다'라고 생각할 수 있을 것 같습니다. 열차의 자동화 등급은 세계대중교통협회(UITP)가 제정한 국제표준에 따라 GoA(Grades of Autumation)를 1~4단계로 구분하고 있습니다.

등급	정의
GoA 1	• Non-automated Train Operation(NTO) • 시스템이 기관사 운전 보조
GoA 2	• Semi-automated Train Operation(STO) • 속도 가감속 자동 수행
GoA 3	• Driveless Train Operation(DTO) • 기관사 없이 자동 운행(승무원 탑승)
GoA 4	• Unattended Train Operation(UTO) • 완전 무인 단계

현재도 인천2호선, 김포 골드라인, 신분당선과 같은 비교적 최근에 운행을 시작한 지하철에는 CBTC(Communication Based Train Control)라는 기술이 적용되어 GoA 4 단계로 완전 무인 운행을 하고 있습니다. 또한 LTE-R(Railway)이라는 4세대 이동통신기술 기반의 열차통신망이 전국적으로 설치되기 시작하면서 이 통신망을 활용한 KTCS(Korean Train Control System) 기술을 개발 중입니다. KTCS가 적용되면 지하철뿐만 아니라 고속철도에도 자율운행이 적용될 수 있을 것입니다.

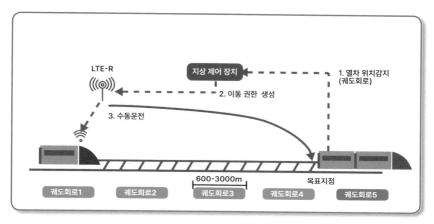

▲ 모빌리티별 자율주행기술(열차) / 출처: 국토부 보도자료(2022), 한국형 열차제어시스템 전라선 사용 개시

(3) 선박 부분 자율주행

선박 부분에서도 자율주행이 예외는 아닙니다. MASS(Maritime Autonomous Surface Ships)라는 명칭을 국제해사기구(IMO)에서 사용하면서 자율화 등급도 나뉘게 되었습니다.

등급	정 의
GoA 1	자동화된 프로세스 및 결정지원 시스템을 갖춘 선박
GoA 2	원격제어가 가능하며 선상에 선원이 승선하는 선박
GoA 3	원격제어가 가능하며 선상에 선원이 승선하지 않는 선박
GoA 4	완전자율주행 선박

선박은 주로 사람보다는 화물 운송에 대한 비중이 크기 때문에 경제성과 더 밀집한 관계가 있다고 볼 수 있습니다. 따라서 국내에서도 규제샌드박스 등을 통해 기술 개발을 위한 노력을 기울이고 있습니다.

✍ 저자생각

자율주행 레벨 4의 활성화도 중요하지만 다양한 이벤트 상황에 대한 안전성 및 보안성, 사고 시 책임 소재 등에 대한 부분을 명확하고 철저하게 고려하는 것이 더욱 중요합니다.

PART

05

네트워크

Network(네트워크)란 컴퓨터들이 통신기술을 이용하여 데이터를 주고받을 수 있도록 연결된 구조를 의미합니다. 전 세계 네트워크는 하나의 그물망처럼 복잡하게 연결되어 있습니다. 네트워크는 크기와 목적에 따라 다양한 형태로 나타낼 수 있는 현대 사회의 중추적인 기반입니다. 이번 Part에서는 네트워크의 기본적인 개념과 더불어 다양한 요소들을 살펴보겠습니다.

OSI 7Layer

네트워크 구성의 7가지 계층구조, OSI 7Layer이란?

네트워크를 한 번쯤 접해보거나, 통신에 조금 관심이 있는 사람이라면 아마 OSI(Open Systems Interconnection Reference Model) 7Layer를 들어봤을 수도 있을 것 같습니다. 송수신 간 데이터 통신을 위해서 일어나는 일련의 과정을 총 7개의 계층으로 나누어서 각 계층별 구성과 역할을 설명하는, 1984년 ISO에서 발표한 네트워크의 이론적 표준 모델입니다.

우리가 컴퓨터에서 프로그램을 통해 보내야 할 데이터가 7계층에서 1계층으로 가면서 캡슐화되고 이를 물리적 회선(케이블)을 통해 1과 0의 2진수로 전송을 하고 반대의 과정을 통해 디캡슐화되면서 데이터가 전송되는 과정은 OSI 7Layer를 통해 설명이 가능합니다.

OSI 7Layer는 이름에서 알 수 있듯 총 7개의 계층으로 구분되어 있습니다. 다만 이론적인 모델이기 때문에 실제 7계층이 명확하게 구분되어 구현된다고는 보기 어려울 수도 있지만 이론적으로 이해하기에는 충분합니다. 뒤에서는 OSI 7Layer를 기반으로 한 실제 활용모델인 TCP/IP에 대하여 설명해 드리고자 합니다.

OSI 7Layer의 각 계층별 구성과 역할

앞서 OSI 7Layer는 7개의 계층으로 나누어진다고 설명했습니다. 실제 회선(케이블) 즉, Physical Layer(물리 계층)부터 컴퓨터에서 구현되는 Application Layer(응용 계층)까지 수직적으로 7개 계층으로 나누어집니다.

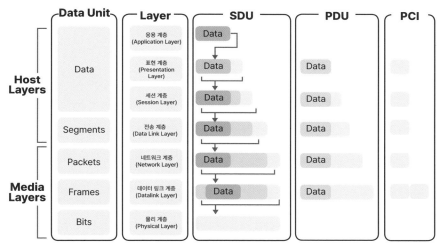

▲ OSI 7Layer의 계층별 구성과 역할

위와 같은 수직적인 계층구조로 구성되어 있으며, 보낼 데이터에 계층별 헤더인 PCI를 삽입하여 SDU를 만들어 냅니다(캡슐화).

- PCI(Protocol Control Information): PDU에 부가되는 제어 정보
- PDU(Protocol Data Unit): 계층별 데이터 단위
- SDU(Service Data Unit): 실제 Data Unit / PCI + PDU의 구성

최종적으로 1계층에 SDU가 도달하면 0과 1의 bit 단위 데이터로 물리적인 케이블을 통해 정보를 전송하게 됩니다.

각 계층별로 필요한 역할들을 PCI로 추가하여 전송하고 수신단에서는 수신받은 SDU에서 PCI를 하나하나 열어보면서 송신단에서 보낸 규칙에 따라 정보들을

제어하게 됩니다. 그렇다면 계층별로 하는 역할은 무엇일까요?

(1) 물리적인 연결을 하는 물리 계층(1계층)

1계층은 물리 계층으로, 데이터가 전송되는 전송로를 생각하면 이해가 쉬울 것 같습니다. 광케이블, UTP와 같은 케이블을 통해 0과 1의 데이터 배열이 전기적인 신호로 전송되게 됩니다. 약속에 따라 전압의 세기나 파형 모양 등을 0과 1로 판단하여 데이터를 송수신하는 계층입니다.

(2) 데이터 링크 계층(2계층)

데이터 링크 계층은 LAN과 같이 인접한 네트워크 영역에 데이터를 전송하는 역할을 합니다. 이 외에도 물리적인 계층에서 받은 데이터에 대한 오류제어, 흐름제어, 혼잡제어 등과 IEEE802.3 CSMA/CD와 같은 매체접근제어(다수 노드 충돌 방지) 그리고 MAC 주소를 기반으로 노드 식별 역할을 합니다.

(3) 네트워크 계층(3계층)

네트워크 계층은 데이터가 먼 곳을 향해 갈 때 경로를 결정하는 역할을 합니다. 이를 라우팅이라고 하며 이 역할을 하는 장비를 라우터라고 합니다. 우리가 흔히 말하는 IP주소의 개념이 사용되는 곳이며, 정해진 알고리즘에 따라 최적의 경로를 결정하여 데이터를 전송합니다.

(4) 트랜스포트 계층(4계층)

네트워크 계층에 의해서 데이터가 도착하면 이때 트랜스포트 계층은 네트워크 계층과 애플리케이션 계층 사이를 연결하는 종단 간 연결(End-to-End)을 하게 됩니다. 애플리케이션 포트번호를 식별하여 프로세스와 논리적 통신을 이루게 해주는데, TCP(연결형) 프로토콜과 UDP(비연결형) 프로토콜을 통해 양단 간 연결을 제어하게 됩니다.

(5) 세션 계층(5계층)

세션이란 클라이언트의 요청에 대한 상태를 유지하는 것을 말합니다. 이러한 세션을 관리하는 역할을 세션 계층에서 합니다. 어떤 홈페이지에 로그인을 하면 세선이 연결되었다고 하고 시간이 지나 연결이 끊기면 세션이 끊겼다고 합니다. 이러한 상태를 유지하는 역할을 하고 애플리케이션 간 통신 방법(반이중, 전이중, 단방향)을 제시하는 역할도 합니다.

(6) 프레젠테이션 계층(6계층)

프레젠테이션 계층은 애플리케이션 계층의 데이터를 가공하는 역할을 합니다. 송신 측과 수신 측에 보내는 데이터를 해석할 수 있도록 문자의 인코딩 형식 변환, 암호화, 압축과 같은 부가적인 역할을 합니다.

- 문자의 인코딩 형식 변환(ex: ASCII → UTF-8)
- 암호화(TLS/SSL)
- 압축(HTTP gzip, deflate)

(7) 애플리케이션 계층(7계층)

우리가 컴퓨터나 스마트폰에서 애플리케이션이라고 부르는 프로그램 혹은 앱과 관련되는 계층입니다. 사용자가 직접적으로 볼 수 있고 실제 실행하는 응용프로그램이라고 생각하면 이해가 쉽습니다. 네트워크 접속을 위한 Telnet, 이메일 전송 프로토콜인 SMTP(Simple Mail Transfer Protocol), 파일 전송 프로토콜인 FTP(File Transfer Protocol) 등이 있습니다.

TCP/IP랑 똑같은 거 아니야?

인터넷은 TCP/IP로 구현된다는 말을 들어 보셨을 것 같습니다. 여기서 TCP는 앞서 설명을 드린 4계층의 TCP(Transmission Control Protocol) 프로토콜이고, IP는 3계층인 IP(Internet Protocol) 프로토콜입니다. 따라서 TCP/IP 계층구조는 인터넷의 계층구조와 같다고 볼 수 있습니다. 앞서 설명해 드린 OSI 7Layer 계층구조는 이론적인 참조 모델이기 때문에 7계층으로 세분화한 것이고 TCP/IP는 실제 현장에서 활용되는 단순화한 모델이라고 볼 수 있습니다.

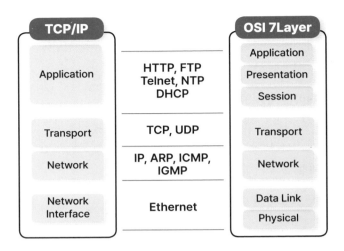

두 모델 간 계층을 맵핑해 보면 위의 그림과 같습니다. OSI 7Layer의 1, 2계층을 통합하고, 5, 6, 7계층을 통합한 것을 볼 수 있습니다.

✍ 저자생각

계층을 뛰어넘는 장비가 많아지고 있고 트래픽의 증가로 인해 네트워크 구조도 복잡해지고 있습니다. 기본 개념인 OSI 7Layer 학습을 통해 네트워크를 미시적 · 거시적으로 이해할 필요가 있습니다.

002

네트워크(Network)

네트워크는 'Net+work = Network'?

우리는 네트워크란 단어를 많이 사용합니다. 네트워크의 어원은 그물을 뜻하는 'Net'와 'Work'의 합성어로 그물망처럼 연결된 형태를 이야기합니다. 통신에서 네트워크란 다수의 장치들이 그물망처럼 연결되어 통신할 수 있도록 지원해 주는 데이터 통신 체계를 의미합니다.

우리가 사용하는 컴퓨터를 예로 들면 우리 집에 설치된 LAN, 도시 단위의 MAN, 더 나아가 WAN까지 물리적 · 논리적으로 수많은 장비를 통해서 원하는 서비스를 위한 통신을 하고 있습니다. 아래에서 본격적으로 네트워크의 종류, 구성 형태, 통신을 위한 교환 방식에 대하여 설명 드리고자 합니다.

네트워크의 종류

네트워크는 얽히고설킨 그물망과 같기 때문에 전체로 보면 대단히 큰 규모를 가지고 있습니다. 따라서 사용자의 관점에서부터 다른 사용자에게 데이터가 전달될 때 점점 많은 데이터들이 모이게 되고 이를 처리하는 여러 네트워크 장비를 거치게 됩니다. 이를 처리하는 장비 관점과 지역적인 규모 관점을 연결하면 PAN(Personal Area Network), LAN(Local Area Network), MAN(Metro Area Network), WAN(Wide Area Network)로 구분할 수 있습니다.

먼저 PAN은 단어에서 유추할 수 있듯 약 10m 범위를 갖는 네트워크입니다. 스마트폰과 웨어러블 기기와 같이 개인의 범위 안에서 연결된 네트워크라고 보면 되고 우리가 자주 사용하는 블루투스와 같은 통신기술을 활용합니다. LAN은 사무실이나 집과 같은 건물 범위의 네트워크입니다. MAN은 도시, WAN은 도시 간이나 국가 등 가장 넓은 범위의 네트워크를 말합니다.

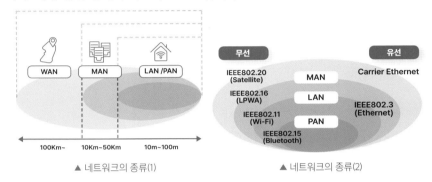

▲ 네트워크의 종류(1) ▲ 네트워크의 종류(2)

그렇다면 PAN, LAN, MAN, WAN과 같은 네트워크망은 어떤 형태로 연결되어 있을까요?

네트워크 구성 형태(토폴로지, Topology)

사무실을 생각해 보면 한 대의 허브에 다수의 UTP 케이블이 연결된 것을 볼 수 있습니다. 아니면 벽체에 설치된 인터넷 포트에 연결하기도 합니다. 이렇듯 네트워크 구성은 장비와 케이블에 따라 형태가 바뀌며 망의 경제성, 안정성과 같은 특성에 따라서도 구성 형태를 다르게 설정합니다. 네트워크 토폴로지는 대표적으로 5가지로 구분할 수 있습니다.

- 버스(Bus), 트리(Tree), 성(Star), 링(Ring), 메시(Mesh)

구분	구성요소	설명
버스형 (Bus)	 ▲ 버스형	• 간선에 노드를 붙이는 방식 (장점) 확장성 용이, 구조 간단 (단점) 충돌 발생, 기밀 취약
트리형 (Tree)	 ▲ 트리형	• 나무 형태로 스위치에 노드 다 수를 붙이는 방식(LAN) (장점) 확장성 용이 (단점) 상위 장비 장애 시 영향 큼
성 형 (Star)	 ▲ 성형	• 스위치를 중심으로 개별 연결 하는 방식 (장점) 기밀성 우수, 충돌 적음 (단점) 중앙장비 장애 시 영향 큼
링 형 (Ring)	 ▲ 링형	• 다수의 노드를 링의 형태로 연 결하는 방식 (장점) 장애 시 우회 가능(안정성) (단점) 구조 변경 어려움
메시형 (Mesh)	 ▲ 메시형	• 그물 형태로 각 노드를 전부 연결하는 방식 (장점) 장애 시 우회 가능(고안정성) (단점) 비용 증가, 확장 어려움

생각해 보면 모든 토폴로지가 메시형이면 좋겠지만 경제성을 고려하지 않을 수 없기 때문에 다양한 토폴로지로 네트워크 망을 구성하고 있습니다. 그렇다면 다수의 사용자가 데이터를 전송하기 위해 접속한다면 어떤 일이 발생할까요? 어떤 과정을 통해서 목적지를 찾아갈까요?

네트워크 교환 방식

네트워크는 범위가 커질수록 장비의 처리 용량도 커지긴 하지만 한 번에 처리할 수 있는 물리적인 한계는 분명 존재합니다. 따라서 교환기술(Switching)을 활용하여 적정한 경로를 통해 데이터를 목적지까지 전달하게 됩니다. 대표적인 교환기술은 아래와 같습니다.

- 회선 교환 방식(Circuit Switching)
- 메시지 교환 방식(Message Switching)
- 패킷 교환 방식(Packet Switching)

먼저 회선 교환 방식은 송수신 간 회선을 연결한 후에 데이터를 전송하는 교환 방식으로 과거 음성 통신에 활용했던 방식입니다. 데이터의 신뢰성, 속도를 보장할 수 있지만 물리적 한계가 있는 만큼 채널이 낭비될 수 있습니다.

두 번째 메시지 교환 방식은 메시지라고 하는 데이터 단위를 별도의 경로 설정 없이 축적(Store and Forward) 전송 하는 방식입니다. 비동기 전송이 가능하고 회선 연결이 필요 없지만 저장 후 전송하기 때문에 지연이 발생하므로 실시간 음성서비스 적용에는 부적합하여 이메일 전송에서 활용합니다.

마지막으로 패킷 교환 방식은 데이터를 패킷 단위로 전송하는 것으로 가상회선 방식과 데이터그램 방식으로 나눌 수 있습니다.

먼저 가상회선방식은 논리적 가상경로(VP: Virtual Path)를 미리 설정한 후에 데이터를 패킷 단위로 전송하는 것으로 과거 ATM(Asynchronous Transfer Mode)이라는 통신방식에서 활용했던 방식입니다. 가상적인 전체 경로에 대한 회선을 설정해야 하기 때문에 장애 시 우회하기가 힘들지만 신뢰성 있는 데이터 전송이 가능합니다.

데이터그램은 우리가 흔히 사용하는 인터넷에서 활용하고 있으며 패킷 단위로 독립성을 부여하여 특정 경로 설정 없이 전송하는 방식입니다. 중간에 문제가 생겨도 우회하는 것이 용이하나 신뢰성이 떨어질 수 있습니다.

✍ **저자생각**

PAN, LAN에서 WAN으로 갈수록 데이터가 집중되기 때문에 안정성 확보를 위하여 규모별 네트워크 토폴로지를 다르게 적용합니다. LAN에서는 스타형 · 트리형, MAN은 링형 · 반메시형, WAN은 메시형으로 적용합니다.
또한 최근 공공주택의 지능형 홈네트워크의 경우 해킹 사건으로 인하여 보안성 강화를 위해 세대 간 망분리를 의무적으로 시행하도록 관련 규정이 개정되었습니다. 이런 여러 가지 사정을 종합할 때 경제성, 안정성, 보안성 등을 고려하여 네트워크망을 설계해야 함을 알아야 할 것입니다.

IP주소(Internet Protocol Address)

인터넷상의 집 주소! IP주소란?

인터넷은 전 세계를 하나로 연결해 주고 우리가 원하는 정보들을 주고받고 할 수 있게 해줍니다. 우리가 가진 컴퓨터, 스마트폰들은 도대체 어떻게 인터넷에 연결되고 어떻게 우리에게 필요한 정보를 가져다줄까요?

우리가 시킨 택배가 제대로 도착하기 위해서는 반드시 필요한 정보가 있습니다. 바로 우리가 받고자 하는 집 주소입니다. 이렇듯 우리가 정보를 받기 위해서는 IP주소라고 하는 인터넷에서 활용하는 주소가 필요합니다.

IP주소란 통신을 위해 Internet Protocol을 사용하여 컴퓨터 네트워크 내에서 상호 연결된 각 장치에 지정된 숫자 열, 즉 주소 정보입니다. 이를 통해 내가 필요한 정보를 요청하기도하고 상대방에게 정보를 전달해 주기도 합니다.

IPv4와 Network주소, Host주소

IP주소는 앞서 숫자열로 구성되어 있다고 얘기하였습니다. 전 세계적으로 사용된 첫 번째 IP 프로토콜은 IPv4(version 4)입니다. IPv4주소는 8비트 숫자열이 네 부분으로 나누어져 있어 결과적으로는 총 32비트로 구성됩니다.

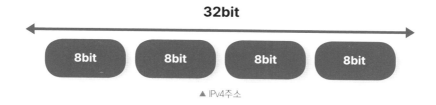

▲ IPv4주소

이 32비트는 Network주소와 Host주소로 나누어집니다. Network주소는 OO도 OO시 OO동과 같은 범위의 지역을 이야기하며 Host주소는 OO아파트와 같이 실제 사용자를 구분할 수 있는 범위의 주소를 이야기합니다. Network주소가 조금 이해가 어려울 수 있어서 조금 더 명확하게 정의하자면

"네트워크주소란 라우터를 거치지 않고 내부적으로 통신이 가능한 영역"

으로 Broadcast, 즉 모든 단말에 동시에 데이터를 전송할 수 있는 영역을 말합니다. 앞서 말씀드린 Network주소와 Host주소를 32비트 주소에 대입해 보면 아래와 같습니다.

A 클래스	0-127	0-255	0-255	0-255
	네크워크	호스트	호스트	호스트

B 클래스	128-191	0-255	0-255	0-255
	네크워크	네크워크	호스트	호스트

C 클래스	192-223	0-255	0-255	0-255
	네크워크	네크워크	네크워크	호스트

▲ IPv4주소 클래스

클래스를 나누는 이유는 네트워크 크기에 따른 구분을 하기 위함입니다. 광역시와 시군의 주민 수가 차이가 나는 것처럼 할당하기 위한 호스트의 수가 다르기 때문에 클래스로 나누어 효율적인 IP주소를 할당합니다.

사실 네트워크주소와 호스트주소는 IP주소만 보았을 때, 구분이 가지 않습니다. 따라서 이를 구분하기 위해서 서브넷마스크란 기능이 필요합니다. 서브넷마스크는 네트워크주소에 해당하는 부분은 1로, 호스트에 해당하는 부분은 0으로 표시하는 32비트의 숫자열입니다.

	네트워크주소			호스트주소
IP주소	202	238	10	5
서브넷 마스크	255	255	255	0
이진수	11111111	11111111	11111111	00000000

▲ IPv4 서브넷마스크

위의 표를 보면 서브넷마스크가 1인 IP주소 202.238.10 부분은 네트워크주소이고 마지막 5는 호스트주소입니다. 따라서 IP주소를 사용하기 위해서는 반드시 추가적으로 서브넷마스크가 필요합니다.

또한 IP주소에는 특수 용도로 약속한 IP주소가 있습니다. 여기서 /Prefix는 서브넷마스크 1의 개수, 즉 네트워크주소를 숫자로 나타낸 것을 말합니다.

용도	주소대역(IP주소/Prefix)	비고
링크로컬	169.254.0.0/16	서버 없이 무작위 주소
루프백(Loopback)	127.0.0.0/8	자기 자신
사설네트워크	10.0.0.0/8 172.16.0.0/12 192.168.0.0/16	사설IP(NAT)
멀티캐스트	224.0.0.0/4	호출 용도
예약 대역	240.0.0.0/4	미래 사용 용도

IPv4의 주소가 부족하다고?

IPv4는 1개의 비트당 0과 1이라는 두 가지 경우의 수에 32비트를 갖기 때문에 IPv4에서 할당할 수 있는 주소 수는 총 2^{32}으로 약 43억 개 정도입니다. 이는 단말의 수에 비해 턱없이 부족한 숫자입니다. 따라서 IPv4 환경에서는 다양한 방법으로 IP주소 부족 문제를 해결하고 있습니다.

"IPv4는 DHCP, NAT, Subnetting, Supernetting 등을 통해 주소 부족 문제 해결 중"

(1) DHCP(Dynamic Host Configuration Protocol)

IP주소는 호스트에 유동적으로 사용하는 것이 가능하기 때문에 DHCP 프로토콜을 통해 IP주소를 동적으로 할당하게 됩니다. 호스트가 DHCP를 통해 IP 요구 시 DHCP서버의 IP주소 Pool에서 남는 IP주소를 검색하여 호스트에게 제공합니다.

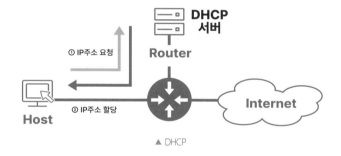

▲ DHCP

(2) NAT(Network Address Translation)

아마 NAT는 IPv4에서 주소 부족 문제를 가장 해결하는 데 큰 역할을 할 것입니다. 위에서 설명한 특수목적용 IP주소 대역과 NAT Table을 활용하여 공인IP주소를 사설IP로 변환해서 Local에서 활용합니다. 외부 구간에서 통신이 필요할 때는 공인 IP로 변환하여 정보 전달을 할 수 있습니다. 또한 NAT는 외부에서는 사설IP를 알 수 없기 때문에 호스트의 IP주소를 숨길 수 있어 보안 효과도 있습니다.

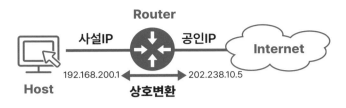

▲ NAT

(3) Subnetting과 Supernetting

앞서 IP주소는 클래스가 나누어져 있다고 설명했는데 Subnetting과 Supernetting 을 통해 조금 더 유연하게 바꾸어 IP주소를 조금 더 효율적으로 사용하게 됩니다.

Subnetting을 통해서 호스트가 적은 구간에서는 네트워크주소를 늘리고 호스트 주소를 줄여 IP주소의 낭비를 줄이고, Supernetting을 통해 호스트가 많은 구간에서 는 호스트주소를 더 많이 할당하여 IP주소 부족 문제를 유연하게 해결하게 됩니다.

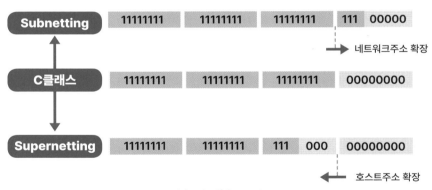

▲ Subnetting과 Supernetting

위와 같은 기술들을 통해 IPv4의 주소 부족 문제를 해결하고 있지만 근본적인 해 결책은 되지 못했습니다. 더구나 IoT의 발전에 따라 단말의 수는 기하급수적으로 증가하고 있어 이를 해결하기 위하여 IPv6가 등장하게 됩니다.

사실상 무한대의 주소 제공이 가능한 'IPv6'

IPv6는 IPv4의 주소 부족 문제를 해결하기 위한 Internet Protocol의 6번째 Version입니다. IPv6는 근본적으로 주소 부족 문제를 해결해야 했기에 기존 32비트의 주소체계를 128비트로 확장하게 됩니다. 또한 IPv4에서 보안에 대해 고려되지 못한 부분을 개선하고자 IPsec과 같은 보안 프로토콜을 기본적으로 탑재하게 됩니다.

▲ IPv6

IPv4를 개선한 IPv6의 주요 특징은 아래와 같습니다.

No	구분	설명
1	주소 개수 증가	128비트 주소체계
2	간편해진 주소 설정	IP주소를 자동으로 할당
3	단순한 헤더 포맷	IPv4에 비해서 헤더 포맷 단순화
4	보안 기능 제공	보안 기능의 IPsec 프로토콜 기본 제공
5	이동성 제공	Mobile IP 기능의 강화
6	다양한 기능 제공	확장 헤더 제공으로 부가 기능 제공

이러한 IPv6는 기존 버전 대비 많은 이점이 있으나 현실적인 문제가 있습니다. 이미 많은 단말과 환경 자체가 IPv4를 기반으로 조성되어 있다는 점입니다. DHCP, NAT와 같은 기능들은 IPv4주소 부족 문제를 개선해 주었지만 반대로 IPv6의 적용을 늦추게 하는 점이기도 합니다. 따라서 IPv6로의 전환은 언젠가는 반드시 필요하기 때문에 이를 위한 기술이 필요합니다.

"IPv6로의 원활한 전환을 위해 Dual Stack, Tunneling, Translation 기술 필요"

(1) Dual Stack

동일한 장비(라우터, 호스트 등)가 IPv6와 IPv4 stack을 모두 가지고 있어서 두 패킷을 동시에 처리할 수 있는 것을 말합니다. 가장 단순한 방법으로서 물리적으로는 하나지만 논리적으로 분할하는 기능입니다. 다만 듀얼 스택을 사용하는 노드는 IPv4와 IPv6주소를 동시에 가지기 때문에 IPv4의 주소 부족 문제를 해결하지는 못한다는 단점이 있습니다.

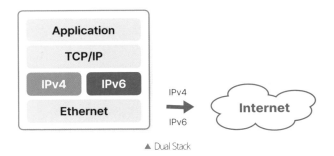

▲ Dual Stack

(2) Tunneling

2개의 IPv6호스트 사이에 IPv4네트워크망이 있을 경우 IPv6 패킷을 캡슐화하여 IPv4의 헤더를 추가하는 기술입니다. IPv4네트워크망을 통과한 패킷은 IPv6패킷으로 디캡슐화되게 됩니다.

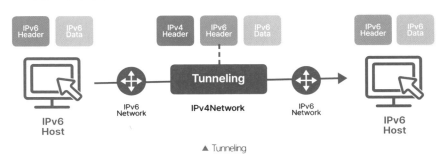

▲ Tunneling

(3) Translation

Translation은 주소변환기를 통해 서로 다른 주소체계 패킷을 재조합해 IPv6와 IPv4를 변환하는 기술입니다. 각 계층별 프로토콜 특징 및 호환성에 따라 네트워크 계층, 전송 계층, 애플리케이션 계층에 따른 변환이 필요합니다. 계층별 변환기술의 종류는 아래와 같습니다.

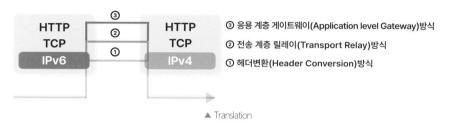

▲ Translation

- **헤더변환 방식**: Network Layer에서 변환
- **전송 계층 릴레이 방식**: Transport Layer에서 변환
- **응용 계층 게이트웨이 방식** : Application Layer에서 변환

✍ 저자생각

스마트 디바이스 및 IoT 단말 수의 폭발적인 증가로 인하여 IPv4주소가 부족하므로 IPv6로의 전환이 필수적으로 요구됩니다. 다만 NAT, DHCP와 같은 기술들로 인하여 IPv6로의 전환이 지연되고 있지만 사실상 무한대에 가까운 주소 수를 제공하고 보안 기능을 기본적으로 제공하는 IPv6로의 전환은 필수라 생각하며 이를 위한 전환기술을 단계적으로 적용하는 것이 필요할 것입니다.

004

프로토콜(Protocol)

"이건 우리끼리 약속이야": 프로토콜

데이터를 주고받기 위해서는 송수신 간 라우터와 같은 네트워크 장비를 통한 라우팅, 경로 설정, 교환 등의 과정이 필요합니다. 이러한 과정이 원활하기 위해서는 데이터가 전송되는 과정에서 A라는 형태는 A라고 B라는 형태는 B라고 이해할 수 있는 서로 간의 약속이 필요할 것입니다. 이러한 약속을 프로토콜이라고 합니다.

조금 더 쉬운 예를 들어보겠습니다. 우리가 우편을 보낼 때 좌측 상단에는 보내는 사람의 주소와 정보를 쓰고 우측 하단에는 받는 사람의 주소와 정보를 적어서 보냅니다. 만약 프로토콜과 같은 약속이 없다면 받는 사람과 보내는 사람이 누군지 헷갈려서 보내는 사람에게 우편이 도착할 수도 있을 겁니다.

이러한 송수신 간의 약속인 프로토콜은 원활하고 효율적인 통신을 위해서 3가지로 구성됩니다.

첫째, '무엇을(What)'에 해당하는 구문(Syntax)입니다. 전송하고자 하는 데이터 구조나 형식, 데이터가 표현되는 순서, 부호화 신호 등을 의미합니다.

둘째, '어떻게(How)'에 해당하는 의미(Semantics)입니다. 효율적이고 정확한 정보 전송을 위한 협조사항, 오류 관리를 위한 제어 정보 등의 제어 정보를 의미합니다.

셋째, '언제(When)'에 해당하는 타이밍(Timing)입니다. 언제 데이터를 전송하고 (동기), 전송속도는 어떻게 할 것인가를 의미합니다.

프로토콜의 기능

이러한 서로 간의 약속인 프로토콜은 궁극적으로 네트워크상에서 주어진 다양한 역할을 합니다. 프로토콜의 주요 기능은 아래와 같습니다.

기능	설명
단편화(Fragmentation)	송신 측의 긴 데이터를 분할하는 것
재합성(Assembly)	수신 측에서 단편화된 데이터를 원상태로 합성하는 것
캡슐화(Encapsulation)	각 데이터에 데이터를 추가하는 것
연결제어 (Connection Control)	송수신단 간 경로에 대한 연결, 유지, 단절 기능
흐름제어(Flow Control)	송수신단 간 데이터 집중에 대한 처리 기능
오류제어(Error Control)	데이터 오류에 대한 부분 검출 및 정정 기능
순서결정(Sequencing)	단편화된 데이터를 수신 측에서 순서에 맞게 판단하는 것
주소설정(Addressing)	송신 및 수신단의 주소 정보를 설정하는 것
동기화(Synchronization)	두 송수신 사용자 간의 전송속도, 시작 시점 등을 설정하는 것
다중화(Multiplexing)	다수의 사용자에게서 받은 정보들을 한정된 통신로상에서 동시에 전송하는 것
전송서비스 (Transmission Service)	추가 서비스 제공 기능

이러한 프로토콜은 실제 데이터 전송 과정에서 주어진 기능별로 세분화되어 있습니다. 전송 과정을 TCP/IP 4계층으로 설명했듯 4계층별로 많이 사용되는 프로토콜에 대하여 설명을 드리겠습니다.

TCP/IP 계층별 프로토콜 종류

TCP / IP 계층		프로토콜
Application		HTTP, FTP Telnet, SMTP DNS, SNMP
Transport		TCP, UDP
Network		IP, ICMP, ARP IGMP
Network Interface		Ethernet Tolen Ring Frame Relay

▲ TCP/IP 계층별 프로토콜 종류

데이터 송수신을 위해 계층별로 캡슐화와 디캡슐화 과정을 거치고 계층별 네트워크 장비를 통해 데이터가 전송되는 부분을 설명해 드렸습니다. 그 과정 속에서 기능이 정해진 프로토콜은 사용자의 목적 및 네트워크 환경에 따라서 각자의 기능을 수행하고 부가적으로 필요한 프로토콜을 활용하기도 합니다.

프로토콜은 종류가 워낙 많아서 전부 설명하기는 어렵지만 잘 알려지고 많이 사용하는 프로토콜은 아래와 같습니다.

No	설명	내용
애플리케이션 계층	HTTP	HTML 전송을 위한 프로토콜
	SMTP	이메일 전송 프로토콜
	SNMP	네트워크 관리 프로토콜
	FTP	파일 전송 프로토콜
	Telnet	네트워크 접속 프로토콜
트랜스포트 계층	TCP	연결형 데이터 전송 프로토콜
	UDP	비연결형 데이터 전송 프로토콜
인터넷 계층	IP	인터넷 프로토콜
	ICMP	인터넷 제어 관리 프로토콜
	IGMP	멀티캐스트 그룹핑 프로토콜
네트워크 인터페이스 계층	RS-485	케이블 프로토콜
	RS-232c	케이블 프로토콜

✍ 저자생각

사실상 표준인 De Facto Standard, 법적인 표준인 De Jure Standard와 같이 다양한 분야에서 확장성을 갖기 위해 표준화된 프로토콜을 지정하고 있습니다.

005

라우팅(Routing)

라우팅(Routing)과 라우터(Router)?

우리는 차를 운전하고 목적지로 가기 위해서 내비게이션을 많이 사용합니다. 목적지를 설정하면 도로 교통정보에 따라 가장 안 막히는 경로를 알려주고 이동하는 동안 막히는 경우가 생기면 우회경로를 통해 가장 빠른 길로 안내해 줍니다. 데이터도 마찬가지입니다. 이렇게 데이터가 찾아가야 하는 목적지를 가기 위하여 경로를 설정하는 것을 라우팅이라고 합니다.

라우팅 정의와 더불어 조금 헷갈릴 수 있는 단어를 우선 설명해 드리겠습니다.

- Routing: 네트워크 경로를 선택하는 프로세스
- Routing Protocol: 경로를 위한 라우팅 테이블 생성 프로토콜
- Routed Protocol: 라우팅 프로토콜이 적용된 프로토콜(IP)
- Router: 라우팅을 수행하는 장비

이렇듯 라우팅은 3계층의 주요 장비인 라우터를 통해 라우팅 프로토콜을 활용하고 이를 통해 라우팅 테이블을 생성하여 데이터를 전송하게 됩니다. 그렇다면 라우팅의 핵심인 라우팅 프로토콜에는 어떤 것들이 있을까요?

라우팅 프로토콜의 종류

라우팅 프로토콜은 패킷의 경로를 설정하기 위하여 필요합니다. 라우팅 프로토콜의 종류는 크게 정적 라우팅과 동적 라우팅으로 나눌 수 있으며, 동적 라우팅은 AS(Autonomous System)라고 하는 네트워크 단위(범위) 내 외부활용 유무 및 정보갱신 방식에 따라 구분 가능합니다.

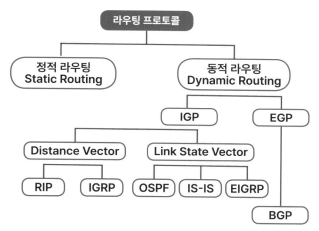

▲ TCP/IP 계층별 프로토콜 종류

먼저 정적 라우팅은 네트워크 관리자가 직접 경로를 설정하는 방식이고 동적 라우팅은 라우터가 라우팅 프로토콜을 통해 입력된 알고리즘에 따라 동적으로 경로를 결정하는 것입니다.

동적 라우팅은 AS라고 하는 Routing Protocol을 사용하는 네트워크 단위 내부에서 사용하는 IGP(Interior Gateway Protocol)과 AS 외부에서 사용하는 EGP(Exterior Gateway Protocol)로 구분됩니다. 다시 IGP는 알고리즘에 따라 거리 벡터 기반의 RIP · IGRP 프로토콜과 링크 상태 벡터에 따른 EIGRP · IS-IS · OSPF 프로토콜로 나눌 수 있습니다. 그럼 거리 벡터, 링크 상태 벡터는 어떤 방식으로 경로를 결정하는지 알아보도록 하겠습니다.

라우팅 알고리즘

경로를 결정하는 방식은 크게 세 가지로 구분할 수 있습니다. Hop 수에 따라 경로를 결정하는 Distance Vector(거리 벡터), 링크 상태에 따라 변화를 인지하여 경로를 설정하는 Link State Vector(링크 상태 벡터), 두 가지 방식을 결합한 Hybrid Routing Protocol 방식으로 나누어집니다.

(1) Distance Vector

우리가 내비게이션에서 경로를 결정할 때 제일 가까운 거리 경로로 설정하는 것과 같습니다. Hop이라는 단위를 활용하여 가장 Hop이 적은 구간으로 경로를 설정합니다. Hop은 라우터에서 다음 라우터까지의 거리를 의미합니다. 만약 두 개의 라우터를 거친다면 2 Hop으로 볼 수 있습니다. 이러한 Hop을 기반으로 가장 적은 Hop을 선택하여 경로를 설정합니다.

Distance Vector는 벨만포드(Bellman-Ford) 알고리즘을 활용하며 구조가 간단하지만 합리적인 경로 선택이 어려울 수 있고, 주기적으로 라우팅 정보를 통보해야 하므로 큰 규모에서는 부하가 걸릴 수 있습니다. 따라서 소규모 망에서 활용합니다. RIP(Routing Information Protocol), IGRP(Interior Gateway Routing Protocol)가 대표적인 프로토콜입니다.

(2) Link State Vector

Link State Vector는 내비게이션에서 최적 경로를 설정하는 것과 같습니다. 현재의 교통 상황을 고려하여 막히는 구간보다는 돌아가더라도 빠른 시간 즉 교통 상황이 원활한 경로를 안내하는 것과 같이 라우터와 라우터 사이의 지연시간 등을 고려하여 경로를 설정합니다. Link State Vector는 다익스트라(Dijkstra) 알고리즘을 활용하며, 구조가 복잡하지만 링크 상태에 따른 변화를 감지하기 때문에 효율적인 망 관리가 가능하여 대규모 망에서 활용합니다. IS-IS(Intermediate System to Intermediate System), OSPF(Open Shortest Path First)가 대표적입니다.

(3) Path Vector

앞선 두 가지 방식의 장점을 혼합한 라우팅 방식을 Hybrid Routing이라고 합니다. IGRP처럼 Distance Vector에 기반하여 라우팅을 수행하나 Bandwidth(대역폭), Delay(지연) 등을 결합하여 최적 경로를 설정합니다. EIGRP(Enhanced Interior Gateway Routing Protocol)가 대표적입니다.

부가적으로 BGP(Border Gateway Protocol)은 Path Vector를 활용하여 경로 거릿값이 아니라 어느 AS로 갈 것인가를 정하는 경로에 대한 리스트 정책을 통해 라우팅을 하는 방식입니다.

✍ 저자생각

2021년 한 지역의 라우팅 설정 오류로 인하여 전국적인 인터넷망이 마비된 사례가 있었습니다. 이처럼 라우팅은 네트워크를 하나로 잇는 매우 중요한 요소임을 기억해야 할 것입니다.

QoS(Quality of Service)

Network의 품질 향상을 위한 QoS

출퇴근 시간에 버스나 자가용을 타고 목적지에 가다 보면 러시아워를 겪은 적이 한 번은 있을 것입니다. 출퇴근 시간이 아닐 때는 막힘없이 다닐 수 있었던 도로가 출퇴근이라는 특정 시간대에 이용이 집중되면서 생기는 현상입니다. 이를 해결하기 위해서 신호등의 ToD(Time of Day)라고 하는 기능을 통해 시간대별로 신호 주기를 바꾸거나 교통경찰이 신호를 제어하기도 합니다.

우리가 이용하는 네트워크도 마찬가지입니다. 도로에 차선이라는 물리적 한계가 있듯이 네트워크도 케이블, 장비 등에 물리적인 처리에 한계가 있기 때문에 이를 해결하기 위한 방법들이 있습니다. 대표적으로 QoS(Quality of Service)라고 하는 기술을 활용합니다. QoS는 직역하면 사용자 입장에서 서비스의 만족 정도를 의미하지만 궁극적으로는 망 제공자 입장에서 사용자, 데이터 흐름 등에 우선순위를 정해 특정 수준 이상의 성능을 보장하기 위한 기술을 의미합니다.

QoS를 결정하는 파라미터의 종류

도로에서 구간별 통과 속도, 시간별 통과 차량 수 등의 지표를 통해 도로의 차량

흐름을 조절하는 것처럼 네트워크에서도 여러 파라미터를 중심으로 네트워크 상황을 판단합니다.

(1) 대역폭(Bandwidth): 데이터 처리 능력

대역폭은 전송하고자 하는 데이터 처리량(Throughput)으로 볼 수 있습니다. Bps(Bit/Second) 처리 단위를 기반으로 장비의 스펙과 연결될 수 있습니다.

(2) 지연(Delay): 수신단에서 패킷이 늦어진 정도

지연은 송신단에서 전송한 데이터를 수신단에서 받았을 때 늦어진 정도를 나타냅니다. 지연은 크게 4가지 종류로 구분이 됩니다.

- **처리지연(Processing Delay)**: 라우터 패킷 처리로 인한 지연
- **큐잉지연(Queueing Delay)**: 큐에 쌓여 발생하는 지연
- **전송지연(Transmission Delay)**: 라우터에서 통신 변환 지연
- **전파지연(Propagation Delay)**: 통신선로 길이에 따른 지연

이러한 4가지 지연 요소 중 처리지연, 전송지연은 라우터의 성능에 좌우되고 전파지연은 전파의 속도와 전송길이에 따라 결정됩니다. 따라서 이 세 가지 지연 요소는 변동성이 적어 고정성이 강하나 큐잉지연은 소프트웨어적인 부분이기 때문에 변동성이 커 QoS에서 중요한 지연 요소라고 볼 수 있습니다.

(3) 손실(Loss): 패킷이 유실된 정도

손실은 라우터의 버퍼 공간이 데이터의 혼잡으로 인하여 몰리는 경우 전부를 처리하는 것이 불가능하기 때문에 패킷이 손실되는 현상입니다.

(4) 지터(Jitter): 지연된 속도가 변화하는 편차

지터란 지연시간이 일정하지 않고 수시로 변화하는 현상을 의미합니다. 안정적인 환경에서는 변화의 정도가 적고, 불안정적인 환경에서는 변화의 정도가 크기 때문에 불안정적 환경은 지터가 크다고 볼 수 있습니다.

QoS 과정

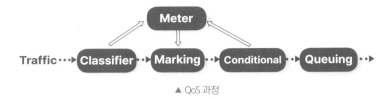

▲ QoS 과정

QoS를 보장하는 모델은 Int Serv.와 Diff Serv.로 구분할 수 있습니다. Int Serv.는 RSVP(Resource Reservation Protocol)라고 하는 예약 프로토콜을 활용하여 Flow 단위 즉 회선 단위로 예약을 하게 되므로 엄격한 지연 보증을 보장하지만 자원을 많이 사용할 수 있기 때문에 소규모 망에서 적절합니다.

Diff Serv.는 패킷 단위로 서비스 등급을 지정하여 우선순위를 부여하기 때문에 엄격한 지연 보증은 어렵지만 대규모 망에서 적용하기에 적절합니다.

QoS의 과정을 Diff Serv.를 기반으로 설명하면

① **Classifier**: 패킷을 클래스(중요도)별로 구분
② **Meter**: 트래픽 흐름을 측정
③ **Marking**: 구분한 클래스에 대해 우선순위 지정
④ **Conditioner**: 버퍼를 이용하여 과다 패킷을 조정(Shaping, Policing)
⑤ **Queuing**: 큐잉 알고리즘에 따라 큐에 저장된 패킷을 전달

그렇다면 이러한 QoS는 세부적으로 어떤 주요 관리기술을 활용하여 데이터를 처리할까요?

QoS 관리기술의 종류

네트워크는 다수의 사용자의 데이터를 중요도에 따라 조절해야 되기 때문에 이 과정에서 Traffic Shaping을 통해 유입되는 트래픽의 양을 조절하거나, 유입되는 데이터가 많을 경우 데이터를 Drop시키는 Traffic Polishing을 활용합니다. 또한 라우

터의 큐라는 곳에 일시적으로 데이터를 저장하여 알고리즘에 따라 특정 순서별로
처리하는 큐잉도 수행합니다. 세부적인 처리 방식은 아래의 표와 같습니다.

구분	주요기술	설명
QoS 모델	Int Serv.	RSVP 이용, 플로우 단위 QoS
	Diff Serv.	패킷 등급 지정을 통한 QoS
Queuing	FIFO	First Input First Out, 먼저 들어온 데이터가 먼저 나가는 형태의 기법
	PQ	Priority Queue, 4가지 클래스로 나누어 우선순위를 부여하는 큐잉기법
	CQ	Custom Queue, 클래스별 Round-Robin 방식으로 돌아가며 처리하는 기법
	WFQ	Weighted Fair Queue, 4096 클래스로 나누고 가중치를 주는 큐잉기법
	CBWFQ	Class-Based Weight Fair Queue, WFQ에 Bandwidth 같은 정책을 정의한 기법
	LLQ	Low Latency Queue, CBWFQ + PQ 방식으로 PQ로 우선 처리하고 나머지는 WFQ처리
Traffic Shaping	Leaky Bucket	패킷 버퍼를 이용하여 일정한 속도로 조절
	Token Bucket	패킷 토큰을 이용한 통과 방식
	Hybrid	Leaky + Token Bucket으로 두 방식의 장점 혼합
Traffic Policing	RED	Random Early Detection, 랜덤 드롭
	WRED	Weighted RED, 가중치 드롭
	Tail Drop	임계치 초과 패킷 모두 드롭

✍️ **저자생각**

요즘 데이터에는 무제한요금제가 많습니다. 또한 영상은 UHD급이어서 Heavy Traffic을 발생시키는 요소들도 많아졌습니다. 인터넷은 Best effort 서비스로 QoS를 망 차원에서 보장하지 않기 때문에 인터넷에서 QoS 보장은 매우 중요한 과제가 되었습니다.

007

WLAN(Wireless LAN)

LAN(Local Area Network)의 Wire를 없애다

우리는 사무실 혹은 집에서 컴퓨터를 이용하여 인터넷을 합니다. 이를 앞서 배운 네트워크 형태인 LAN(Local Area Network)을 이용한다고 하는데, 이는 보통 UTP(Unshielded Twisted Pair) 케이블을 벽체에 설치하고 RJ45라는 커넥터를 컴퓨터에 연결하기 때문에 가능합니다. 유선 LAN 방식은 안정성과 빠른 속도를 제공한다는 장점이 있지만 케이블 선에서 자유롭지 못하다는 단점이 있습니다. 이를 개선하고자 한 기술이 WLAN(Wireless Local Area Network)입니다.

우리가 흔히 말하는 WLAN은 IEEE802.11 표준으로 우리가 잘 아는 무선공유기와 Wi-Fi로 이해하면 쉽습니다. 그런데 IEEE802.11과 Wi-Fi가 마치 동일한 것처럼 사용되는데, '반창고와 대일밴드'가 동일시되는 것과 비슷하게 생각하면 될 것 같습니다.

이러한 WLAN 기술은 네트워크 말단 LAN 영역에서 확장성과 편의성을 제공하면서 많은 단말에 사용되고 있고 이동통신 기술과 경쟁을 통해 속도도 빨라지고 있습니다. 이어서 주요 WLAN 규격의 발전과 특징을 살펴보겠습니다.

이동통신과의 경쟁, 발전하는 무선랜 표준 기술

이제부터는 Wi-Fi라고 불리는 WLAN 기술에 대하여 설명을 드리고자 합니다. 집의 거실 부분을 보면 보통 무선AP(Access Point) 혹은 무선공유기라 불리는 단말장치를 가지고 있을 겁니다. 큰 관심이 없었다면 최저가순으로 구매를 했을지도 모르겠지만 자세히 보면 802.11 다음에 b, a, g, n, ac와 같이 알 수 없는 영어를 보실 수 있을 겁니다. 802.11은 앞서 말한 IEEE802.11의 표준을 이야기하는 것 같은데 뒤의 알파벳은 무슨 뜻일까요?

규격	주파수	최대 속도	최대 대역폭	안테나	변조
IEEE802.11b (Wi-Fi 1)	2.4GHz	11Mbps	20MHz	1x1	DSSS/ CCK
IEEE802.11a (Wi-Fi 2)	5GHz	54Mbps	20MHz	1x1	OFDM/ 64QAM
IEEE802.11g (Wi-Fi 3)	2.4GHz	54Mbps	20MHz	1x1	OFDM/ 64QAM
IEEE802.11n (Wi-Fi 4)	2.4/5GHz	600Mbps	40MHz	2x2	OFDM/ 64QAM
IEEE802.11ac (Wi-Fi 5)	5GHz	1Gbps	160MHz	4x4	OFDM/ 256QAM
IEEE802.11ax (Wi-Fi 6)	2.4/5GHz	10Gbps	160MHz	8x8	OFDM/ 1024QAM
IEEE802.11be (Wi-Fi 7)	2.4/5/ 6GHz	30Gbps	320MHz	16x16	OFDM/ 4096QAM

위의 표를 보면 Wi-Fi 1로 불리는 IEEE802.11b에서부터 Wi-Fi 7로 불리는 IEEE802.11be까지 발전해 온 것을 볼 수 있습니다. 이처럼 세부규격을 뒤에 영어로 덧붙여 표현하고 있으니 무선공유기를 고를 때 이를 참고하면 좋을 것입니다.

이러한 WLAN은 ISM대역(Industry-Science-Medical)을 활용하여 무료라는 강점을 통해 확장성 및 효율성을 높였고 이동통신의 발전 속도에 맞춰 규격을 발전시켜 왔습니다. 현재는 Wi-Fi 6까지 가정 공공에서 상용화가 되면서 Gbps급 Wi-Fi를 이용 중이며, Wi-Fi 7은 청사진까지 그려진 상태입니다. 앞으로도 이동통신과 공존하면서 외부에서는 이동통신 5G를, 내부에서는 Wi-Fi를 통해 데이터 통신 서비스를 하는 '이동통신과 WLAN의 핸드오프 환경'이 지속될 것으로 예상됩니다.

WLAN 부가 기능

WLAN 표준인 IEEE802.11 표준의 다른 규격들을 살펴보면 Wi-Fi뿐만 아니라 아래와 같이 부가적인 기능도 제공하고 있습니다.

구분	규격	설명
장거리	802.11af	TVWS(방송대역) 활용 장거리 전송
	802.11ah	900MHz 대역 활용 장거리 전송 표준
편의성	802.11ai	빠른 무선랜 접속(초기 셋업시간 간소화)
	802.11ba	IoT 지원용 초저전력 전송
근 접	802.11ad	60GHz 대역 초단거리 고속전송 표준
	802.11ay	802.11ad를 발전시킨 초단거리 고속전송 표준

✍ 저자생각

Wi-Fi 규격이 발전함에 따라 최대 30Gbps를 제공할 수 있다고 기대하지만 결국 인터 넷망에서 처리 가능해야 하기 때문에 Access망의 장비 데이터 처리량을 우선 고려해야 합니다.

008

이동통신(4G, 5G)

이동통신이란 무엇이고 어떻게 발전해 왔을까?

불과 20여 년 전만 해도 단순히 통화나 문자와 같이 상대방과 연락하는 수단에 불과했던 핸드폰이 지금은 초고속인터넷, 영상 미디어 등 발전된 기능들의 활용이 가능해지면서 없어서는 안 될 필수 아이템이 되었습니다.

이처럼 개인 필수재가 되어버린 스마트폰을 통신 관점에서 이동통신이라 부르고 있습니다. 이러한 이동통신은 무선통신망을 활용하여 이동 중에도 통신을 할 수 있는 통신기술 혹은 시스템으로 정의할 수 있습니다.

이처럼 빠른 속도로 변화해 온 이동통신은 그 특징에 따라 세대를 나누어 발전해 왔습니다. 초기 AMPS(Advanced Mobile Phone Service) 1G(세대) 이동통신부터 현재 NR(New Radio) 5G(세대) 이동통신까지 발전해 왔으며 현재는 6G 이동통신을 구현하기 위해 준비 중입니다.

이동통신 세대 발전은 데이터 전송속도와 접속자 수의 증가를 위한 기술적 발전에 기반한다고 볼 수 있습니다. 데이터 전송속도가 증가하면서 1G의 음성 전용에서 5G의 8K 미디어 정보 전달까지 발전하게 되었고 다수 사용자를 제어함으로써 한정된 자원을 안정적으로 사용할 수 있는 방향으로 발전해 온 것입니다.

데이터 전송속도는 통신에서의 중요한 법칙 중 하나인 샤논의 제3법칙을 통해 어떻게 발전해 왔는지 알 수 있습니다.

"전송속도는 Shannon 제3법칙에 따라 주파수 대역폭에 비례한다."

샤논의 제3법칙

- 채널용량 = $W \log_2(1 + S/N)$
  - * W: 가용 주파수 대역폭, S: 수신 신호 전력, N: 잡음 전력

샤논의 제3법칙에 따르면 채널용량(데이터 전송속도)은 가용대역폭과 신호 전력 대 잡음 전력의 비(S/N)에 비례하는 것을 볼 수 있습니다. 이 중 주파수 관점에서 채널용량을 향상하기 위해서 이동통신에서는 채널당 더 넓은 주파수 대역을 할당하고 Carrier Aggregation 등을 활용해 주파수 대역을 묶는 방법을 사용하고 있습니다.

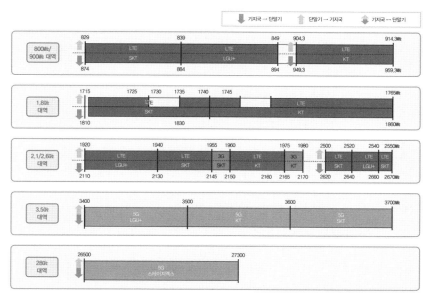

▲ 주파수 할당 현황 / 출처: 한국방송통신전파진흥원 전파누리(2024년 6월 기준), 주파수 할당 현황

5G에는 위의 그림과 같이 3.5GHz 대역과 28GHz의 고주파수 대역의 주파수를 할당하였고 주파수클린존을 통해 3.5GHz 대역에서 3.7GHz 대역까지 추가로 확보하려 하고 있습니다.

이처럼 전송용량을 높이기 위한 주파수 대역의 확보와 이와 연계한 기술적 발전은 이동통신 세대를 나누는 중요한 기준인 동시에 고품질 서비스를 제공하기 위한 중요한 요소라고 할 수 있습니다.

위에서 설명한 이동통신 세대별 특징을 비교해 보면 아래와 같습니다.

구분	1G	2G	3G	4G	5G
표준 기술	AMPS	IS-95 GSM	WCDMA	LTE	NR
전송 방식	아날로그	CDMA TDMA	CDMA/ FDD	OFDMA SC-FDMA	OFDMA
전송 속도(DL)	57.6 Kbps	3.1 Mbps	14.4 Mbps	1Gbps	20Gbps
주요 서비스	음성	음성, 문자	음성, 문자 인터넷	음성, 문자 초고속인터넷	음성, 문자 초고속인터넷 고화질 미디어
시기	1978년	1992년	2000년	2011년	2018년

이동통신은 위의 표와 같이 전송속도가 점점 빨라지면서 주요 서비스 항목이 늘어나고 있습니다. 이어서 변화가 가장 컸던 이동통신 4G LTE와 5G NR에 대해서 조금 더 자세히 설명해 드리고자 합니다.

본격적인 초고속인터넷 시대 '4세대 LTE'

3G 후반이 되면서 본격적인 스마트폰 사용이 자리를 잡고 핸드폰으로 인터넷을 안정적으로 할 수 있는 환경이 구축됩니다. 4G LTE에서는 OFDMA(Orthogonal Frequency Division Multiplexing Access)라는 직교분할다중접속 기술이 사용되면서 전송

속도가 급격하게 증가하게 되고 이로써 안정적인 초고속인터넷 활용이 가능해지게 됩니다.

LTE에서는 기존 망 대비 이동통신망 구조에 변화가 생기게 되는데 회선 교환 방식에서 패킷 교환 방식으로 변화하고 액세스망의 구조도 RU-DU로 구분이 되면서 DU를 중심으로 다수의 기지국이 연결되는 C-RAN(Centralized RAN) 방식으로 구성이 변화하게 됩니다. 이로써 기지국 구축 비용이 절감되고 DU를 중심으로 한 망이 구축되면서 확장성도 높아지게 됩니다.

LTE 이동통신망의 구조를 살펴보면 아래의 그림과 같습니다. 단말은 기지국과 연결되고 기지국의 RU(Radio Unit)를 통해 DU(Digital Unit)로 정보를 전송하게 됩니다. DU에 연결된 수많은 RU에서 전송받은 데이터를 Core망에 전송하게 됩니다.

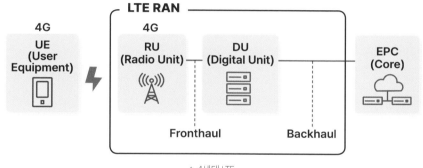

▲ 4세대 LTE

LTE는 주요기술 발전을 이루기도 하였는데 3GPP Rel 표준의 LTE 주요기술은 Rel.8부터 Rel.14까지 발전해 왔으며 해당 버전의 주요기술들은 아래와 같습니다.

구분	주요기술	설명
3GPP Rel.8	OFDMA	직교주파수다중접속 기술
3GPP Rel.9	eMBMS	멀티미디어 콘텐츠 동시 전송 기술
3GPP Rel.10	Carrier Aggregation	주파수 대역 묶음 기술

3GPP Rel.11	CoMP	이동통신 Cell 간 협력 기술(간섭 방지)
3GPP Rel.12	256QAM	256개 심볼 전송 변조 기술
3GPP Rel.13	LAA	LTE 대역 + 비면허 대역 묶음 기술
3GPP Rel.14	C-V2X	셀룰러 방식의 차량통신 기술

이론상 LTE 속도의 20배 '5세대 NR'

4G LTE에서 제공하는 전송속도는 사용자가 인터넷을 즐기기에는 충분했으나 산업에서 활용하거나 고화질 실감형 서비스를 제공하기에는 한계가 있었습니다. 이에 따라 28GHz 대역을 활용해 LTE의 20배인 최대속도 20Gbps를 제공하는 5G 를 계획하게 됩니다.

이전 이동통신과의 기술적 변화로 대역폭을 넓히는 한편 LTE Up Link(스마트폰 →기지국)에서 최대전력이 커지는 PAPR(Peak-to-Average Power Ratio: 최대전력 대 평균전력의 비) 증가로 인한 한계가 있어서 이를 개선해 Up Link에서도 OFDMA를 활용하게 됩니다. Numerlogy를 통한 Sub-carrier(데이터 전송 단위)를 가변적으로 활용하면서 더욱 높은 전송속도와 데이터 저지연을 제공하게 됩니다. 또한 채널코딩으로 LDPC(Low-Density Parity Check)와 Polar코딩을 활용하여 오류율이 적어져 더욱 높은 신뢰성을 제공하게 됩니다.

5G NR의 구조를 보면 아래와 같습니다. 5G는 주파수가 커지면 회절성이 떨어지게 되고 이로 인하여 음영지역이 많이 발생하게 됩니다. 따라서 더욱 많은 중계기가 필요하게 되었고 기존 RAN RU-DU의 2단 구조를 RU-DU-CU의 3단 구조로 분할하면서 CU(Control Unit)로 제어기능을 분리하게 됩니다. 또한 기존 RAN을 V-RAN(Virtualized-RAN)으로 개선하면서 가상화 기반의 유연한 구조로 변경하게 됩니다.

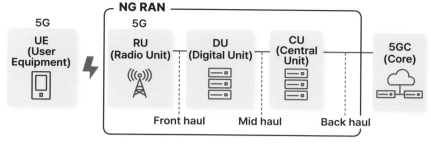

▲ 5세대 NR

또한, Core망도 변화하는데 CUPS(Control User Plane Separation) 구조로 제어 역할과 데이터 전송 역할을 분리하고, Message Bus 구조로 기능의 분리를 통해 확장성을 높이게 되었습니다.

또한 5G도 주요기술 발전이 진행 중인데 주요기술을 보면 다음과 같습니다.

구분	주요기술	설명
3GPP Rel 15	Massive MIMO	6GHz 이하 대용량 MIMO 기술
3GPP Rel 16	5G NR-V2X	5G 기반 차량 간 통신기술
	IAB	Access와 Backhaul 통합 무선전송
3GPP Rel 17	Non-terrestrial network	비지상 네트워크(위성통신)
3GPP Rel 18	AI/ML	AI/ML 데이터 기반 설계

이동통신 발전 방향

사실 5G는 목표한 바를 일부 이루지 못했습니다. 20Gbps라는 최고 전송속도는 막대한 구축 비용을 감당하지 못한 3사가 28GHz 주파수 대역을 반납하면서 이루지 못했고 전송지연도 LTE의 1/10이라는 예상보다 못한 값이 측정된 것입니다. 또한 5G 특화망(이음5G)의 경우도 킬러서비스의 부재로 인하여 예상한 것보다 활성화되지 못했습니다.

5G에는 6G에서 해결해야 할 명확한 기술적 한계점이 있습니다.

- 유선, 종단 간 지연 미고려
- 융합 서비스 실현 한계
- AI 적용 초기 단계
- 공간 활용 커버리지 미고려

유선, 종단 간 지역 미고려
무선 위주의 성능 개선, 유선구간 종단간 지연 미고려
(5G 지연 : 무선구간 10ms - 1ms, 유선구간 수십ms)

융합 서비스 실현 한계
융합 서비스 지원을 위한 트래픽 용량 기술의 한계
(자율주행차 1대당 5-10bps,초실감 AR/VR 0.2~5bps)

AI 적용 초기 단계
부분적 네크워크 자원관리 기능, AI접목 초기 단계

공간 활용 커버리지 미고려
지상 중심의 커버리지, 공간 범위 확장성 미고려

▲ 5G 한계점

이러한 5G의 한계점을 해결 목표로 삼고 6G는 이와 연계하여 발전할 것으로 예상합니다. 6G는 초기 Sub-THz(서브테라헤르츠) 대역이 유력했으나 현실적인 부분을 고려하여 Upper-Mid 대역(7~24GHz)으로 진행이 되고 있으며, 5G보다 훨씬 넓은 주파수 대역을 확보하여 Gbps급의 최대속도를 제공할 수 있을 것입니다.

또한 인공위성을 활용하여 커버리지를 수직 · 수평적으로 넓히고, 고도화된 AI를 통한 효율적인 유무선 네트워크 관리와 지연에서의 영향이 큰 유선구간에 대한 고정밀 패킷 포워딩 Hardware 모듈 개발 등을 통해 더욱 개선된 이동통신 환경을 제공할 것으로 기대합니다.

> ✎ **저자생각**
>
> 5G는 최대속도가 20Gbps라고 했지만 28GHz 대역을 활용했을 때에나 가능한 속도여서 비판을 받은 바가 있습니다. 28GHz 대역은 직진성이 강하고 회절성이 낮아 많은 수의 중계기가 필요하므로 성공하지 못했습니다. 이를 교훈 삼은 6G 이동통신의 발전을 기대합니다.

무선충전기술(Wireless Charging)

선이 필요 없는 충전 기술: 무선충전기술

이동이 필요한 전자기기들을 사용하기 위해서는 반드시 필요한 것이 있습니다. 바로 배터리를 충전하는 것입니다. 이전의 패러다임은 전력케이블을 통해 220V 콘센트에 연결해서 충전을 하거나, 배터리를 충전하여 갈아 끼우는 방식으로 전력을 제공했었습니다. 그런데 기술이 발전하면서 선이 없이도 배터리를 충전할 수 있는 기술이 등장했습니다. 바로 무선충전기술입니다.

현재는 이러한 무선충전기술이 스마트폰, 스마트워치, 무선이어폰과 같은 소형 전자기기들을 중심으로 활용되고 있습니다. 전자기기들의 수가 증가하고 편의성이 중요해진 사회 분위기에 맞춰 충전 효율은 떨어지지만 편의성과 효율성을 Trade-off하여 많이 사용하고 있는 듯합니다.

여러분들이 무선충전기술을 생각하면 '케이블과 같은 도체도 없는데 어떻게 공기 중에서 전력이 전달되어 충전될 수 있을까?'라는 생각을 할지도 모릅니다. 이어서 그 원리에 대하여 간략하게 소개해 드리고자 합니다.

무선충전기술의 이론적 배경: 패러데이의 법칙

모든 기술이 그렇듯이 무선충전기술도 매우 중요한 이론과 관련이 있습니다. 결론부터 말씀드리면 '패러데이 전자기 유도 법칙'이라는 전기 통신에서 매우 중요한 이론과 관련이 있습니다.

정의를 해 보자면 패러데이 전자기 유도 법칙이란 변화하는 자기장에 의해 유기기전력이 발생한다는 것을 의미합니다. 조금 더 쉽게 이야기해 보자면 자석과 같이 자기장(자속을 갖는 영역)을 갖는 물체가 자기장이 변화하는 상황이 오면 이를 방해하기 위해 반대 방향으로 유기기전력 즉 전압(전기)을 발생시킨다고 생각하면 더 쉬울 것 같습니다.

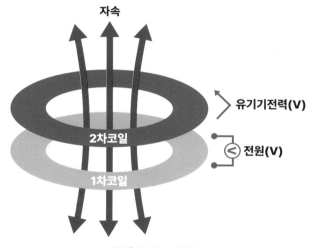

▲ 무선충전기술의 이론적 배경

따라서 무선충전기술에서 활용하는 충전패드에 전원을 인가하여 자석처럼 만든 뒤 전류의 방향을 지속적으로 바꾸면 즉, N극과 S극을 지속적으로 바꾸면 마치 자기장이 변화한 것처럼 되어 유기기전력이 발생합니다. 이를 통해 발생된 유기기전력으로 전자기기를 충전하는 것입니다.

더 먼 거리에 있는 전자기기들을 충전하기 위하여

현재 스마트폰, 스마트워치, 무선이어폰과 같은 소형 전자기기들에서 주로 활용되고 있는 무선충전 방식을 자기유도방식이라고 합니다. 상용화되어 실생활에서 유용하게 활용하고 있지만 단점이 존재합니다. 전자기기가 무선충전패드와 조금만 떨어지더라도 충전이 안 된다는 치명적인 단점입니다. 따라서 더 많은 무선충전을 위해서는 개선된 방법들이 필요했는데 그것이 바로 자기공진방식과 전자기파방식입니다. 아래에서 3가지 무선충전기술에 대해 소개를 드리도록 하겠습니다.

(1) 자기유도방식

자기유도방식은 패러데이의 전자기 유도 법칙에 의하여 자기장의 변화를 통해 유기기전력을 발생시키는 방식으로 무선충전을 가능하게 합니다. 가장 안정적이고 전자파 위험이 적으며 충전 효율이 좋지만 충전패드와 충전 대상 전자기기가 수 cm 이하의 근접한 거리에 위치해야 한다는 점이 단점으로 꼽힙니다.

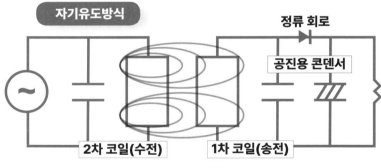

▲ 자기유도방식

(2) 자기공진방식

자기공진방식도 자기유도방식과 마찬가지로 패러데이의 법칙에 의해 충전됩니다. 다만 자기유도방식의 단점인 충전을 위한 거리가 짧다는 점을 개선하기 위하여 공진현상을 추가적으로 접목했습니다. 공진현상이란 진동(주파수)이 같은 상태에서 에너지(진폭)가 가장 극대화되는 현상을 의미합니다. 따라서 두 자기장 사이에 동일한 공진주파수의 코일을 통해 수 m까지 전자기 유도를 가능하게 하여 조금 떨어져 있어도 무선충전이 가능하도록 만들었습니다. 다만 자기유도방식에 비하여 충전 효율이 조금 떨어지고 전자파가 조금 더 크게 발생한다는 단점도 있습니다.

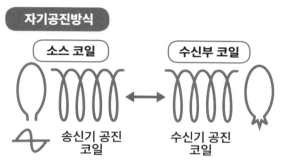

▲ 자기공진방식

(3) 전자기파방식

마지막으로 이전 두 방식과는 약간은 다른 전자기파방식이 있습니다. 전자기파 방식은 공기 중에 주파수가 높은 전자파를 방사하면 수신단에서 수신하고 이 전자파를 정류기를 통해 직류로 변환하여 전력을 제공하게 됩니다. 장거리 무선충전이 가능하다는 장점이 있지만 효율이 매우 떨어지고, 강한 주파수 대역을 활용하는 만큼 강한 전자파가 발생한다는 단점이 있습니다.

▲ 전자기파

끝으로 3가지 무선충전기술을 간단하게 비교해 보면 아래와 같습니다.

구분	자기유도	자기공명	전자기파
전송거리	수 cm 이하	수 m 내외	수 km
주파수	Khz 대역	MHz 대역	GHz 대역
전송효율	90% 이상	40~90%	50% 이하
전송전력	수 W	수 kW	수 MW
소형화	가능	진행 중	불가능
인체영향	매우 적음	적음	큼
개발단계	상용화	시험단계	연구단계
사용처	소형기기 충전	중형기기 충전	우주, 비행체

✍ **저자생각**

무선충전기술이 편리함을 토대로 발전할 것임은 의심치 않습니다. 다만 인체 영향에 대한 검증을 가장 우선시하여 고려해야 하기 때문에 전자파흡수율(SAR)과 같은 시험을 사전에 철저히 할 필요가 있습니다.

010

변조(Modulation)

어떻게 우리의 목소리가 멀리까지 전달될까?

　예전 라디오를 생각해 보면 라디오에 있는 버튼을 돌려 듣고 싶은 AM, FM 방송의 주파수에 맞춰야 방송을 들을 수 있었습니다. 여기서 말하는 AM, FM이란 Amplitude Modulation(진폭 변조), Frequency Modulation(주파수 변조)의 약자입니다. 방송신호를 AM변조를 통해 전송하는 것인지, FM변조를 통해 전송하는지에 따라 이름이 다른 것입니다.

　그렇다면 변조란 무엇일까요? 결론부터 말씀드리면 변조란 전송하고자 하는 신호(피변조파)를 전송 매체의 채널 특성에 맞게끔, 반송파라고 하는 일종의 주파수에 실어 목적에 맞게 파형의 진폭, 주파수, 위상 등을 변화시키는 것을 말합니다. 변조란 마치 내가 특정 목적지를 가기 위해서 때로는 버스를 타고, 때로는 자전거를 타는 것과 같습니다. 내가 목적지에 가야 할 신호라면 때에 따라 목적지에 가기 위한 효율적인 교통수단인 반송파를 타고 가는 것이라고 할 수 있겠습니다. 그렇다면 왜 변조가 필요할까요?

왜 변조를 해야 할까?

우리가 교통수단을 이용하는 이유는 신속하게 목적지에 도착하기 위해서 혹은 안전하게 가기 위해서일 것입니다. 이처럼 변조를 하는 이유도 아래와 같은 여러 가지 장점이 있기 때문입니다.

- 안테나 길이 축소 가능
- 다중화 용이
- 간섭제거 용이
- 장거리 전송 용이
- 고속전송 가능
- 신호처리 용이

우선 변조를 하게 되면 고주파수(반송파)를 활용할 수 있게 되고, 이에 따라 파장 길이가 짧아지기 때문에(주파수와 파장 길이는 반비례) 공진을 위한 안테나의 길이를 축소할 수 있게 됩니다. 또한 대역폭을 넓게 활용할 수 있어서 고속전송이 가능해지고, 원하는 주파수를 겹치지 않게 할 수 있기 때문에 간섭제거가 유리하며, 다수의 신호를 전송하는 다중화가 용이해집니다.

채널(무선에서는 공기 중, 유선에서는 케이블) 특성에 따라서 변조를 하게 되면 장거리 전송에 유리하고 필터를 통한 신호처리도 용이해집니다. 물론 회로가 복잡해지는 등 단점이 있지만 장점들이 월등하기 때문에 변조를 활용하는 것입니다.

또한 변조는 데이터 전송속도를 향상할 수 있는데, 비행기가 버스보다 많은 승객을 빠르게 나를 수 있는 것처럼 변조 방식에 따라 데이터 전송속도를 향상할 수 있으므로 지속적인 발전을 하고 있습니다. 다만 기술력이 향상될수록 오류율이 올라가고 안정성도 떨어질 수 있으므로 적당한 Trade-off도 필요합니다.

변조의 종류

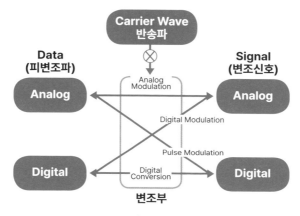

▲ 변조의 종류

우리가 아는 신호는 연속성 여부에 따라 아날로그 신호와 디지털 신호로 구분할 수 있습니다. 아날로그 신호는 정현파(Sin파)와 같이 파형이 연속적인 파를 이야기하며, 디지털 신호는 구형파와 같이 불연속적인 파형을 이야기합니다. 이러한 파형에 따라 변조 방법도 구분이 됩니다.

- **아날로그 변조(Analog Modulation)**: 아날로그 → 아날로그
- **디지털 변조(Digital Modulation)**: 디지털 → 아날로그
- **아날로그 펄스 변조(Analog Pulse Modulation)**: 아날로그 → 디지털
- **디지털 펄스 변조(Digital Pulse Modulation)**: 디지털 → 디지털

변조파는 대표적으로 피변조파에 의하여 반송파의 진폭을 변화시키는 AM · ASK 신호, 주파수를 변화시키는 FM · FSK, 위상을 변화시키는 PM · PSK 등이 있습니다. 이동통신에서 많이 활용하는 QAM은 진폭과 위상을 동시에 변화시키는 방식입니다. 이 외에도 많은 변조 방식이 있으며, 각 신호별 변조의 종류는 아래의 표와 같습니다.

구분	변조 종류
아날로그 변조	AM(진폭 변조), FM(주파수 변조), PM(위상 변조)
디지털 변조	ASK(진폭편이 변조), FSK(주파수편이 변조), PSK(위상편이 변조), QAM(직교진폭 변조)
아날로그 펄스 변조	PAM(펄스진폭 변조), PPM(펄스위치 변조), PWM(펄스폭 변조)
디지털 펄스 변조	PCM(펄스코드 변조), DM(델타 변조)

✍ **저자생각**

무조건 전송속도가 빠르다고 좋은 변조 방식인 것은 아닙니다. 구현하고자 하는 시스템의 특성 및 채널 환경 등을 고려한 변조 방식이 가장 좋은 것입니다.

NFV(Network Function Virtualization)

네트워크 기능 + 가상화 = NFV

모든 분야가 그렇듯 아무리 좋은 기술이라고 할지라도 경제적인 부분이 뒷받침되지 않는다면 지속이 가능하기 어렵습니다. 통신 분야도 마찬가지로 구축을 위한 사업비와 유지관리비를 줄이는 CAPEX(Capital Expenditures)/OPEX(Operating Expenditure) 관점에서의 기술 발전이 계속되어 왔습니다.

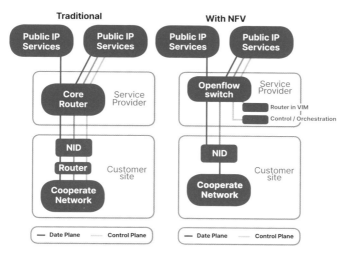

▲ NFV

근래에 가상화와 클라우드 기술이 주목받기 시작하면서 네트워크 영역에 가상화 기술을 적용하게 됩니다. 이를 NFV(Network Function Virtualization)라고 합니다. NFV는 네트워크의 기능을 가상화한 것을 의미합니다.

NFV 아키텍처

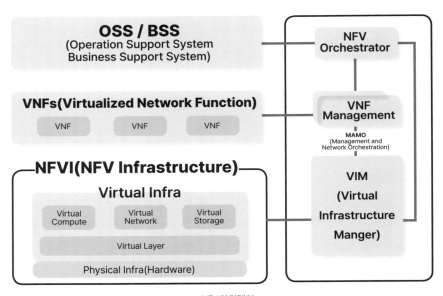

▲ NFV 아키텍처

NFV는 일반적으로 하이퍼바이저를 활용하는 서버가상화와 유사하다고 볼 수 있습니다. ETSI(유럽통신표준협회)는 NFV 인프라 아키텍처를 VNF(Virtualized Network Function), NFVI(Network Function Virtualization Infrastructure), MANO(Management and Network Orchestration) 3가지로 정의하였습니다. 3가지 구성에 대하여 살펴보면 아래와 같습니다.

구분	설명
VNF	• 네트워크 기능을 제공하는 소프트웨어 애플리케이션 • VM(가상머신)으로 배포됨
NFVI	• VNF를 호스팅하기 위하여 하드웨어 리스소 제공 • 소프트웨어 지원 가상화
MANO	• NFV 인프라 관리를 위한 프레임워크 • VNF 생성 및 설정, NFV 조작 및 관리

SDN은 무엇일까?

　NFV를 설명할 때 비교 대상으로 자주 거론되는 기술이 있습니다. 바로 SDN(Software Defined Network)입니다. SDN은 트래픽 경로를 지정하는 Control Plane 과 데이터를 전송하는 Data Plane을 분리하여 소프트웨어적으로 제어 및 관리하는 기술을 의미합니다. 기존의 장비는 제어 역할과 Data 전송의 역할을 하나의 장비에 서 수행하였는데 SDN은 중앙집중형으로 제어 역할과 Data 전송의 역할을 분리한 것이라고 보면 됩니다.

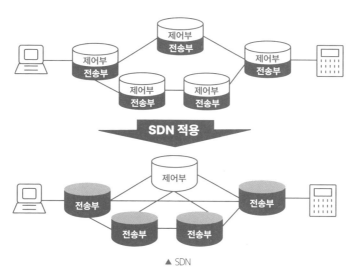

▲ SDN

이러한 SDN이 주목받는 이유는 접속 단말의 증가로 인하여 망이 비대화되고 이에 따른 네트워크 환경이 급변하고 있기 때문입니다. NFV와 마찬가지로 물리적 한계로 인한 운영 관리의 어려움을 해결하고 비용 절감이라는 장점을 가져가기 위하여 소프트웨어를 통해 네트워크 구성에 유연한 대응이 가능한 SDN 기술이 주목받고 있는 것입니다.

SDN 아키텍처

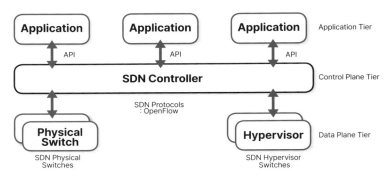

▲ SDN 아키텍처

SDN은 NFV보다 조금 단순한 구조를 가지고 있는데 Application Layer, Control Plane, Data Plane으로 구성되는 3계층 구조로 표현할 수 있습니다. 더불어 Control Plane이 Data Plane을 제어하기 위한 OpenFlow라는 프로토콜도 중요한 요소 중의 하나입니다.

구분	설명
Application Layer	Routing, Load balance 등 네트워크 기능을 제공하는 애플리케이션
Control Plane	전체 네트워크 자원에 대한 제어 및 상태 관리 기능, API 제공 및 추가

Data Plane	Control Plane의 제어에 따라 데이터를 전송하는 장치
OpenFlow	Control Plane과 Data Plane 사이의 정보 전송을 위한 오픈소스 기반 프로토콜

NFV와 SDN을 비교하자면

NFV를 한마디로 표현하자면 '네트워크의 가상화'입니다. 반면 SDN은 '네트워크의 추상화'로 표현할 수 있습니다. 이처럼 이 두 가지 기술은 명확하게 구분되며, OSI 7Layer의 관점으로 볼 때 명확하게 계층을 구분하기는 좀 어려우나 기능에 초점을 맞춘 NFV는 4~7계층, 전송에 초점을 맞춘 SDN은 2~3층에 해당한다고 보는 것이 합리적일 것입니다.

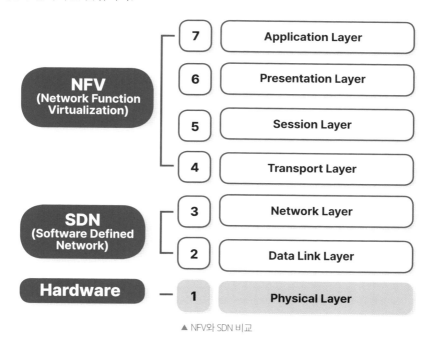

▲ NFV와 SDN 비교

NFV는 하이퍼바이저 가상화를 통한 VNF라는 개별 기능에 대한 유연성을, SDN은 제어와 포워딩 역할의 구분을 통한 전체 네트워크 구성과 운영에 대한 유연성을 갖는다는 이점이 있기 때문에 이 두 기술이 결합할 때 좋은 시너지 효과를 가질 수 있게 됩니다.

두 기술이 서로를 보완하는 역할을 하지만 조금은 헷갈릴 수 있는 만큼 비교를 하자면 아래의 표와 같습니다.

구분	자기공명	전자기파
개 념	네트워크 가상화	네트워크 추상화
목 적	기능 가상화	영역 분리
Control	MANO	Control Plane
Forwarding	VNF	Data Plane
프로토콜	해당 없음	OpenFlow
관련 단체	ONF	ETSI NFV WG
활 용	네트워크망 등	SDDC, 네트워크망 등

✍️ **저자생각**

가상화는 되돌릴 수 없는 시대의 흐름이 되어버렸고, NFV의 경우 이동통신망에 적극적으로 적용되어 V-RAN(Virtualized Radio Access Network)을 구성하고 있습니다. 이동통신 RAN 영역에서의 종속성을 탈피하기 위한 O-RAN(Open Radio Access Network)의 표준화 움직임이 세계적으로 있는 만큼 SDN과의 결합을 통한 시너지를 기대합니다.

012

IoT(Internet of Things)

사물에 생명을 부여하는 IoT

근래에 AICBMS란 단어를 들어 보신 적이 있을 겁니다. AICBMS란 AI, IoT, Cloud, BigData, Mobile, Security의 앞 글자를 따서 만든 단어로 4차 산업혁명의 핵심기술로 볼 수 있습니다. AICBMS에 포함되어 있는 IoT는 Internet of Things로 사물인터넷이라고 합니다.

사물인터넷은 우리가 흔히 사용하는 다양한 사물이 센서 등을 통해 정보를 수집하고 통신기술을 활용하여 이 정보를 전송하여 제어, 모니터링 등을 할 수 있는 체계라고 이해하면 쉬울 것 같습니다.

예를 들어, 도로 가로등에 IoT를 적용한다고 하면

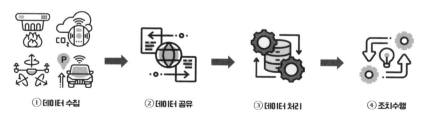

① 데이터 수집　　② 데이터 공유　　③ 데이터 처리　　④ 조치수행

▲ 조치 수행

STEP 1 **데이터 수집**: 센서를 통해 도로 주변 조도 정보 수집
STEP 2 **데이터 공유**: 수집된 조도 정보를 통신 네트워크망을 통해 전달
STEP 3 **데이터 처리**: 전달된 조도 정보를 기반으로 데이터 분석 및 처리
STEP 4 **조치 수행**: 의사결정을 통해 조도 변경(Dimming) 수행

이와 같은 과정을 통해 도로의 조명을 조절할 수 있습니다. 즉 IoT를 활용하게 되면 수많은 사물들에 대해 사물과 사물 간의 연결, 데이터 전송과 제어 등이 가능해지면서 다양한 서비스를 제공할 수 있게 되는 것입니다.

IoT 주요기술

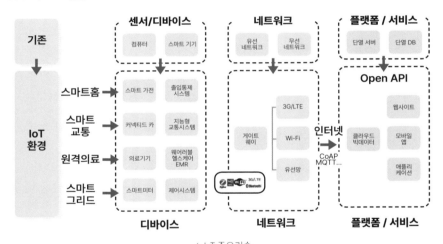

▲ IoT 주요기술

IoT는 데이터를 중심으로 생각하면 그 구성에 대하여 이해하기가 조금 더 쉽습니다. 데이터를 수집하는 센서 및 디바이스, 데이터를 전달하는 네트워크 기술, 데이터를 처리하는 플랫폼과 콘텐츠를 제공하는 서비스 총 4가지 요소로 구성된다고 볼 수 있습니다.

(1) 센서(Sensor) 및 디바이스(Device)

센서 및 디바이스는 하드웨어를 기반으로 데이터를 생성·수집하는 기능을 수행합니다. 예를 들면 가로등 조도 센서, 홈네트워크설비의 방범 센서, LPG·LNG 가스누출 센서와 같이 '조도 = 밝기', '방범 = 생체 움직임', 'LPG, LNG = 누출된 가스 인식'과 같이 센싱할 수 있는 값을 수집하는 역할을 합니다. 또한 NFC, RFID와 같이 태그 형식의 카운팅값을 얻기도 합니다.

(2) 네트워크(Network)

네트워크는 수집된 정보를 유무선을 통해 전달하는 역할을 수행합니다. Bluetooth, Zigbee와 같은 단거리 통신기술과 LPWA(Low Power Wide Area)로 불리는 장거리 통신기술인 LoRa, NB-IoT, Sigfox, LTE-M과 같은 기술이 대표적인 무선통신 기술입니다. PLC, RS-232C, RS-485와 같은 유선 기술도 많이 사용되고 있습니다. 이렇게 센서와 게이트웨이가 연결된 후에 이동통신망, 인터넷망 등을 통해 데이터를 전달합니다.

(3) 플랫폼(Platform)

네트워크를 통해 전달된 데이터를 가공·처리하거나 애플리케이션과 연동하는 역할을 수행합니다. OneM2M, OCF, OASIS와 같은 표준화된 플랫폼이 존재합니다. 또한 데이터를 경량화하여 전달하기 위한 프로토콜 표준으로 CoAP(Constrained Application Protocol), XMPP(eXtensible Messaging and Presence Protocol), MQTT(Message Queuing Telemetry Transport)를 활용합니다. 이 3가지는 IoT에서 중요한 프로토콜입니다.

(4) 서비스(Service)

최종적으로 사용자에게 제공되는 서비스로 사용자 응용프로그램, 응용서비스 솔루션 등이 포함됩니다. 우리가 가전제품 관리 앱인 삼성 SmartThings로 최종 관리와 다양한 서비스를 경험하는 것 등을 생각하면 좋을 것 같습니다.

사물인터넷(Internet of Thing, IoT)

IoT : 인터넷으로 사물은 물론 현실과 가상 세계의 모든 정보와 상호작용 하는 개념

IoT 서비스
- 스마트 밴드
- 생산 기계
- 자동차
- 온도조절기
- 세탁기
- 감시카메라

IoT 무선 네트워크
- 3G, 4G, 5G (WCDMA, LTE-Advanced)
- Wi-Fi, IEEE 802, 11xx
- IEEE 802.15.x, Bluetooth, Zigbee, Z-Wave,Thread
- NB-IoT, LoRa, SIGFOX
- NFC, RFID

IoT 플랫폼
- 탐색 Discovery
- 보안 Security
- 데이터 전송 Data Transmission/ Network HTTP, CoAP, MQTT, TLS, DTLS OPC-UA, Tread 등
- 기기관리 Device Management OMA DM,OMA LWM2M,BBF TR-069
- 데이터 관리 Data Management
- 서비스 플랫폼 표준화 단체 oneM2M, OCF, OMG, Thread, OASISIEEE P2413, ISO/IEC JTC1 등

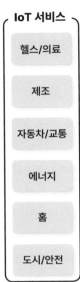

IoT 서비스
- 헬스/의료
- 제조
- 자동차/교통
- 에너지
- 홈
- 도시/안전

▲ IoT 주요기술 - 서비스

이러한 IoT도 여지없이 AICBMS 중 하나인 AI와 결합하고 있으며 결과적으로 AIoT의 개념이 등장하게 됩니다.

AIoT(Artificial Intelligence of Things)란

AIoT는 사물인터넷(IoT)과 인공지능(AI)이 결합한 단어입니다. 현재 단계인 연결형 IoT의 경우 데이터를 수집 · 가공하고 분석이 가능하지만 데이터의 전달 과정에 시간이 소요됩니다. 이를 개선하여 수집, 가공, 분석의 기존 기능에 예측의 영역이 추가되어 빠르고 효율적인 서비스를 제공할 수 있는 AIoT(Artificial Intelligence of Things)로 발전하게 됩니다.

AIoT의 기본 개념은 기존 연결형 IoT에서 클라우드 서버를 네트워크 사이에 두

어, 중앙서버까지 가지 않고 Edge Computing 형태로 말단부에서 수집된 정보를 가공 · 분석하고 예측하여 신속한 판단을 하고 제어하는 형태를 갖고 있습니다. 아마 여기서 더 발전한다면 On-Device AI 형태로 디바이스 내에 대부분의 기능을 탑재한 자율형 AIoT로 갈 것입니다.

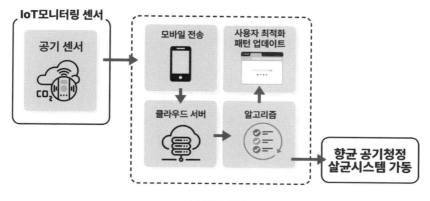

▲ IoT 모니터링

🖋 저자생각

IoT는 서비스를 위한 단말의 수가 많아질 수 있으므로 이를 관리하기 위한 LWM2M과 같은 프로토콜, 플랫폼 등이 중요하고 경량화 및 한정된 자원(프로세서 등)에 따른 보안 취약점 고려도 필수적입니다.

PART

06

보안

현대 사회에서 IT의 중요성이 점점 커지면서 이를 지탱하고 보호해 주는 보안의 중요성 또한 더욱 커지고 있습니다. 여기에 더해 보안은 그 자체로도 지적 호기심을 충족시켜 주는 흥미로운 영역에 해당하기도 합니다. 따라서 너무 가볍지도 않게 그리고 너무 심각하지도 않게 보안의 정수에 서서히 다가간다면, 4차 산업 혁명 시대에 필요한 '정보보안 리터러시(Literacy)'를 충분히 함양할 수 있을 것입니다. 지금부터 보안의 핵심 개념 위주로 탐구해 보는 재미있고 힘찬 여정을 함께 떠나보도록 하겠습니다.

001

악성코드의 기원

▲ 악성코드(MALWARE), 출처: https://images.app.goo.gl/WEtJAuitHJ5yJhNb6

---

* 본 파트에서의 대부분의 내용은 이전에 필자가 집필했던 소중한 졸저에서 많은 부분을 인용했음을 미리 밝혀둡니다. 이전 책을 통해서는 미처 빛을 보지 못했던 많은 부분들이 본 책을 통해서 승천하고 도약할 수 있기를 진심으로 고대합니다. * 출처: 이수현, '포텐의 정보보안 카페', 좋은땅, 2022-04-28

악성코드란 무엇일까?

가끔 프로그래머는 마법사와 비슷한 것 같다는 생각을 합니다. 소스코드라는 마법의 주문을 통해 사이버 세계를 자유자재로 주무를 수 있기 때문입니다. 게다가 최근 사이버 세계와 물리 세계가 연결되는 경우가 점차 많아지면서 소스코드는 현실 세계에까지도 영향을 미치게 됩니다. 스마트팩토리, 스마트시티, 자율주행차 등이 대표적인 사례라고 할 수 있습니다. 키보드로 코딩을 하는 것이 지팡이로 마법의 주문을 외우는 것과 똑같아지는 세상이 점점 다가오고 있는 것 같습니다. 해리포터에 나오는 모든 일들이 머지않은 미래에 전부 현실화할 수도 있겠다는 생각 또한 듭니다.

그런데 모든 것에 빛이 있으면 그림자도 있는 것처럼 소스코드 또한 어두운 면이 존재합니다. 대표적인 사례로 악성코드를 들 수 있습니다. 악성코드는 일종의 흑마법과도 같습니다. 마법이 모든 것을 화려하게 만들어 주는 빛의 세상이라면 흑마법은 모든 것을 파멸로 이끄는 그림자의 세상입니다. 악성코드로 인해 오작동이 유발되어 인명 사고가 발생할 수 있으며 소중한 재산이 해커에 의해 탈취되는 등 여러 부작용이 생길 수 있습니다. 무엇보다도 사람의 생명과 재산에 직결되는 문제이기에 악성코드에 대한 철저한 대응은 반드시 필요합니다. 그리고 정보보안을 이해하기 위해 악성코드가 무엇인지에 대한 명확한 이해는 필수라고 할 수 있습니다.

악성코드의 대표적인 사례, 컴퓨터 바이러스

악성코드의 가장 대표적인 사례는 컴퓨터 바이러스입니다. 컴퓨터 바이러스의 가장 큰 특징은 전염성이라고 할 수 있는데 자연 세계가 아닌 컴퓨터의 세계에서도 감염과 자기복제가 이뤄진다는 것은 대단히 흥미로운 일이라고 할 수 있습니다. 이러한 악성코드의 특성을 가장 먼저 예견한 사람은 그 이름만으로도 유명한 존 폰 노이만(John von Neumann)입니다. '폰 노이만 아키텍처의 창시자'로도 유명한 그는 1950년대에 셀룰러 오토마타(Cellular Automata)라는 개념을 창안하여 자기복제

코드의 존재 가능성을 예견하였습니다.

오토마타란 쉽게 말해 자동 기계라고 할 수 있습니다. 각각의 오토마타는 세포(Cell)에 해당한다고 할 수 있는데, 주변의 이웃 세포들에 영향을 주며 스스로를 복제하게 됩니다. 악성코드는 개인용 컴퓨터가 대중적으로 보급되고 웹이 탄생한 1980년대 이후부터 본격적으로 두각을 나타내기 시작했지만, 인류 최초의 악성코드는 그보다 좀 더 이른 1971년에 등장했습니다.

> ✍ **저자생각**
>
> 악성코드로 인해 오작동이 유발되어 인명 사고가 발생할 수 있으며 소중한 재산이 해커에 의해 탈취되는 등 여러 부작용이 생길 수 있습니다. 무엇보다도 사람의 생명과 재산에 직결되는 문제이기에 악성코드에 대한 철저한 대응은 반드시 필요합니다.

웜(Worm)

I'M THE CREEPER. CATCH ME IF YOU CAN!

▲ 크리퍼 웜, https://www.historyofinformation.com/detail.php?entryid=2860

인류 최초의 악성코드, 크리퍼 웜

인류 최초의 악성코드는 1971년에 등장합니다. 이는 굉장히 이른 시기라고 할 수 있는데, 아직 개인용 컴퓨터와 인터넷이라는 개념조차 없었던 시절이었기 때문입니다. 애플 컴퓨터도 등장하지 않았으며 월드 와이드 웹도 없었던 시대입니다. 하지만 '태양 아래 새로운 것은 없다'라는 명언처럼 최초의 악성코드와 최초의 백신 또한 이 시기에 그 원형이 등장하게 됩니다. 그리고 이는 이후에 등장하는 모든 악성코드와 백신의 시조가 됩니다. 아파넷(ARPANET)이라는 네트워크를 무대로 크리퍼 웜(Creeper Worm)이라는 최초의 악성코드와 리퍼(Reaper)라는 최초의 백신이 등장한 것입니다. 아파넷은 미국 국방부와 산하 기관 그리고 일부 대학들만 이용할 수 있었던 네트워크로서 나중에 인터넷의 모태가 되는 중요한 통신망입니다.

크리퍼 웜은 밥 토마스(Bob Thomas)라는 개발자가 만든 악성코드로서 '내가 크리퍼다. 잡을 수 있으면 잡아 봐라!(I'm the creeper, catch me if you can!)'라는 메시지를 출력하는 것이 특징입니다. 스스로를 원격 시스템에 복사하고 끊임없이 증식하였지만 다른 프로그램에는 기생하지 않는 웜(Worm)의 시조라고 할 수 있습니다. 웜이 바이러스와 다른 점은 숙주가 되는 프로그램에 기생을 하지 않고도 독자적으로 동작할 수 있다는 것인데, 한마디로 악성코드 중 가장 지독한 존재라고 할 수 있습니다.

구분	바이러스	웜
핵심 특징	다른 프로그램에 기생	독자적으로 동작
복제/전염성	있음	매우 강함
대표 사례	브레인 바이러스	크리퍼 웜, 모리스 웜

크리퍼 웜을 퇴치하는 백신, 리퍼

크리퍼 웜은 앞서 설명한 것처럼 약을 올리는 메시지를 출력하고 아파넷을 경유하면서 자기복제를 통해 증식하였지만 특별히 악의적인 행동은 하지 않았습니다. 단순히 밥 토마스가 만든 실험적인 자기복제 프로그램이었습니다. 하지만 재미있게도 당시 이를 제거하기 위한 솔루션까지 등장하였는데, 이는 인류 최초의 백신에 해당합니다. 바로 레이 톰린슨(Ray Tomlinson)에 의해 만들어진 리퍼(Reeper)라는 프로그램입니다. 크리퍼 웜과 리퍼는 인류 최초의 악성코드와 백신으로서 정보보안의 명예의 전당에 영원히 기억될 것입니다.

✍ 저자생각

인류 최초의 악성코드는 1971년에 등장합니다. '태양 아래 새로운 것은 없다'라는 명언처럼 최초의 악성코드와 최초의 백신 또한 이 시기에 그 원형이 등장하게 됩니다. 아파넷(ARPANET)이라는 네트워크를 무대로 크리퍼 웜(Creeper Worm)이라는 최초의 악성코드와 리퍼(Reaper)라는 최초의 백신이 등장한 것입니다.

바이러스(Virus)

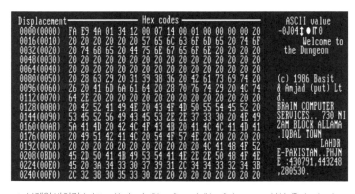

▲ 브레인 바이러스, https://upload.wikimedia.org/wikipedia/commons/d/da/Brain-virus.jpg

인류 최초의 바이러스, 브레인 바이러스

개인용 컴퓨터가 보급되고 월드 와이드 웹이 탄생한 1980년대 이후부터 악성 코드는 적극적으로 맹위를 떨치게 됩니다. 그 시작의 총성을 울린 것이 바로 브레인 바이러스입니다. 브레인 바이러스는 1986년에 탄생한 인류 최초의 바이러스로서 커다란 의미가 있는 상징적인 존재입니다. 물론 그 자체를 결코 긍정적인 의미로 칭송할 수는 없겠지만 말입니다. 브레인 바이러스는 자신들이 만든 소프트웨어가 불법 복제되는 것에 분노한 파키스탄의 앰자드 알비와 배시트 알비 형제에 의해 만들어졌습니다. 당시는 5.25인치 플로피 디스크를 통해 프로그램이 배포되었는데 해당 디스크의 부트 섹터 감염을 통해 바이러스가 전파되었습니다.

브레인 바이러스에 감염되면 부팅 시간이 느려지고 기억 장소의 용량이 감소하는 등 여러 이상 증상이 발생합니다. 브레인 바이러스는 한국에서 1988년에 처음 발견됐는데 이에 대응하기 위해 안철수 박사가 지금의 V3의 전신에 해당하는 백신(Vaccine)을 개발하게 됩니다. 바이러스를 치료하는 프로그램은 당시 의학도였던 안철수 박사에 의해 백신이라는 이름으로 명명되었는데 해당 이름은 한국에서는 거의 표준에 가까울 정도로 확산하였습니다. 하지만 사실 세계적으로는 안티바이러스(Anti-Virus)가 공식적인 표현에 해당합니다. 이처럼 브레인 바이러스는 한국 보안의 역사를 태동시킨 상징적인 존재이기도 합니다.

백신의 역사가 시작되다

브레인 바이러스가 탄생하기 전후는 한국의 안철수 박사를 비롯하여 미국의 존 맥아피(John McAfee) 등 안티바이러스 업계의 선구자들이 적극적으로 활동하기 시작한 시기입니다. 백신의 역사가 시작된 시기이기도 한 것입니다. 바이러스는 앞서 소개한 웜과는 달리 특정 프로그램에 기생하는 형태로 존재하면서 무한히 전파된다는 특성을 지닙니다. 개인용 컴퓨터의 확산으로 인해 전 세계의 모든 컴퓨터가 숙주가 될 수 있으며 월드 와이드 웹의 확산으로 인해 세계 자체가 공기와도 같이 연결됩니다. 크리퍼 웜과 리퍼가 일찍이 예견했던 것과 같이 악성코드와 백신 사이의 무한한 전쟁이 열리는 세계가 바야흐로 등장한 것입니다.

> ✍ **저자생각**
>
> 브레인 바이러스는 한국에서 1988년에 처음 발견되는데 이에 대응하기 위해 안철수 박사가 지금의 V3의 전신에 해당하는 백신(Vaccine)을 개발하게 됩니다. 이처럼 브레인 바이러스는 한국 보안의 역사를 태동시킨 상징적인 존재이기도 합니다.

트로이 목마

▲ 트로이 목마, https://images.app.goo.gl/rtp8RGqPRYcs4RnY7

전설적인 트로이 목마 신화

안철수 박사가 안티바이러스를 백신이라고 명명한 것은 상당히 참신한 발상입니다. 그런데 이와 더불어 악성코드의 세계에서 트로이 목마라는 역사 속의 개념이 등장한 것 또한 상당히 놀라운 일이라고 할 수 있습니다. 이보다 더 적절히 묘사할 수 있을까 싶을 정도의 차용이라고 할 수 있는데 분야를 넘나드는 크로스 오버는 대부분 혁신적인 발상을 낳는다는 것을 다시 한번 확인할 수 있는 단면이기도 합니다.

약 3,000년 전 지지부진했던 트로이 전쟁에서 트로이군은 갑작스럽게 거대한 목마를 선물로 받게 됩니다. 이를 진짜 선물로 착각하고 성 안으로 들이게 되고 술판을 벌이는 동안 목마 안에 있던 그리스군이 밖으로 나와 트로이를 기습하여 장악하게 됩니다. 이와 같은 전설적인 트로이 목마 신화는 악성코드 트로이 목마의 특성을 그 어떤 것보다 잘 나타냅니다. 트로이 목마란 겉으로는 멀쩡해 보이는 프로그램이지만 배후로는 악의적인 행동을 하는 악성코드를 의미합니다. 앞서 설명했던 바이러스와 웜과 더불어 악성코드의 주요 3가지 종류 중 하나에 해당하기도 합니다.

구분	바이러스	트로이 목마
핵심 특징	다른 프로그램에 기생	정상적으로 보이지만 배후에서 악의적인 행동 수행
복제/전염성	있음	없음
대표 사례	브레인 바이러스	애니멀

최초의 트로이 목마, 애니멀(ANIMAL)

트로이 목마라는 용어를 누가 맨 처음 고안하고 사용했는지는 명확하게 알려져 있지 않습니다. 다만 1971년경부터 트로이 목마라는 용어가 매뉴얼 등의 문서에서 명시적으로 사용되기 시작하였습니다. 최초의 트로이 목마는 크리퍼 웜보다도 더

오래된 1951년까지 거슬러 올라갑니다. 최초의 상업용 컴퓨터인 유니박(UNIVAC)에서 동작한 애니멀(ANIMAL)이라는 프로그램인데 스무고개를 통해 사용자가 좋아하는 동물을 맞히는 게임이었습니다. 당시 워낙 인기가 많아서 복사본을 요청하는 사람이 너무 많아 자기복제를 통해 여러 디렉터리에 스스로를 복사하였습니다. 복사본을 요청하면 그냥 디렉터리를 확인하라고 말하면 되었기 때문입니다. 특별히 악의적인 행동은 하지 않아 악성코드라고 보기는 힘들 수도 있지만 겉으로는 멀쩡하지만 실제로는 다른 행동을 하였기에 트로이 목마의 시초로 평가할 수 있습니다.

출처가 불분명한 프로그램을 실행할 경우 일단은 구동이 잘된다면 안심하고 이용하게 됩니다. 하지만 배후에서는 소중한 개인정보를 유출한다든지, 암호화폐를 채굴한다든지 등의 여러 악의적인 행동을 할 수 있습니다. 이게 바로 트로이 목마의 무서움이라고 할 수 있습니다. 트로이 전쟁에서 패배한 트로이군의 전철을 밟지 않기 위해 우리 모두 매 순간 여러 달콤한 목마들을 경계하며 결코 방심해서는 안 될 것입니다.

✍ **저자생각**

전설적인 트로이 목마 신화는 악성코드 트로이 목마의 특성을 그 어떤 것보다 잘 나타냅니다. 트로이 목마란 겉으로는 멀쩡하게 보이는 프로그램이지만 배후로는 악의적인 행동을 하는 악성코드를 의미합니다.

모리스 웜

▲ 모리스 웜의 소스코드가 담긴 플로피 디스크, https://images.app.goo.gl/pESoP71qLvedkE9U6

엄청난 영향력을 지닌 악성코드, 모리스 웜

앞서 소개한 악성코드들은 모두 최초의 존재로서 상징적인 의미가 있습니다. 하지만 파급력은 다소 제한적이었다고 할 수 있습니다. 브레인 바이러스는 국제적으로 널리 확산하기도 했지만 지금의 랜섬웨어와 같은 엄청난 파괴력을 지니지는 못하였습니다. 이는 당시의 시대적 배경과 기술적 한계 등에 따른 제약이라고 할 수 있습니다. 하지만 이러한 제약도 뛰어넘어 상당한 영향력을 행사한 전설의 악성코드가 1988년에 등장하였는데, 당시 전 세계 인터넷을 10% 가까이 마비시켰으며 이를 기점으로 정보보안이 본격적으로 실체화가 되었을 정도입니다. 이와 같은 엄청난 영향력을 지닌 악성코드의 이름은 바로 모리스 웜(Morris Worm)입니다.

모리스 웜은 코넬대학의 대학원생이었던 로버트 모리스(Robert Morris)에 의해 제작되었습니다. 단순히 인터넷의 크기를 알고자 하는 순수한 호기심으로 자기복제를 할 수 있는 웜을 개발하여 네트워크로 전파한 것이 시발점이 되었습니다. 제작 과정에서의 코딩 실수로 인해 본래의 의도와는 다르게 웜이 기하급수적으로 전파되었고 여러 주요 기관에 서비스 거부 공격 등을 야기하게 되었습니다. 모리스 웜은 NASA, 미국 국방부, 하버드대학, MIT 등 주요 시설들의 서버에 치명적인 영향을 주었고 약 6,000대 이상의 주요 유닉스 서버를 감염시켰습니다. 당시 끼친 경제적인 피해만 약 10만 달러에서 100만 달러 사이로 추정되기도 합니다.

막는 자와 뚫는 자의 끝없는 싸움

로버트 모리스는 본의 아니게 엄청난 해악을 끼쳤지만 고의성이 없었다는 판결을 받아 보호관찰 3년과 사회봉사 400시간 등의 경감된 처벌을 받았습니다. 그리고 지금은 MIT의 종신 교수로 재직 중입니다. 모리스 웜은 당시의 평온했던 컴퓨터 세상과 인터넷 세계에 악성코드가 끼칠 수 있는 엄청난 영향력을 일깨워 준 최초의 존재라고 할 수 있습니다. 그래서 모리스 웜은 위대한 웜(Great Worm)으로도 불립니다. 이를 기점으로 정보보안에 대한 중요성이 부각되었기 때문입니다. 쉽게 말해 정보보안 산업 자체가 모리스 웜을 기점으로 태동하였다고 하여도 과언이 아닐 정도입니다.

　막는 자와 뚫는 자의 싸움인 정보보안의 세계는 역설적이게도 뚫는 자의 영향력이 없다면 그 존재 자체가 부각되지 않습니다. 소 잃고 외양간을 고치는 사례가 거듭 반복되는 것도 그러한 이유 때문입니다. 하지만 매번 큰 사고를 겪고 나서 후속 대응만 한다면 그 비용은 사전 예방에 비해 현저히 클 것이며, 영원히 회복되지 못할 파괴로 치달을 수도 있을 것입니다. 우리는 언제든 다시 등장할 수도 있는 제2의 모리스 웜을 대비하여 예방과 선제적 대응에 최선을 다해야만 합니다. 캘리포니아에 있는 컴퓨터 역사박물관에 모리스 웜의 소스코드가 담긴 플로피 디스크가 고이 전시되어 있는 것처럼 우리의 마음속에 위대한 웜을 항상 기억하고 잊지 말아야 합니다.

> ✍ **저자생각**
>
> 모리스 웜은 전설적인 악성코드로서 당시 전 세계 인터넷을 10% 가까이 마비시켰으며 이를 기점으로 정보보안이 본격적으로 실체화가 되었을 정도로 큰 영향력을 끼쳤습니다.

스턱스넷 & 랜섬웨어

▲ 스턱스넷의 공격 대상이 되었던 지멘스사의 PLC CPU, https://images.app.goo.gl/VGJnRmQ5tp6EoDkn6

악성코드의 무서운 가공력을 보여준 스턱스넷

크리퍼 웜으로부터 시작된 악성코드는 처음에는 단순히 약을 올리는 장난 수준에만 그쳤습니다. 하지만 소프트웨어의 중요성이 점차 커지면서 악성코드는 국가 기간 시설을 파괴하거나 마비시키는 등 상상도 하지 못할 규모의 영향력을 가지게 됩니다. 해당 사례가 극적으로 드러난 것이 바로 이번에 소개할 스턱스넷(Stuxnet)

입니다. 스턱스넷은 이란 핵 시설의 원심 분리기를 파괴한 것으로 유명한 역사상 최악의 악성코드에 해당합니다.

스턱스넷은 이란 핵 시설 내부의 산업 자동화 제어시스템을 공격 타깃으로 삼아 제작되었습니다. 이를 위해 제로데이 취약점이 무려 4개나 활용되었는데 이는 전례가 없는 규모라고 할 수 있습니다. 해당 시설의 제어시스템이 윈도 운영체제를 기반으로 하고 있고 지멘스사의 소프트웨어를 사용하고 있었는데 여기에 대한 제로데이 취약점을 복합적으로 활용한 것입니다. 결과적으로 스턱스넷으로 인해 원심 분리기가 무려 1,000여 대나 파괴되었으니 악성코드의 무서운 가공력을 보여주는 충격적인 사례라고 할 수 있습니다.

구분	설명
목적	이란 핵 시설의 원심 분리기를 파괴
활용된 취약점	제로데이 취약점 4개 활용(윈도 운영체제를 대상으로 한 공격)
전파 경로	USB를 통한 전파
결과	1000여 대의 원심 분리기 파괴

그러나 한 가지 의문점은 존재합니다. 핵 시설과 같이 고도의 보안이 요구되는 산업 제어 시스템은 기본적으로 철저하게 망분리가 되어 있기에 아무리 사상 최악의 악성코드라고 하더라도 근본적으로 내부로 침투하는 것 자체가 불가능합니다. 그렇다면 스턱스넷은 어떻게 핵 시설 내부에 잠입할 수 있었을까요? 여기에 대한 명확한 루트는 아직까지도 밝혀지지 않았지만 가장 유력한 가설로는 USB를 통한 전파가 꼽히고 있습니다. USB는 외부와 내부를 자유롭게 드나들 수 있는 채널이기에 USB가 외부에 있었을 때 감염시킨 다음 이를 내부의 컴퓨터에 꽂는 순간 악성코드가 자동으로 전파되도록 기획된 것입니다. 이처럼 스턱스넷은 인간의 행동반경까지 고려하여 설계된 고도의 사회공학 기술 적용 사례라고 할 수 있습니다.

나중에 밝혀진 바에 따르면 스턱스넷은 몇몇 해커가 제작한 수준을 넘어 정부

규모에서 계획하여 고도의 기술로 제작한 악성코드에 해당합니다. 국가 간의 보이지 않는 총성의 대표 사례로 금융 전쟁, 무역 전쟁 등을 흔히 들지만, 사이버 전쟁 또한 이를 능가하는 중요도와 영향력을 차지한다고 할 수 있습니다. 이처럼 스턱스넷의 충격적인 여파를 생각하면 국가 차원에서의 정보보안 수립의 중요성을 다시 한번 상기하게 됩니다.

▲ 랜섬웨어, https://images.app.goo.gl/u6bmhrMCxakB1Qvo8

지독한 악성코드, 랜섬웨어

다음에 소개할 악성코드는 랜섬웨어(Ransomware)입니다. 앞서 소개한 모리스 웜 이후로 악성코드의 영향력은 점점 커지게 됩니다. 이러한 흐름이 정점에 달한 것이 바로 랜섬웨어라고 할 수 있습니다. 2021년 기준 랜섬웨어로 인한 전 세계 피해 규모만 약 22조에 달할 정도입니다. 랜섬웨어는 최근에 가장 골칫거리가 된 악성코드로서 중요한 파일을 암호화해서 일종의 인질로 삼고 이를 풀기 위한 몸값(Ransom)을 요구합니다. 가령 내 컴퓨터에 있는 소중한 가족사진들이 갑자기 모두 암호화가 되어 버린다거나, 회사 서버의 중요한 문서들이 모두 잠기게 되는 것입니다. 그리고 이를 풀기 위한 대가로서 암호화폐를 요구합니다. 랜섬웨어에 감염되면 당장 회사 업무를 볼 수 없거나 세상에 하나밖에 없는 소중한 가족사진들이 없어지는 것이기에 울며 겨자 먹기로 해커에게 돈을 입금할 수밖에 없습니다. 아니면 암호를 풀 수 있는 키를 찾아내야 하는데 이는 슈퍼컴퓨터로 수백 년을 돌려도 답을 구하기가 힘들기에 대안이 될 수 없습니다.

랜섬웨어가 무서운 이유는 공개키 알고리즘을 사용함에 따라 키를 풀 수 있는 열쇠는 오직 해커만 가지고 있어서 피해자는 암호화된 파일을 절대로 풀 수 없다는 점입니다. 이는 기술적으로 비대칭키 알고리즘을 사용함에 따른 것인데 쉽게 설명해서 암호화를 할 때 사용하는 키와 복호화를 할 때 사용하는 키가 다른 알고리즘입니다. 악성코드를 분석하면 암호화를 하는 키는 어떻게든 찾아낼 수 있겠지만 복호화하는 키는 오로지 해커만 알고 있는 것입니다. 사실 직관적으로 잘 이해가 되지 않는 메커니즘이므로 이 정도 수준으로만 이해해도 충분합니다. 현존하는 컴퓨터 중 세상에서 가장 뛰어난 슈퍼컴퓨터를 동원해서 복호화 키를 찾아내려고 해도 수백 년 이상이 걸리기에 해독은 사실상 불가능에 가깝습니다.

구분	설명
목적	중요한 파일을 암호화하고 이를 풀기 위한 몸값(Ransom)을 요구
피해 규모	2021년 기준 약 22조
동작 원리	공개키 알고리즘
대표 사례	크립토락커, 테슬라크립트, 워너크라이 등

대부분의 랜섬웨어는 복호화의 대가로 암호화폐를 요구하는데 그 이유는 자금 세탁이 용이하기 때문입니다. 비트코인 등의 암호화폐는 출처와 이동 경로를 추적하기 힘들기 때문에 범죄에 악용될 소지가 큽니다. 이에 따라서 최근에는 암호화폐 거래소에도 자금세탁방지 시스템(AML, Anti Money Laundering)을 철저하게 적용하는 등 여러 보완책을 적극 적용 중입니다.

랜섬웨어는 크립토락커, 테슬라크립트, 워너크라이 등 여러 유형으로 발전해 오면서 개인과 기업에 큰 피해를 끼치고 있으며 독일의 한 병원의 의료 시스템을 감염시켜 시스템 마비로 인해 환자의 생명까지 앗아가는 치명적인 사태를 야기하기도 하였습니다. 이토록 심각한 랜섬웨어에 대한 대응에는 다양한 방법이 있겠지만 가장 좋은 건 감염이 되지 않도록 하는 것이며 여기에 더해 설령 감염이 되더라도 언제든지 복구할 수 있도록 중요 데이터를 주기적으로 백업하는 것이 필수적이라고 할 수 있습니다.

✍ 저자생각

스턱스넷(Stuxnet)은 이란 핵 시설의 원심 분리기를 파괴한 것으로 유명한 역사상 최악의 악성코드에 해당합니다. 랜섬웨어는 지독한 악성코드로서 중요한 파일을 암호화해서 일종의 인질로 삼고 이를 풀기 위한 몸값(Ransom)을 요구하는 악성코드입니다.

안티바이러스

▲ 안티바이러스, https://images.app.goo.gl/JBLUK4StUR967rxR7

백신이란 무엇일까?

앞서 악성코드의 역사와 기본적인 유형에 대해서 살펴보았습니다. 크리퍼 웜으로부터 시작된 악성코드는 웜, 트로이 목마, 바이러스 등으로 점차 다변화되었고 최근에는 스턱스넷과 랜섬웨어와 같은 형태로 발전하면서 치명적인 영향력을 지니게 되었습니다. 이에 따라 악성코드에 맞서 싸우는 백신(Vaccine)의 중요성은 점차 부각되게 됩니다. 정보보안은 막는 자와 뚫는 자 사이의 무한한 싸움이라고 할 수 있는데, 막는 자에 해당하는 백신은 악성코드가 발전함에 따라 필연적으로 치열한 발전 과정을 거쳐 왔습니다. 따라서 이번 장에서는 백신의 발전사에 대해 간단히 살펴보도록 하겠습니다.

우선 백신이라는 이름에 대해 먼저 설명이 필요할 것 같습니다. 앞에서도 이야기한 것과 같이 바이러스를 치료하는 프로그램은 한국의 안철수 박사에 의해 백신이라는 이름으로 명명되었는데 사실 세계적으로는 안티바이러스(Anti-Virus)가 공식적인 표현에 해당합니다. 따라서 앞으로는 안티바이러스라는 네이밍으로 설명을 진행하도록 하겠습니다. 크리퍼 웜을 설명하면서도 언급된 부분이지만 최초의 안티바이러스는 최초의 악성코드인 크리퍼 웜에 대항하여 만들어진 리퍼(Reeper)라고 할 수 있습니다. 하지만 리퍼는 엄밀히 말해서 크리퍼 웜을 제거하기 위해 만들어진 또 다른 웜(바이러스)에 해당한다고 할 수 있습니다. 진정한 의미로서의 안티바이러스는 1986년에 탄생한 브레인 바이러스에 대항하여 만들어진 일련의 안티바이러스 집단이라고 할 수 있습니다. 여기서 집단으로 표현한 이유는 여전히 최초의 안티바이러스가 무엇인지에 대해서 많은 논쟁이 있기 때문입니다.

이러한 집단에 속하는 안티바이러스로는 앞서 소개한 미국의 존 맥아피(John McAfee)에 의해 만들어진 바이러스 스캔(VirusScan)이 있으며 시기적으로 조금 뒤이긴 하지만 한국의 안철수 박사에 의해 제작된 백신(Vaccine) 또한 여기에 포함됩니다. 이와 같이 브레인 바이러스는 인류 최초의 바이러스로서 안티바이러스 산업을 태동하게 만든 존재라고 할 수 있습니다. 또한 브레인 바이러스를 계기로 존 맥아피가 1987년에 설립한 맥아피(McAfee)와 안철수 박사가 이후에 설립한 안랩(AhnLab)은 각각 미국과 한국을 대표하는 보안 회사로서 지금도 명맥을 이어 오고 있습니다.

안티바이러스의 유형

프레드 코언(Fred Cohen)이라는 미국의 컴퓨터 과학자는 1987년에 중요한 논문을 발표합니다. 바로 '모든 컴퓨터 바이러스를 완벽하게 탐지할 수 있는 알고리즘은 없다'라는 내용의 논문입니다. 그는 '컴퓨터 바이러스(Computer Virus)'라는 용어를 최초로 만든 안티바이러스의 선구자입니다. 이와 같은 그의 연구 결과는 완벽한 안티바이러스를 만드는 것은 마치 성배를 찾는 것과 같이 불가능에 가까움을 보여줍니다. 하지만 불가능하다고 결코 포기할 수는 없는 법입니다. 완벽할 수 없다면 거의 완벽에 수렴하도록 만들면 되는 것입니다. 성배를 찾는 모험이 지금도 계속되고 있는 것처럼 말입니다. 안티바이러스는 이와 같은 치열한 각오와 노력으로 지속적으로 발전해 왔으며 지금 이 순간에도 계속 발전하고 있습니다.

초창기의 안티바이러스는 시그니처(Signature) 기반으로 불리는 방식으로 동작되었습니다. 시그니처 기반이란 쉽게 말해서 그동안 알려진 공격 패턴을 데이터베이스에 저장한 뒤 이를 참고해서 대응하는 기법을 의미합니다. 하지만 해커들이 시간이 지날수록 점점 영악해지면서 알려진 패턴을 벗어나는 여러 변종 공격들을 쉽게 수행할 수 있게 되었습니다. 따라서 시그니처 기반은 곧 한계에 직면하게 되고 이를 극복하기 위해 휴리스틱 분석, 행동 분석과 같은 각종 통계 기반의 기술이 안티바이러스에 적용됩니다. 기존에 알려지지 않은 새로운 형태의 공격에도 적절한 대응이 필요했기 때문입니다.

구분	설명
시그니처 기반	그동안 알려진 공격 패턴을 데이터베이스에 저장한 뒤 이를 참고해서 대응
통계 기반	휴리스틱 분석 등을 통해 기존에 알려지지 않은 새로운 형태의 공격에도 적절하게 대응
기타	샌드박스 활용, 인공지능 기반, 사이버 면역 체계 등

최근에는 샌드박스(Sand-box)라고 불리는 가상의 공간을 두고 미리 신규 유입되는 외부 입력에 대해 사전 테스트를 해 본 뒤 안전하다고 판단되면 실제 공간으로 인입하는 방법도 사용하고 있습니다. 일종의 사전 시뮬레이션을 수행하는 방법

인 것입니다. 그리고 축적된 데이터를 기반으로 분류와 특성 발견 등을 수행하는 데이터 마이닝 기법과 여기에서 더 발전하여 최근 모든 분야를 삼키고 있는 인공지능 기반의 악성코드 탐지까지, 안티바이러스는 놀라운 속도의 성장을 거듭하고 있습니다.

마지막으로 최근 주목할 만한 흐름 중 하나로서 인간의 면역 메커니즘을 본떠 보안에서도 사이버 면역 체계를 도입하려는 흐름이 존재하는데, 다크 트레이스와 사일런스 등의 벤더에서 적극적으로 적용을 추진 중입니다. '완벽함은 욕심이며 완전함은 노력이다'라는 격언과 같이 안티바이러스는 완벽함에 가까운 완전함에 도달하기 위해 지금 이 순간도 열심히 노력 중입니다.

✍ 저자생각

프레드 코헨(Fred Cohen)은 1987년에 '모든 컴퓨터 바이러스를 완벽하게 탐지할 수 있는 알고리즘은 없다'라는 내용의 논문을 발표했습니다. 그럼에도 불구하고 안티바이러스는 완벽함에 가까운 완전함에 도달하기 위해 지금도 계속 노력 중입니다.

CIA(기밀성, 무결성, 가용성)

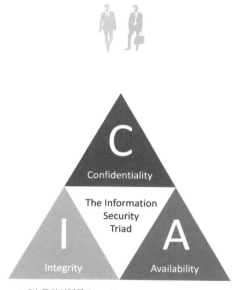

▲ CIA 트라이앵글, https://www.researchgate.net/figure/
The-Confidentiality-Integrity-Availability-CIA-triad_fig1_346192126

정보보안의 핵심 목표, CIA

　정보보안의 핵심 목표는 기밀성(Confidentiality), 무결성(Integrity), 가용성(Availability)
입니다. 이 세 개의 앞 글자를 따서 CIA라고 흔히 부르고 있습니다. 워낙 중요한 개
념이라서 자주 언급되지만 오히려 이렇게 간단한 개념일수록 이해하기가 어려운

법입니다. 마치 '인간이란 무엇인가?'와 같은 질문처럼 너무도 당연한 개념이라서 오히려 똑 부러지게 정의하기가 힘들다고 할 수 있습니다.

CIA라는 개념 자체가 최초로 실세계에 구현되어 사용된 건 놀랍게도 2,000여 년 전 로마 시절까지 거슬러 올라갈 수 있습니다. 전쟁과 정보보안은 떼려야 뗄 수 없는 관계이므로 전쟁이 한창 활발했던 고대 시절에도 정보를 안전하게 보호하는 것이 매우 중요했습니다. 그래서 갈리아 전쟁에서 CIA의 개념이 시저 암호 등의 사례로 구현되어 널리 활용되었습니다. 하지만 이 시절에는 CIA가 단순히 추상적인 개념으로만 존재했을 뿐 용어 자체가 명확하게 정의된 건 아니었습니다. CIA라는 용어가 정확히 어느 시점부터 누구에 의해 정의되고 사용되었는지는 아직까지도 명확하게 밝혀지지 않았습니다. 정보보안에서 가장 중요한 핵심 용어임에도 불구하고 그 기원이 확실하지 않은 대단히 특이한 경우라고 할 수 있습니다. 어쩌면 너무도 상식적인 개념이라서 지금까지 자연스럽게 이어져 내려온 것일지도 모르겠다는 생각도 듭니다.

기밀성, 무결성, 가용성이란?

이제 본격적으로 개념 설명을 하자면 먼저 기밀성(Confidentiality)이란 노출(Disclosure)로부터의 보호라고 할 수 있습니다. 중요한 정보는 비밀스럽게 보관이 되어야 하는데 이를 위해서는 해당 정보가 절대로 외부에 노출이 되어서는 안 됩니다. 하지만 해커들은 스니핑(Sniffing)을 통해 몰래 도청을 해서 기밀성에 대한 공격을 자행할 수 있습니다. 이에 대응하여 기밀성을 보호하기 위한 가장 대표적인 방법은 암호화라고 할 수 있습니다. 암호화는 심지어 데이터가 노출이 된다고 해도 키가 없으면 풀 수가 없으므로 가장 단순하고도 확실한 보호 대책이라고 할 수 있습니다.

다음에 설명할 무결성(Integrity)이란 변경(Alteration)으로부터의 보호라고 할 수 있습니다. 전송되는 도중에 무단으로 정보의 내용이 변경된다면 대단히 곤란할 것입니다. 하지만 해커들은 중간자(MITM: Man In the Middle) 공격을 통해 전송자와 수신자 사이의 중간에 몰래 개입해서 정보의 내용을 변조할 수 있습니다. 이에 대응한 대표적인 무결성 보호 방법은 원본에다 도장을 꽉 찍어서 변조가 되는 순간 즉각 알아차릴 수 있도록 마법을 불어넣는 전자서명이 있습니다. 이는 대단히 중요한 개념이지만 다소 이해하기는 어려울 수도 있기에 이런 것이 있다는 정도만 알아도 충분합니다. (뒷부분에서 좀 더 자세히 설명해 드리도록 하겠습니다.)

　　마지막으로 가용성(Availability)이란 파괴(Destruction)로부터의 보호라고 할 수 있습니다. 정보는 필요한 시점에 필요로 하는 사람에 의해 즉시 사용이 가능해야만 의미가 있는데 악의적인 공격에 의해서 정보에 대해 접근이 불가능하거나 아예 파괴가 되는 경우가 발생할 수 있습니다. 특히 DDoS 같은 경우가 다량의 좀비 PC에서 타깃을 향해 동시다발 공격을 하는 등 가용성에 심각한 위협을 주는 대표적인 사례입니다. 이에 대응해서 가용성을 보호하는 가장 대표적인 방법으로 FT(Fault Tolerance) 시스템이 있는데, 이는 해커로부터 공격을 받아서 설령 서버가 죽더라도 즉시 복구가 가능하도록 준비하는 기법으로서 시스템 결함을 허용하는 상태로 만드는 방법이라고 할 수 있습니다.

구분	설명
기밀성(Confidentiality)	노출(Disclosure)로부터의 보호
무결성(Integrity)	변경(Alteration)으로부터의 보호
가용성(Availability)	파괴(Destruction)로부터의 보호

🖎 저자생각

정보보안의 핵심 목표는 기밀성(Confidentiality), 무결성(Integrity), 가용성(Availability)이며, 이 세 개의 앞 글자를 따서 CIA라고 부르고 있습니다.

스니핑(Sniffing)

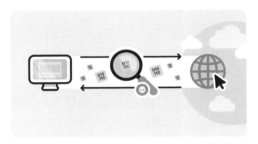

▲ 스니핑, https://images.app.goo.gl/AtEqoiZYNEuEBqbb6

기밀성에 대한 공격, 스니핑

앞서 정보보안의 핵심 3대 목표에 해당하는 기밀성, 무결성, 가용성에 대해 설명을 드렸습니다. 해킹은 결국 이러한 정보보안의 주요 목표를 깨뜨리는 행위라고할 수 있습니다. CIA라는 삼각형의 어느 한 축이라도 깨진다면 정보보안이라는 공든 탑은 와르르 무너지게 됩니다. 따라서 어느 한 축도 결코 소홀히 할 수 없습니다. 그러면 지금부터 트라이앵글의 첫 축을 담당하는 기밀성에 대해 먼저 살펴보도록 하겠습니다. 기밀성에 대한 가장 대표적인 공격으로서 스니핑(Sniffing)을 꼽을 수 있습니다.

스니핑은 '냄새를 맡다'라는 영어(Sniff) 뜻 그대로 패킷을 도청하는 해킹 기법을 의미합니다. 공격 대상의 데이터를 조작하거나 탈취하는 등의 적극적인 행위는 하지 않는 단순히 엿듣는 수준의 소극적인 공격에만 해당한다고 할 수 있습니다. 과거에는 더미 허브라는 이름 그대로의 '멍청한(Dummy)' 허브 장비를 많이 이용했는데 여기에 연결된 컴퓨터는 다른 모든 이웃 컴퓨터의 패킷을 쉽게 도청할 수 있었습니다. 지금은 여기에서 보다 더 발전된 스위치라는 허브 장비를 많이 사용하고 있는데 이 또한 ARP(Address Resolution Protocol) Redirect나 ICMP(Internet Control Message Protocol) Redirect라는 비교적 단순한 기법을 통해 생각보다 쉽게 패킷을 도청합니다.

구분	기법	설명
허브 환경	Promiscuous Mode	다른 호스트 패킷도 버리지 않고 수신
스위치 환경	Switch Jamming	주소 테이블이 가득 차도록 공격, 더미 허브로 전환
	ARP Redirect	조작된 ARP, 라우터로 위장
	ICMP Redirect	조작된 ICMP, 라우터로 위장

그런데 앞서 설명한 더미 허브와 스위치는 일단 유선 형태의 네트워크 구성을 전제로 하기에 도청을 하려면 공격 대상과 물리적으로 연결이 되어 있어야 가능합니다. 그래서 최근에 이용되는 와이파이 등의 무선 네트워크는 공기 중을 떠다니는 신호를 근간으로 하기에 유선보다도 훨씬 더 도청이 쉬운 구조라고 할 수 있습니다. 최근에는 무선 네트워크를 해킹하기 위한 대중화된 툴들도 흔해서 심지어 어린아이도 와이파이는 쉽게 해킹이 가능할 정도입니다. 결론적으로 유선이든 무선이든 패킷은 무조건 쉽게 도청이 가능한 구조라고 할 수 있는데 이건 뭔가 잘못된 것이 아닐까요?

결론을 먼저 말하자면 패킷이 도청되는 건 어쩔 수 없는 일입니다. 4차원 공간을 통해 신호를 전송할 수는 없기 때문입니다. 여기서 우리가 추구할 수 있는 유일한 해법은 바로 암호화입니다. 설령 패킷이 도청되더라도 그 내용을 알아볼 수 없게끔 암호화를 해 버리면 되는 것입니다. 우리가 웹 서핑을 할 때 http가 아닌 https를 사용해야만 하는 이유도 그리고 와이파이 연결 시 반드시 보안 네트워크로 연결해야만 하는 이유도 바로 여기에 있습니다. 스니핑으로부터 우리를 구원해 주는 것은 오직 암호화이며 이는 기밀성을 달성할 수 있는 거의 유일한 왕도라고 할 수 있습니다.

✍ 저자생각

설령 패킷이 도청되더라도 그 내용을 알아볼 수 없게끔 암호화를 한다면 기밀성을 달성할 수 있습니다. 이는 기밀성을 위한 거의 유일한 왕도입니다.

010

스푸핑(Spoofing)

▲ 스푸핑, https://images.app.goo.gl/wCivmuUJpgEkmzXHA

무결성에 대한 공격, 스푸핑

CIA 트라이앵글의 다음 축은 바로 무결성입니다. 기밀성을 위협하는 공격으로서 스니핑이 있다면 무결성을 위협하는 공격에는 스푸핑(Spoofing)이 있습니다. 스니핑과 스푸핑은 이름은 매우 비슷하지만 서로 굉장히 상반되는 공격이라고 할 수 있습니다. 스니핑이 단순히 소극적으로 도청만 하는 행위라면 스푸핑은 적극적으로 데이터를 조작하고 탈취하는 공격이라고 할 수 있습니다. 이번 장에서는 스푸핑의 가장 대표적인 기법인 ARP 스푸핑에 대해 설명을 드리도록 하겠습니다. 공격 과정 자체로도 네트워크 보안에 대해서 많은 부분을 이해할 수 있기에 다소 지면을 할애하여 자세히 소개하고자 합니다.

ARP 스푸핑은 굉장히 강력한 공격이기도 하지만 다소 어이가 없고 허탈한 공격 기법이기도 합니다. 이 장을 모두 읽고 나면 필자가 왜 이렇게 말했는지 그 이유를 완전히 이해할 수 있으리라 확신합니다. ARP 스푸핑을 이해하기 위해서는 먼저 LAN에 대한 개념 정립이 필요합니다. 사실 LAN에 대해서만 제대로 알면 ARP 스푸핑에 대한 이해는 그냥 자연스럽게 따라온다고 할 수 있습니다. 그러나 LAN에 대해서 제대로 설명하려면 책을 몇 권을 써도 모자랍니다. 그래서 여기서는 딱 ARP 스푸핑을 이해하는 데 필요한 만큼만 핵심 위주로 설명하도록 하겠습니다.

LAN(Local Area Network)은 이름 그대로 좁은 범위의 네트워크로서 하나의 게이트웨이 아래에 묶인 네트워크 영역이라고 할 수 있습니다. 쉽게 생각해서 사무실에 공유기가 하나 있고 이 공유기에 여러 컴퓨터를 연결해서 사용하는 모습을 떠올리면 됩니다. 여기서의 공유기가 바로 게이트웨이이며 이 공유기를 중심으로 여러 컴퓨터가 연결되면서 구성된 좁은 범위의 네트워크 영역을 바로 LAN이라고 합니다. 그런데 A라는 사무실에도 LAN이 있고 B라는 사무실에도 LAN이 있으므로 이 둘 사이를 연결하려면 결국 게이트웨이 사이의 통신이 필요할 것입니다. 이 구간은 흔히 WAN(Wide Area Network)이라고 부르고 있습니다.

어찌 되었든 LAN 내부에는 하나의 게이트웨이가 있으며 여기에 여러 컴퓨터들이 연결되어 동작한다고 할 수 있습니다. 그런데 만약 내가 어떤 사무실의 LAN에 소속되어 있다고 가정하고 이 상태에서 구글에 접속하고자 한다면, 구글은 저 멀리 떨어진 미국 어느 지역의 LAN에 존재하고 있을 것이므로 나의 요청은 내 사무실의 게이트웨이를 통해서 밖으로 나가야만 할 것입니다. 그리고 구글의 응답 또한 게이트웨이를 통해서 안으로 들어오게 될 것입니다. 따라서 게이트웨이란 내부에 존재하는 LAN과 외부에 존재하는 광대한 인터넷 세계를 연결하는 허브와도 같은 존재라고 할 수 있습니다. 쉽게 말해 사무실 사람들이 사용하는 모든 트래픽이 통과하는 중요 지점이라고 할 수 있습니다.

여기까지 설명을 읽었다면 감이 좋은 독자들은 뭔가 눈치를 챘을 수도 있을 것 같습니다. 게이트웨이가 이토록 중요하다면 해커들은 당연히 게이트웨이를 해킹하려고 하지 않을까요? 아니면 좀 더 발상을 전환해서 '내가 게이트웨이다'라고 속이는 것도 영리한 방법 중의 하나라고 할 수 있을 것입니다. ARP 스푸핑이란 바로 후자에 해당하는 공격 기법입니다. LAN 내부의 특정 컴퓨터에 '내가 게이트웨이다'라고 속이는 공격을 자행한 뒤, 그 컴퓨터의 모든 트래픽이 나에게 오도록 만들어서 도청하는 기법이라고 할 수 있습니다.

▲ 스푸핑, https://images.app.goo.gl/gFUTLsSNxRQGoHdM8

APR 스푸핑의 핵심 동작 원리

그렇다면 도대체 어떤 방법으로 '내가 게이트웨이다'라고 속일 수 있을까요? 이 대목에서 드디어 ARP(Address Resolution Protocol)의 개념이 등장하게 됩니다. 흔히 IP 주소라는 말은 워낙 많이 들어서 잘 알고 있겠지만 MAC(Media Access Control) 주소라는 말은 거의 들어보지 못했을 것입니다. 그런데 이 MAC 주소라는 녀석이 LAN 내부에서 매우 중요한 역할을 하고 있습니다. MAC 주소란 각 컴퓨터 장치의 고유한 일련번호라고 할 수 있는데, 적어도 LAN 내부에서는 MAC 주소를 참고해서 서로 통신을 진행하고 있습니다. IP주소도 물론 중요하지만, LAN 내부에서는 심하게 말해 껍데기에 불과한 존재라고 할 수 있습니다. 이러한 일련의 규칙은 국제표준에서 정의를 내린 부분이며 전문적인 용어로는 데이터 링크 계층 통신이라고 부릅니다. 다소 어려운 개념이 많이 나왔는데 더 이상 깊게 몰라도 ARP 스푸핑을 이해하는 데 전혀 문제가 없습니다.

우리는 그 유명한 TCP/IP 프로토콜의 세상에서 살고 있기 때문에 사용자들은 1차적으로는 무조건 IP주소로 통신을 시도합니다. 다만 실제로는 해당 IP주소가 결국에는 MAC 주소로 변환된다는 뜻이고 최종적으로는 해당 MAC 주소를 참고해서 통신을 진행한다는 이야기입니다. 이를 전문적으로 말해 IP주소는 논리적 주소이며 MAC 주소는 물리적 주소라고 표현하기도 합니다. 머리가 더 복잡해질 수도 있으니 일단은 그냥 무시해도 될 것 같습니다. 그리고 이제부터 가장 중요한 대목인데, 이러한 IP주소와 MAC 주소 사이의 변환을 위한 사전으로서 ARP 테이블이라는 것이 존재하며 이러한 사전은 LAN 내부에 속한 각각의 컴퓨터가 모두 가지고 있습니다. 그렇다면 특정 컴퓨터의 ARP 테이블을 공격해서 IP주소와 MAC 주소의 관계를 몰래 바꿔치기해 버린다면 해킹은 드디어 성공하게 될 것입니다.

예를 들어 내 컴퓨터의 ARP 테이블을 뒤져 보니 게이트웨이는 '192.168.0.1'이라는 IP주소와 'GG-GG-GG-GG-GG-GG'라는 MAC 주소를 가지고 있고 A 컴퓨터는 '192.168.0.2'라는 IP주소와 'AA-AA-AA-AA-AA-AA'라는 MAC 주소를 가지고 있다고 가정합시다. 여기에서 쥐도 새도 모르게 살짝 '192.168.0.1'가 'AA-AA-AA-AA-AA-AA'랑 매칭이 되도록 바꿔치기해 버리면 결국 내 컴퓨터에서 게이트웨이로 가는 트래픽은 전부 A 컴퓨터로 가게 될 것입니다. 기나긴 설명 끝에 드디어 ARP 스푸핑의 정수에 도달하게 되었습니다. 결국 이게 바로 ARP 스푸핑의 핵심이라고 할 수 있습니다.

마지막으로 필자가 맨 처음에 언급했던 어이가 없고 허탈하다는 부분만 설명하면 이 짧지 않은 글은 드디어 끝이 날 것 같습니다. 그렇다면 이렇게 몰래 바꿔치기하는 건 도대체 어떤 원리로 가능한 것일까요? 그냥 '192.168.0.1은 AA-AA-AA-AA-AA-AA다'라고 큰 소리로 외치기만 하면 됩니다. 이렇게 외치는 걸 ARP Reply

라고 표현하는데 정말 그냥 이렇게만 하면 ARP 테이블이 바뀝니다. 그리고 뒤의 사람이 또 다르게 외치면 바로 또 그렇게 바뀝니다. 외치는 사람이 누가 됐든지 전혀 체크를 하지 않고 외치는 사람이 말하는 대로 즉시 바뀝니다. 결국 ARP 스푸핑이란 공격 대상에 거짓된 ARP Reply만 보내면 끝나는 공격입니다. 이게 정말 사실일까요? 네, 믿기지는 않겠지만 사실입니다.

이를 전문적인 용어로 ARP에 인증 기능이 부재한다고 표현하기도 합니다. ARP(Address Resolution Protocol)는 이름 그대로 주소를 결정하는 프로토콜로서 IP주소와 MAC 주소의 매핑 관계를 만들어 주는 중요한 역할을 합니다. 하지만 이러한 관계를 선언할 수 있는 주체에 대한 인증 절차가 전혀 없고 그냥 아무나 매핑 관계를 선언할 수 있습니다. ARP가 최초로 설계되었던 1980년대 당시에는 지금과 같은 보안 이슈를 전혀 고려하지 않고 프로토콜을 만들었으며 우리는 그 과거의 유산을 그대로 쓰고 있습니다. 물론 패치나 버전업을 하면 해결이 되겠지만 이와 같은 구조를 기반으로 한 인프라가 전 세계적으로 너무도 광범위하게 확산이 되어 있어서 쉽게 바꾸기가 힘든 구조입니다.

그나마 다행인 건 ARP 스푸핑은 일단 공격자가 같은 LAN 내부에 들어와야만 먹힌다는 것입니다. 갑자기 중국에 있는 다른 LAN에 속한 사용자가 내가 속한 한국에 있는 LAN에 ARP 스푸핑 공격을 하기란 원천적으로 불가능합니다. 하지만 요즘에는 커피숍과 같은 공공장소에서 공유기로 스마트폰이나 컴퓨터를 많이 사용하는데 이러한 환경이 원천적으로 ARP 스푸핑에 대단히 취약한 지점입니다. ARP 스푸핑을 효율적으로 방어하기 위한 방법은 지금까지도 보안 전문가에게 흥미로운 과제로 연구되고 있으며 아직까지도 사실상 괜찮은 해법은 없는 상태입니다. 심하게 말해서 일단 ARP 스푸핑은 무조건 당할 수밖에 없다고 가정하고 설령 스푸핑을 당하더라도 패킷 자체를 알아볼 수 없도록 암호화를 적용하는 등의 정도가 최선의 대응책이라고 주장하는 사람 또한 많이 존재합니다.

✍ 저자생각

ARP 스푸핑은 LAN 내부의 특정 컴퓨터에 '내가 게이트웨이다'라고 속이는 공격을 자행한 뒤, 그 컴퓨터의 모든 트래픽이 나에게 오도록 만들어서 도청하는 기법이라고 할 수 있습니다.

DoS 공격

▲ DoS 공격, https://images.app.goo.gl/KcM7uyNxn9iXo3UH9

가용성에 대한 공격, DoS 공격

CIA 트라이앵글의 마지막 축은 바로 가용성입니다. 세 가지 축 중 어느 하나도 중요하지 않은 것은 없지만 가용성의 경우 침해를 받게 되면 아예 서비스를 할 수 없기에 가장 민감한 부분이라고 할 수 있습니다. 가용성에 대한 가장 대표적인 공격으로는 DoS 공격이 있는데 우리가 흔히 언론 등에서 들을 수 있는 '디도스(DDoS)' 공격이 바로 여기에 속한다고 할 수 있습니다. 이번 장에서는 DoS 공격과 DDoS 공격에 대해 간단히 설명하도록 하겠습니다.

DoS(Denial of Service) 공격이란 서버가 정상적인 서비스를 할 수 없도록 방해하는 공격입니다. 서버를 향해 무지막지한 트래픽을 날려서 마비시키는 공격이라고 할 수 있습니다. 서버가 DoS 공격을 당하면 이름 그대로 서비스가 거부되므로 사용자들은 서비스에 대해 정상적인 접근을 할 수 없게 되고, 홈페이지가 마비되는 등 여러 불편 사항이 발생합니다.

IT 관련 뉴스를 보면 DoS 공격은 하루가 멀다 하고 자주 발생합니다. 심지어 학생이 PC방에서 DoS 공격을 하다가 검거된 사례도 존재합니다. 전 세계에서 난다 긴다 하는 똑똑한 사람들이 만든 게 바로 인터넷인데 왜 이렇게 DoS 공격에 취약한 것일까요?

지금의 인터넷은 이름만 들어도 멋진 TCP/IP 프로토콜을 근간으로 만들어졌습니다. 그리고 인터넷의 철학은 기본적으로 개방성이라고 할 수 있습니다. 최초로 프로토콜이 설계되었을 때 DoS 공격과 같은 보안적인 요소는 전혀 고려되지 않았습니다. 그러한 바탕에서 만들어진 표준이 사실상 지금까지도 그대로 이어져 내려오고 있는 것입니다. 인터넷이 조금만 더 폐쇄적으로 설계되었다면 지금과 같은 다양한 보안 이슈는 존재하지 않았을 수도 있습니다. 그러나 반대로 생각해 보면 애초에 인터넷이 이만큼 발전하지 않았을 수도 있을 것입니다.

DoS 공격의 3가지 유형

아무튼 각설하고 DoS 공격에 대한 자세한 설명을 이어 가도록 하겠습니다. DoS

공격의 종류는 크게 3가지로 나눌 수 있습니다. 대역폭 공격, 커넥션 공격 그리고 애플리케이션 공격입니다. 먼저 대역폭 공격에 대해 설명하자면 엄청나게 큰 파일을 업로드한다든지 등으로 네트워크 대역폭을 잡아먹는 공격이라고 할 수 있습니다. 대역폭은 당연히 한정되어 있으므로 어느 한쪽에서 많이 잡아먹으면 다른 쪽에서 정상적으로 사용할 수 없게 됩니다. 대표적인 공격 기법으로 ICMP 패킷을 다량으로 보내는 ICMP Flooding과 UDP 패킷을 무지막지하게 보내는 UDP Flooding 등이 있습니다.

다음으로 커넥션 공격에 대해 설명해 드릴 텐데 TCP의 3-Way Handshaking을 안다면 자연스럽게 이해할 수 있습니다. 다소 전문적인 지식일 수도 있지만 간단하게만 설명하자면 그 유명한 TCP는 3단계의 과정을 거쳐서 연결을 수립하는데 'SYN'을 보낸 뒤 'SYN + ACK'를 받고 마지막으로 'ACK'를 다시 보내는 구조라고 할 수 있습니다. 그런데 'SYN'을 보낸 뒤 'SYN + ACK'를 받고 나서 'ACK'를 일부러 보내지 않고 계속 버티면 서버는 응답을 받을 때까지 계속 기다리게 됩니다. 그냥 기다리면 상관이 없는데, 큐에서 특정 공간을 차지한 상태로 기다리므로 일정한 크기의 메모리를 잡아먹게 됩니다. 이러한 원리를 악용해서 'SYN'을 다량으로 서버로 보낸 뒤 서버의 메모리 자원이 고갈되게끔 만들 수 있습니다. 이를 SYN Flooding이라고 하며 커넥션 공격의 대표적인 기법에 해당합니다.

✍ 저자생각

DoS(Denial of Service) 공격이란 서버가 정상적인 서비스를 할 수 없도록 방해하는 공격입니다. 서버를 향해 무지막지한 트래픽을 날려서 마비시키는 공격이라고 할 수 있습니다. 서버가 DoS 공격을 당하면 이름 그대로 서비스가 거부되므로 사용자들은 서비스에 대해 정상적인 접근을 할 수 없게 됩니다.

DDoS 공격

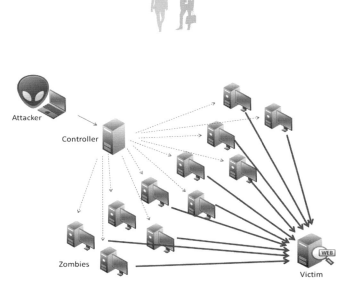

▲ DDoS 공격, https://images.app.goo.gl/fbpZgk7wUP8YLSuM7

DoS 공격의 마지막 유형, DDoS 공격

앞서 DoS 공격의 두 가지 유형에 대해 설명하였는데 다소 전문적인 용어가 나오긴 했지만 결국 정상적인 서비스를 방해하는 공격이라는 점에는 변함이 없습니다. 이번 장에서는 DoS 공격의 마지막 유형에 해당하는 애플리케이션 공격과 DoS 공격의 진화형인 DDoS 공격에 대해 설명하고자 합니다.

　애플리케이션 공격은 프로그램의 특성을 이용한 공격으로서 주로 HTTP의 취약점을 이용한 공격이 대부분이라고 할 수 있습니다. 인터넷의 핵심은 웹이라고 할 수 있는데 웹의 근간을 이루는 프로토콜이 바로 HTTP입니다. HTTP는 인터넷의 전부라도 해도 과언이 아니라서 이러한 HTTP에 대한 공격은 대단히 치명적이라고 할 수 있습니다. 대표적인 기법으로 Slowloris 공격이 있는데, 간단히 설명하자면 서버랑 HTTP 연결을 맺은 뒤 일부러 내용 전송은 하지 않고 오랜 시간 동안 버티는 방법이라고 할 수 있습니다. 서버에서 타임아웃 등으로 그냥 끊어 버리면 간단하게 끝나는 문제이지만 웹서버 설정에 따라서 제대로 공격을 감지하지 못하는 경우도 있어서 매우 치명적으로 동작하기도 합니다.

구분	설명	대표 기법
대역폭 공격	Bandwidth 소진 공격	• ICMP Flooding • UDP Flooding
커넥션 공격	Connection 공격을 통한 세션 소진	SYN Flooding
애플리케이션 공격	애플리케이션 특성 이용 공격(주로 HTTP)	• Slowloris • RUDY

　앞선 장에 이어서 지금까지 DoS 공격의 세 가지 유형에 대해 살펴보았습니다. 그런데 한 가지 재미있는 부분은 언론 등에서는 정작 DoS라는 표현보다 DDoS라는 용어가 더 자주 사용된다는 점입니다. 그렇다면 이 둘의 차이는 무엇일까요? DDoS(Distributed DoS) 공격이란 DoS 공격의 진화형으로서 분산된 좀비 PC에서 다량의 DoS 공격을 수행하는 기법이라고 할 수 있습니다. DoS 공격은 한정된 컴퓨터에서 수행되는 반면에, DDoS 공격은 많게는 수만 대 이상의 분산된 컴퓨터에서 동시다발적으로 수행됩니다. 여러분이 사용하는 컴퓨터나 스마트폰도 사실은 누군가에 의해 감염된 좀비 에이전트일 수도 있습니다. 나도 모르는 사이에 내 소중

한 자원이 DDoS 공격에 얼마든지 악용될 수 있는 것입니다.

　DDoS 공격에 대한 대응 방안은 지금도 꾸준히 연구되고 있는 주제입니다. 기본적으로 사전에 트래픽 임계치나 타임아웃 설정 등을 통해 공격을 예방할 수 있도록 대비가 필요합니다. 그러나 이러한 방법으로도 방어가 불가능한 경우 또한 생각을 해 둬야만 합니다. 최근에는 실시간으로 유입 트래픽의 크기나 웹서버의 로그 등을 모니터링한 뒤 공격이 탐지되는 순간 즉시 해당 트래픽을 다른 곳으로 우회시키는 방안을 가장 많이 사용하고 있습니다. 스크러빙 센터(Scrubbing Center)라는 것을 두고 DDoS 공격에 대한 트래픽을 모두 여기로 보내 버리는 방법입니다.

✍ 저자생각

DDoS(Distributed DoS) 공격이란 DoS 공격의 진화형으로서 분산된 좀비 PC에서 다량의 DoS 공격을 수행하는 기법입니다. DoS 공격은 한정된 컴퓨터에서 수행되는 반면에, DDoS 공격은 많게는 수만 대 이상의 분산된 컴퓨터에서 동시다발적으로 수행됩니다.

APT 공격

▲ APT 공격, https://images.app.goo.gl/zMVKhx1c1oBdaXoq8

APT 공격이란?

흔히 영화를 보면 해커라는 사람은 키보드만 몇 번 두드리면 국가 기관이나 여러 중요 사이트들을 가볍게 뚫을 수 있는 천재적인 존재로 묘사되기도 합니다. 하지만 현실에서 이런 경우는 극히 드물며 사실상 대부분은 지루하고도 험난한 준비 과정을 거친 뒤에 공격을 수행합니다. 해킹을 위한 준비 과정은 길게는 수년 이상 걸리기도 합니다. 그리고 공격 과정에서 기술적인 기법도 당연히 이용되지만 인간의 심리를 이용하는 사회공학 기법이 더 많이 활용됩니다. 이번에 소개하고자 하는 APT 공격은 바로 이와 같이 여러 지능적인 기법들을 활용하고 지속적인 준비 과정을 거친 뒤 특정한 타깃을 향해 공격을 감행하는 해킹 수법을 의미합니다.

APT(Advanced Persistent Threat) 공격이란 앞서 설명한 것처럼 특정한 타깃을 대상으로 하는 지능적이고 지속적인 공격을 의미합니다. 최근 보안업계에서 가장 큰 골칫덩어리이자 이슈 사항이 바로 APT 공격이라고 할 수 있습니다. 스피어 피싱이나 워터링 홀 등 이름만 들어도 무서운 여러 기법들이 바로 APT 공격의 대표적인 사례에 속합니다.

APT 공격의 유형

APT 공격의 대표적인 사례로서 스피어 피싱과 워터링 홀 그리고 공급망 공격을 꼽을 수 있습니다. 먼저 스피어 피싱(Spear Phishing)에 대해 설명하자면 '작살 낚시'라는 번역어 그대로 특정한 타깃을 표적으로 해서 수행하는 피싱 공격이라고 할 수 있습니다. 그리고 거의 대부분 이메일을 통해 공격이 수행됩니다. 그럴듯한 이메일을 보내서 어떻게든 첨부 파일을 열도록 유도한 뒤 악성코드를 침투시키는 방법입니다. 기본적으로 이메일 콘텐츠 필터링이나 백신 등을 이용하면 어느 정도 방어가 가능하겠지만, 이러한 솔루션으로도 탐지가 되지 않는 악성코드라면 공격을 무조건 당할 수밖에 없는 구조입니다. 게다가 사람의 심리를 고도로 이용한 공격이므로 원천적으로 방어하기가 상당히 쉽지 않습니다.

다음으로 워터링 홀(Watering Hole)은 사자가 물웅덩이 근처에서 매복을 하고 있는 형상에 빗대어 이름 지어진 공격 기법입니다. 공격 대상이 자주 방문하는 사이트를 미리 알아낸 다음에 해당 사이트에 악성코드를 심어서 공격하는 방법을 의미합니다. 공격 대상이 방문하는 여러 사이트 중 보안이 허술한 사이트가 최소한 한

군데 정도는 있을 수 있으므로 가장 취약한 지점을 노리는 방법이라고 할 수 있습니다. 이러한 워터링 홀 기법 또한 사전에 공격 대상의 인터넷 이용 패턴을 파악하는 등 인간의 심리를 고도로 활용하는 기법이라고 할 수 있습니다.

마지막으로 설명할 공급망 공격은 요즘에 가장 큰 골칫덩어리이자 상당히 치명적인 공격 기법이라고 할 수 있습니다. 우리가 컴퓨터를 사용할 때 상당히 많은 프로그램이 깔리는데 대부분 자동 업데이트 기능을 사용하고 있습니다. 클라이언트는 아무런 의심 없이 주기적으로 서버에서 업데이트 파일을 내려받는데 이 이유는 해당 공급망을 전적으로 신뢰하기 때문입니다. 공급망과 클라이언트 사이는 공개키 알고리즘을 기반으로 한 신뢰 관계로 묶여 있기 때문에 업데이트 파일의 무결성을 전적으로 보장받을 수 있습니다.

구분	설명
스피어 피싱	• 특정 타깃 대상 이메일 이용 공격 • 적극적 공격
워터링 홀	• 공격 대상이 자주 방문하는 웹사이트 공격 • 소극적 공격
공급망 공격	배포/업데이트 서버 공격

그러나 이러한 공급망 자체가 해커의 공격을 받는다면 악성코드는 속수무책으로 클라이언트에게 유입될 수밖에 없습니다. 게다가 클라이언트가 한두 명이 아니라 수백만 명 이상이 된다면 그 영향도는 치명적이라고 할 수 있습니다. 앞서 설명했듯이 공급망이란 공개키 알고리즘을 기반으로 한 신뢰 관계로 구성되어 있으므로, 해당 공급망의 개인키가 유출되어 버리면 재앙으로 치닫는다고 할 수 있습니다. 해커가 특정 공급망의 개인키를 탈취한 뒤 악성코드든 뭐든 자기가 마음대로 서명을 한 뒤 공급망에 올려 버리면 그 상태로 클라이언트에게 전부 배포되어 버립니다. 공급망 공격은 최근에 가장 주목받는 보안 이슈 중 하나로 선정될 정도로 영향력이 크다고 할 수 있습니다.

✍ 저자생각

APT(Advanced Persistent Threat) 공격이란 특정한 타깃을 대상으로 하는 지능적이고 지속적인 공격을 의미합니다. 대표 기법으로는 스피어 피싱, 워터링 홀, 공급망 공격 등이 있습니다.

014

케빈 미트닉

▲ 케빈 미트닉, https://images.app.goo.gl/S269Ny47i6zb43cF9

전설적인 해커, 케빈 미트닉

한때 미국 전역을 들썩거리게 만들었으며 세계에서 가장 유명한 해커로 불리는 사람이 있습니다. 바로 케빈 미트닉(Kevin Mitnick)이라는 해커인데요, 사회공학이라는 해킹 기법을 주로 사용한 것으로도 유명한 이 해커에 대해서 간단히 소개해 드리도록 하겠습니다.

어린 시절부터 버스 펀치 카드 시스템을 악용하여 무임승차를 자유자재로 할 수 있었던 그는 타고난 해커라고 할 수 있습니다. 그는 DEC, 노벨, 썬, 모토로라, 퀄컴 등 여러 굴지의 기업들을 해킹한 것으로 유명했는데 결국 미국 FBI의 수사 대상이 되어 도피 생활을 하게 됩니다. 하지만 츠토무 시모무라(Tsutomu Shimomura)라는 희대의 보안 전문가의 활약에 의해서 결국은 검거되는데 그가 수사에 개입한 이유는 케빈이 츠토무의 홈페이지를 해킹하고 일본계인 그에 대해 인종 차별적인 욕설을 했기 때문이었습니다. 이에 분노한 츠토무가 케빈을 추적하게 되고 결국 케빈의 소재를 파악하는 데 성공하였으며 케빈은 검거됩니다. 그리고 케빈 미트닉은 징역 5년을 구형받습니다. 이와 같은 케빈 미트닉과 츠토무 시모무라의 대결은 하나의 무용담이자 일화로서 지금도 회자되고 있는 전설적인 에피소드 중 하나입니다.

해커로서 케빈 미트닉이 그 누구보다도 주목받는 이유는 그의 파란만장한 경력과 뛰어난 실력에도 있겠지만 가장 중요한 이유는 그가 사회공학(Social Engineering)을 주로 사용하였다는 점에 있습니다. 사회공학이란 인간 사이의 기본적인 신뢰를 이용해서 정상적인 보안 절차를 깨뜨리는 공격을 의미하는데, 공격 과정에서 기술적인 요소는 거의 사용되지 않는 것이 특징입니다. 예를 들어 전화로 임원을 사칭한다거나 휴지통을 뒤져서 중요한 기밀 정보를 찾아낸다거나 몰래 출입문 뒤로 따라 들어간다거나 하는 등의 기법을 들 수 있습니다.

케빈 미트닉 스스로 밝힌 바에 따르면 아예 사회공학 기법만 사용하고도 해킹에 성공한 글로벌 기업도 존재하였다고 합니다. 영화 속에서 보던 해커의 이미지처럼 엄청나게 복잡한 기술을 이용해서 침투하는 것이 아니라, 보이스 피싱처럼 원시적인 방법으로 여러 글로벌 회사들의 철벽 보안을 뚫을 수 있다는 사실은 대단히 충격적인 일입니다.

케빈 미트닉은 5년간의 복역 생활을 끝내고 이후 보안 컨설턴트와 저술가로 활동하고 있습니다. 블랙 해커였던 그가 지금은 화이트 해커로 전향하여 사회를 위해 많은 기여를 하고 있는 것입니다. 그는 '정보보안의 가장 큰 위협은 여러 기술적 요소가 아니라 바로 당신'이라는 명언을 남겼는데 그가 사실상 창시한 분야이기도 한 사회공학의 치명적인 위협을 보여 주는 한 대목이라고 할 수 있습니다. 보안도 결국은 사람이 하는 일이기에 기술적인 측면뿐만 아니라 인간적인 요소 또한 대단히 중요하고 고려해야 할 대상임을 다시 한번 느낄 수 있습니다.

> ✍ **저자생각**
>
> 케빈 미트닉(Kevin Mitnick)은 사회공학을 주로 사용한 것으로 유명하며, '정보보안의 가장 큰 위협은 여러 기술적 요소가 아니라 바로 당신'이라는 명언을 남겼습니다.

사회공학

▲ 사회공학, https://images.app.goo.gl/Zgunb9Jywc2D1PHn6

사회공학이란?

앞서 전설적인 해커인 케빈 미트닉에 대해 간단히 소개를 드렸습니다. 그는 사회공학 기법을 이용하여 여러 유수의 글로벌 기업들을 해킹한 것으로 유명한데요. 특히 기업 보안에서 가장 취약한 지점에 해당하는 것이 바로 사회공학이라고 할 수 있기에, 이번 장에서는 사회공학의 개념에 대해 핵심 위주로 간략히 소개해 드리도록 하겠습니다.

사회공학이란 인간 사이의 기본적인 신뢰를 이용해서 정상적인 보안 절차를 깨뜨리는 공격을 의미합니다. 공격 과정에서 기술적인 요소는 거의 사용되지 않는 것이 특징입니다. 예를 들어 수년 동안 믿고 지냈던 파트너 회사 직원에게 중요한 계정의 패스워드를 알려 줬는데, 그 사람이 신뢰를 저버리고 그 계정을 이용해서 해킹을 해 버리는 것이 대표적인 사례라고 할 수 있습니다.

묵묵히 주어진 프로그램을 있는 그대로 처리하는 컴퓨터와는 다르게 인간은 하루에도 수십 번씩 마음이 바뀌는 존재이므로 어떻게 보면 정보보안에서 가장 취약한 지점이라고 할 수 있습니다. 아무리 수백억을 들여서 보안 시스템을 잘 구축해 놓아도 보이스 피싱 전화 한 통으로 해당 철통 보안은 무너질 수도 있습니다. 사회공학은 바로 이러한 인간이라는 가장 취약한 고리를 노리고 악용하는 공격이라고 할 수 있습니다.

사회공학은 앞서 이야기한 전설적인 해커 케빈 미트닉(Kevin Mitnick)이 즐겨 사용하던 수법으로 유명합니다. 그는 미국의 수많은 기업체들을 대상으로 사회공학을 통해 해킹을 자행한 것으로 악명이 높습니다. 영화 속에서 보던 해커의 이미지처럼 엄청나게 복잡한 기술을 이용해서 침투한 것이 아니라 보이스 피싱처럼 원시적인 방법으로 여러 글로벌 회사들의 철벽 보안을 뚫었다는 사실에 새삼 놀라게 됩니다.

사회공학의 절차는 4단계로 나눌 수 있습니다. 거창한 프로세스가 아닌 굉장히 상식적인 절차이므로 간단하게만 설명하도록 하겠습니다. 먼저 정보수집 단계입니다. 공격 대상 주위를 기웃거리면서 다양한 정보를 수집하는 단계입니다. 다음은 관계형성 단계입니다. 수집된 정보를 참고해서 공격 대상과 친분을 쌓는 단계입니다. 다음은 공격 단계입니다. 그동안 형성된 친분을 이용하여 악성코드를 심는 등 공격을 수행하는 단계입니다. 마지막으로는 실행 단계입니다. 공격 단계에서 침투된 악성코드가 실행되어 실제적인 피해가 발생하는 단계입니다.

구분	설명
정보수집	공격 대상 관련 정보 수집
관계형성	수집된 정보를 참고해서 공격 대상과 친분을 쌓음
공격	그동안 형성된 친분을 이용하여 악성코드를 심는 등 공격을 수행
실행	공격 단계에서 침투된 악성코드가 실행되어 실제적인 피해가 발생

사회공학 기법의 2가지 유형

사회공학의 기법은 크게 2가지 종류로 나눌 수 있습니다. 인간 기반 사회공학과 컴퓨터 기반 사회공학입니다. 먼저 인간 기반 사회공학에 대해 설명하자면 기술적인 요소는 거의 찾을 수 없는 정말 원시적인 방법이라고 할 수 있습니다. 종류로는 휴지통 뒤지기, 어깨너머 훔쳐보기, 출입문에서 앞사람 따라 들어가기 등이 있습니다. 이름만 보면 이게 정말 기법이라고 불려도 되는가 싶을 정도로 헛웃음만 나옵니다. 그러나 그 효과는 생각보다 상당하여 대규모 해킹의 결정적인 시발점이 되기도 합니다.

다음으로 컴퓨터 기반 사회공학에 대해 설명하자면 어느 정도의 기술적인 요소가 가미되어 수행되는 사회공학 기법이라고 할 수 있습니다. 요즘에 한창 언론에서 이슈가 되고 있는 많은 공격들의 상당수가 여기에 속합니다. 종류로는 피싱(Phishing), 파밍(Pharming), 스미싱(Smishing) 등이 있습니다. 먼저 피싱(Phishing)이란 사용자가 악성 사이트로 접속하도록 유도하는 공격을 의미합니다. 주로 이메일을 통해 공격이 수행되며 악성 링크를 클릭하면 가짜 사이트로 이동하게 됩니다. 그리고 각종 개인정보 등을 입력하도록 유도하여 중요 정보를 탈취하는 공격 기법입니다.

다음으로 파밍(Pharming)은 피싱의 진화 형태로서 사용자가 정상적인 사이트에 접근하더라도 악성 사이트로 접속이 돼 버리는 공격 기법입니다. 예를 들어 브라우저에서 'http://www.naver.com'이라고 분명 입력했는데도 가짜 사이트로 이동하게 되는 경우입니다. 대부분 컴퓨터의 DNS 설정 등이 변조된 경우에 발생하며 사용자의 눈에는 분명 주소가 정상이므로 눈치채기가 상당히 쉽지 않습니다. 마지막으로 스미싱(Smishing)이란 피싱과 똑같은 원리이지만 이메일이 아니라 SMS를 통해 공격이 수행된다는 차이가 있습니다. 스미싱은 최근 스마트폰의 광범위한 보급으로 인해 파밍보다도 더 영향력이 지대해진 공격 기법이라고 할 수 있습니다.

구분	기법	설명
인간 기반	Shoulder Surfing	어깨너머로 훔쳐보기
	Dumpster Diving	휴지통 뒤지기
	Tailgating	• 앞사람 따라 출입문 들어가기 • Piggybacking
	Pretexting	신분 위장 공격
컴퓨터 기반	Phishing	이메일 등으로 악성 사이트 접속 유도
	Pharming	정상 사이트로 접속해도 악성 사이트로 이동
	Smishing	SMS 이용 피싱
	Vishing	전화 이용 피싱

사회공학은 기본적으로 완벽한 방어가 불가능합니다. 기술적인 취약점이라면 밤을 새워서라도 열심히 코딩해서 고치면 되는데 사회공학은 도대체 어떻게 막아야만 할까요? 일단 정기적으로 침투테스트를 수행해서 조직의 보안 수준이 얼마나 취약한지 감사를 수행하는 방안이 있습니다. 하지만 근본적으로는 주기적인 보안 인식 교육만이 사실상 유일한 해결책이라고 할 수 있습니다. 사용자들이 황당한 피싱 공격 등에 당하지 않도록 꾸준한 보안 인식 함양이 반드시 필요합니다.

✍ **저자생각**

묵묵히 주어진 프로그램을 있는 그대로 처리하는 컴퓨터와는 다르게 인간은 하루에
도 수십 번씩 마음이 바뀌는 존재이므로 어떻게 보면 정보보안에서 가장 취약한 지
점이라고 할 수 있습니다. 사회공학은 바로 인간이라는 가장 취약한 고리를 노리고
악용하는 공격이라고 할 수 있습니다.

016

대칭키 알고리즘과 비대칭키 알고리즘

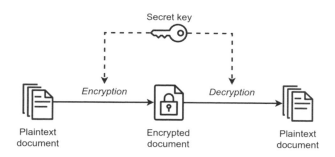

▲ 대칭키 알고리즘 개념도, https://upload.wikimedia.org/wikipedia/commons/6/61/Simple_symmetric_encryption.png

자물쇠와 동일한 원리, 대칭키 알고리즘

대칭키 알고리즘이란 암호화를 할 때 사용하는 키와 복호화를 할 때 사용하는 키가 동일한 알고리즘을 의미합니다. 우리가 일상생활에서 이용하는 자물쇠와 원리가 동일합니다. 하지만 여기서 가장 큰 이슈는 키를 안전하게 전달할 수 있는 방법이 필요하다는 것입니다. 키는 네트워크를 통해 전달이 되는데 해커에 의해 중간에 키가 탈취된다면 사실상 모든 것이 뚫리게 됩니다. 따라서 키를 단순히 평문 그대로 전달할 수는 없고 한 번 더 암호화를 해서 전달하는 방법을 선택할 수밖에 없을 것입니다. 하지만 조금만 곰곰이 생각해 봐도 이 방법은 말이 안 된다는 것을 알 수 있는데, 설령 암호화해서 전달한다고 하더라도 어차피 또 그 암호화에 사용된 키를 전달해야 하므로 끝이 없는 순환에 빠지게 됩니다. 그렇다면 이런 골치 아픈 상황을 도대체 어떻게 타개할 수 있을까요?

위대한 구원투수, 비대칭키 알고리즘

여기서 바로 비대칭키 알고리즘이 구원투수로 등장하게 됩니다. 비대칭키 알고리즘이란 암호화를 할 때 사용하는 키와 복호화를 할 때 사용하는 키가 다른 알고리즘을 의미합니다. A로 암호화를 하면 오직 B로만 풀 수 있으며 A로는 암호를 풀 수 없습니다. 따라서 A는 유출이 되더라도 상관이 없으며, 받는 사람이 B만 제대로 보관한다면 그 누구도 절대로 암호를 풀 수 없습니다. 서로 간에 키를 전달하는 과정 자체도 필요가 없습니다. 솔직히 직관적으로 잘 이해가 되지 않는 메커니즘이지만, 이런 놀라운 것도 있구나 정도로 받아들이길 권고해 드립니다. 왜냐하면 뛰어난 보안 전문가들도 처음에는 어색하게 생각하다가 실무에서 자주 사용하고 익숙해지면서 자연스럽게 받아들이는 부분이기 때문입니다.

현재 존재하는 대부분의 보안 인프라는 비대칭키 알고리즘을 근간으로 한다고 해도 과언이 아닐 정도로 중요한 비중을 차지합니다. 비대칭키 알고리즘은 휫필드 디피(Whitfield Diffie)와 마틴 헬만(Martin Hellman)이라는 두 명의 암호학자에 의해 탄생했는데, 그들의 천재적인 역량으로 만들어진, 인류의 생활을 바꿀 만한 절대적 기여라고 할 수 있습니다. 암호학의 역사에 길이 남게 될 최초의 비대칭키 알고리즘은 그들의 이름을 따서 디피-헬만 알고리즘으로 불리게 됩니다. 하지만 그들의 업적이 갑자기 하늘에서 뚝 떨어진 것은 절대 아닙니다. 그들 스스로도 밝힌 바와 같이 비대칭키 알고리즘은 클로드 섀넌의 수학적 암호학으로부터 큰 영향을 받아 탄생하였습니다. 디피-헬만 알고리즘은 이산대수 문제의 어려움에 근간하여 설계

되었으며, 암호학과 수학의 아름다운 결합의 산물이라고 할 수 있습니다. 디피와 헬만은 컴퓨터과학에 지대한 공헌을 하였기에 둘 다 튜링상을 수상하였음은 물론입니다.

디피와 헬만에 의해 최초로 정립된 비대칭키 알고리즘은 이후 소인수분해와 관련된 수학적 원리에 근간하여 한층 더 진화하여 RSA 알고리즘으로 발전하게 됩니다. RSA라는 명칭은 세 명의 창시자들 이름의 앞 글자를 딴 것인데 각각 론 리베스트(Ron Rivest), 아디 샤미르(Adi Shamir), 래너드 아델만(Leonard Adleman)입니다. 이들 또한 튜링상을 수상하였는데, 비대칭키 알고리즘의 혁명적인 영향력을 실로 느낄 수 있는 부분입니다. 비대칭키 알고리즘은 SSL/TLS, PKI, 블록체인 등 수없이 많은 여러 보안 인프라의 근간이 되는 원리로서 우리 곁을 지키는 파수꾼으로 묵묵히 존재하고 있습니다.

✍ 저자생각

비대칭키 알고리즘이란 암호화를 할 때 사용하는 키와 복호화를 할 때 사용하는 키가 다른 알고리즘을 의미합니다. A로 암호화를 하면 오직 B로만 풀 수 있으며 A로는 암호를 풀 수 없습니다. 따라서 A는 유출이 되더라도 상관이 없으며, 받는 사람이 B만 제대로 보관한다면 그 누구도 절대로 암호를 풀 수 없습니다.

해시 알고리즘

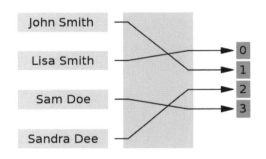

▲ 해시 알고리즘 개념도, https://images.app.goo.gl/GLmdSLP882vbqe8B9

마법의 상자, 해시 알고리즘

이번에 소개할 개념은 해시 알고리즘입니다. 해시 알고리즘은 기업 보안은 물론 정보보안 전체에서도 손에 꼽힐 정도로 중요한 개념에 해당합니다. 그 용도는 매우 다양하지만 특히 비밀번호를 저장하고 유효성 여부를 체크하기 위해 결정적으로 이용됩니다. 따라서 해시 알고리즘은 특히 기업 보안에서 결코 빠질 수 없는 존재라고 할 수 있습니다. 그렇다면 지금부터 바로 본론으로 들어가서 해시 알고리즘에 대해 핵심 위주로 간단히 설명하도록 하겠습니다.

해시 알고리즘이란 어떠한 입력값이 들어오더라도 일정한 길이의 출력값으로 축약해서 값을 만들어 내는 알고리즘을 의미합니다. 긴 값이든 짧은 값이든 해시 알고리즘을 통과하는 순간 정확히 동일한 길이의 출력값으로 압축됩니다. 그리고 입력값이 조금만 다르면 출력값은 항상 다르게 출력됩니다. 물론 입력값이 같으면 출력값도 항상 같습니다. 그리고 출력값만 봐서는 입력값을 절대로 찾아낼 수 없습니다. 철저한 일방향성을 가지고 있습니다. 게다가 계산하는 속도도 엄청나게 빠릅니다. 그야말로 마법의 상자라는 말이 가장 어울리는 알고리즘입니다.

구분	설명
역상저항성	해시값으로는 입력값을 찾기 어려움
제2 역상저항성	동일한 해시값을 출력하는 다른 입력값을 찾기 어려움
충돌저항성	동일한 입력값을 출력하는 임의의 두 입력값을 찾기 어려움
생성편의성	계산이 쉽고 빨라야 함
압축성	임의의 길이 문자열을 고정된 길이 문자열로 치환

그런데 조금만 상식적으로 생각해 봐도 이해가 되지 않는 부분이 많습니다. 왜냐하면 어떠한 입력값도 다 받을 수 있다고 해 놓고 출력값은 또 일정한 길이로 나온다고 합니다. 그런데 값은 항상 다르게 나온다고 합니다. 입력의 범위는 무한대인데 출력의 범위는 한정되어 있습니다. 어떤 케이스에서는 출력값이 동일하게 돼버리는 충돌이 당연히 생길 수밖에 없을 것입니다. 이처럼 해시 알고리즘은 근본적으로 충돌의 위험성을 항상 내포하고 있습니다. 이를 비둘기집의 원리라고 합니다. 이름은 뭔가 대단해 보이지만 내용은 간단합니다. 비둘기집은 n개밖에 안 되는데 비둘기가 n+1마리 이상이 되면 당연히 비둘기가 2마리 이상 들어가는 집이 나올 수밖에 없다는 내용입니다. 바로 해시 충돌을 설명하는 이론입니다.

위에서 설명한 것처럼 해시 알고리즘이 문제가 되는 것은 동일한 출력값을 만들어 내는 다른 입력값이 발견되는 것입니다. 물론 근본적으로는 반드시 충돌이 생길 수밖에 없는 구조이므로 슈퍼컴퓨터를 수십 년 동안 돌리면 무조건 찾아낼 수는 있겠지만, 여기서 말하는 문제는 알고리즘의 자체적인 결함으로 인해 바로 뚝딱해서 다른 입력값이 손쉽게 찾아지는 경우를 의미합니다. MD5와 SHA-1이라는 유명한 알고리즘이 예전에는 한창 사용되다가 바로 이러한 결함으로 인해 지금은 SHA-2로 대체되어 더 이상 사용되지 않고 있습니다.

해시 알고리즘의 활용

그렇다면 해시 알고리즘은 도대체 어떠한 분야에서 사용이 되는 걸까요? 그리고 왜 이렇게 충돌에 대해서 민감하게 받아들일 수밖에 없는 걸까요? 해시 알고리즘은 전자서명과 블록체인 등 수많은 분야에서 활용되는 정보보안의 핵심 알고리즘이지만 가장 대표적으로는 비밀번호를 저장하는 데 사용됩니다. 예를 들어 나의 비밀번호가 '12345678'이라면 서버에도 이 비밀번호가 저장이 되어야 합니다. 그런데 당연히 평문 그대로 서버에 저장하는 건 말이 안 됩니다. 그렇다고 대칭키로 암호화해서 저장하자니 이것도 관리자가 마음만 먹으면 풀 수 있으므로 영 꺼림칙합니다. 바로 여기에서 해시 알고리즘이 구원투수로 등장하게 됩니다.

서버에는 바로 '12345678'의 해시값을 저장하면 됩니다. 왜냐하면 출력값만 보고는 입력값을 절대 찾아낼 수 없으므로 일단 나의 소중한 비밀번호가 관리자에게도 절대 노출되지 않기 때문에 보안 측면에서 안전하다고 할 수 있습니다. 그리고 SHA-2 등과 같은 안전한 알고리즘을 사용하면 해시 충돌도 피할 수 있으므로 훨씬 더 보안성이 높다고 할 수 있습니다. 그런데 먼 훗날 SHA-2에서도 충돌 결함이 발견이 되어 '12345678'과 동일한 해시값을 출력하는 다른 입력값을 쉽게 찾을 수 있다면 그 사이트의 로그인 신뢰성은 현격하게 무너질 것입니다. 왜냐하면 다른 입력값을 치고도 해시값이 같다는 이유로 로그인이 될 수 있기 때문입니다. 이처럼 해시 충돌은 패스워드 인증 체계의 무결성을 흔들 수 있는 매우 중대한 결함이라고 할 수 있습니다.

이처럼 해시 알고리즘은 비밀번호 저장 시 중요하게 활용되며 해시 충돌이 발생하지 않는 안전한 알고리즘으로 패스워드를 저장하는 것이 가장 중요하다고 할 수 있습니다. 해시 알고리즘은 앞서 설명한 MD5, SHA-1, SHA-2 등 다양하게 존재하는데 최근에는 SHA-2가 가장 많이 활용되고 있습니다. 그런데 SHA-2에서도 해시 충돌 결함이 언제 발견될지 모르는 일이므로 지금도 전 세계의 컴퓨터 과학자들은 상대적으로 충돌을 찾기 힘든 보다 더 안전한 알고리즘을 만들기 위해 계속 노력하고 있습니다.

✍ **저자생각**

해시 알고리즘이란 어떠한 입력값이 들어오더라도 일정한 길이의 출력값으로 축약해서 값을 만들어 내는 알고리즘을 의미합니다. 해시 충돌이 발생되지 않도록 보다 더 나은 알고리즘이 계속 연구되고 있습니다.

018

전자서명

▲ 전자서명, https://images.app.goo.gl/wQ8KFFPzTY7hXzUXA

정보보안의 핵심, 전자서명

앞서 소개한 해시 알고리즘에 이어 정보보안의 핵심 개념을 하나 더 소개하도록 하겠습니다. 이번에 소개할 개념은 전자서명인데 기업 보안에서 결정적으로 중요한 개념이라고 할 수 있습니다. 전자서명은 우리의 실생활에서도 결코 빠질 수 없는 기술이기도 한데 인터넷 뱅킹에서 송금을 하거나 쇼핑몰에서 결제를 할 때 이

행위를 하는 주체가 정말 자신이 맞는지 증명하기 위해 공동인증서(과거의 공인인증서)로 한 번 더 인증 과정을 거치거나 혹은 간편결제 비밀번호를 입력하는 과정이 존재합니다. 이러한 일련의 과정이 바로 전자서명이라고 할 수 있는데, 오프라인에서 인감도장을 찍는 것과 같은 서명 행위를 온라인에서도 전자적으로 수행할 수 있는 메커니즘을 의미합니다.

전자서명은 비대칭키 알고리즘의 핵심을 이해하고 있다면 쉽게 이해할 수 있지만 그렇지 않다면 다소 난해한 개념일 수도 있습니다. 혹시 기억이 다소 가물가물하다면 앞선 장을 다시 한번 참조하면 좋을 것 같습니다. 그렇다면 지금부터 전자서명의 핵심에 대해 간략히 설명하도록 하겠습니다.

앞서 설명해 드렸던 비대칭키 알고리즘을 이용하면 키를 안전하게 전달할 수 있습니다. A로 암호화를 했다면 오직 B로만 풀 수 있는데 B는 받는 사람만 잘 보관하면 되기 때문입니다. 받는 사람이 B만 잘 보관하면 죽었다 깨어나도 암호는 풀리지 않습니다. 그런데 이와 똑같은 원리를 이용해서 전자서명이라는 기가 막힌 메커니즘이 탄생할 수 있습니다.

전자서명의 원리

전자서명의 원리는 절대 복잡하지 않습니다. 앞서 설명한 것과 같이 A로 암호화를 하면 B로만 풀 수 있을 것입니다. 그런데 A를 오로지 자기만 접근할 수 있는 인감도장처럼 잘 보관한다면 A로 암호화하는 행위 자체는 오로지 본인만 할 수 있을 것입니다. 그리고 이러한 행위 자체가 바로 전자서명입니다. 마치 인감도장을 찍는 것처럼 오직 본인만 A라는 키로 암호화를 할 수 있는 것입니다. 여기에서 A는 개인키가 되고 B는 공개키가 됩니다.

전자서명에서 가장 중요한 포인트는 A라는 개인키가 오직 본인만 접근할 수 있도록 안전하게 보관이 되어야 한다는 것입니다. 우리가 인감도장을 아무렇게나 방치하지 않듯이, 개인키는 다른 사람이 함부로 접근할 수 없도록 안전하게 보관해야만 합니다. 우리나라의 공인인증서 제도가 문제가 된 건 이러한 개인키를 너무 허술하게 관리하도록 방치했기 때문입니다. 그래서 요즘은 개인키를 HSM(Hardware Security Module)을 기반으로 한 보안 토큰에 안전하게 보관하는 추세입니다.

그렇다면 A라는 개인키로 암호화를 하는 건 좋다고 치더라도 B라는 공개키로 아무나 암호화된 내용을 풀 수 있는 건 문제가 안 될까요? 네, 아무나 복호화를 할 수 있어도 전혀 상관이 없습니다. 인감도장이 찍힌 공고문을 아무나 봐도 상관이 없듯이 중요한 건 오로지 본인만 인감도장을 찍을 수 있다는 그 사실입니다. B라는 공개키로 복호화가 됐다는 건 그 암호문이 무조건 A라는 개인키로 암호화가 되었다는 뜻입니다. 그래서 전자서명은 A라는 개인키로 전자서명을 한 걸 그 사람이 부인하지 못하도록 하는 부인방지를 제공합니다. 대신 아무나 암호문을 풀 수 있으므로 기밀성은 제공하지 않습니다.

전자서명은 비대칭키 알고리즘을 기반으로 하므로 높은 보안성을 지니고 있습니다. 그래서 PKI(Public Key Infrastructure)라는 인프라를 통해 구현되어 정보보안의 핵심으로 작동하고 있습니다. 지금은 과거의 유물에 해당하는 공인인증서도 PKI를 근간으로 합니다. 그래서 공인인증서의 기반이 되는 메커니즘 자체는 절대 취약하지 않습니다. 앞서 설명한 허술하게 개인키를 보관하도록 방치한 문제나 전자서명을 동작시키기 위한 수단 중의 하나인 ActiveX를 과도하게 남발한 문제 등 부차적인 사항이 이슈가 되었을 뿐입니다. 이에 따라 최근에는 공동인증서를 보다 더 안전하게 사용할 수 있도록 여러 인프라를 보강 중입니다.

✍ 저자생각

전자서명에서 가장 중요한 포인트는 개인키가 오직 본인만 접근할 수 있도록 안전하게 보관이 되어야 한다는 것입니다. 우리가 인감도장을 아무렇게나 방치하지 않듯이, 개인키는 다른 사람이 함부로 접근할 수 없도록 HSM 등에 안전하게 보관해야만 합니다.

019

방화벽

▲ 방화벽, https://images.app.goo.gl/dgGLV3hZErm7Y7NP6

네트워크 보안의 시조, 방화벽

인터넷은 개방과 공유를 특징으로 합니다. 이와 같은 위대한 철학으로 인해 인터넷은 지금과 같은 모습으로 성장할 수 있었고 인류 문명의 근간으로도 작동되고 있습니다. 하지만 인터넷이 마냥 개방으로만 나아가기 어려운 이유 또한 필연적으로 존재합니다. 경우에 따라서는 인터넷도 어느 정도의 경계와 보호 구역이 반드시 필요합니다. 예를 들어 국가나 기업의 중요 시스템 그리고 개인의 프라이버시 등은 당연히 보호되어야 하기 때문입니다. 이에 따라서 격리와 차단의 측면에서 네트워크 보안의 필요성이 대두하게 됩니다.

네트워크 보안을 구현하는 가장 단순한 방법은 외부와는 격리되고 차단된 별도의 망인 인트라넷(Intranet)을 구성하는 것입니다. 하지만 이는 조금 뒤에 소개하도록 하고, 가장 먼저 대표적인 네트워크 보안 솔루션에 대해 소개하도록 하겠습니다. 네트워크를 보다 더 안전하게 보호하기 위한 여러 고민들은 정보보안의 역사에 그대로 녹아 있습니다. 이와 같은 흔적이 방화벽, IDS(Instrusion Detection System), IPS(Intrusion Prevention System) 등의 구현체로 나타나면서 현재까지도 발전을 거듭하며 이어지고 있습니다.

네트워크 보안의 시조는 누가 뭐라고 해도 방화벽(Firewall)이라고 할 수 있습니다. 이름 그대로 외부의 공격으로부터 내부의 자원을 안전하게 보호하는 솔루션입니다. 마치 화재를 방어하는 벽과 같다고 하여 방화벽이라는 이름이 붙여졌습니다. 결국 외부의 공격이 내부의 중요한 자원에까지 번지지 않도록 방어하는 것이 가장 중요하다고 할 수 있습니다. 이에 따라 방화벽을 구성할 때 대부분 스크린드 서브넷(Screened Subnet)이라는, 이름만 들어도 복잡한 구축 방식을 사용하는데, 이를 쉽게 설명하자면 외부와 내부를 명확하게 구분하고 여기에 더해 중간에 DMZ(Demilitarized Zone)라는 완충 지역까지 두어서 내부를 보다 더 철저하게 보호하는 구성 방식을 의미합니다. 결국 여러 겹의 방어선을 통해 내부의 자원을 보다 더 안전하게 보호하고자 하는 전략이라고 할 수 있습니다.

네트워크의 핵심은 앞서 소개한 TCP/IP 프로토콜이라고 할 수 있는데, 방화벽은 그 유명한 TCP 프로토콜이 소속된 전송 계층(4계층)을 방어하는 솔루션입니다. 다소 전문적인 용어를 언급했지만 그냥 가볍게 보고 넘어가도 무방합니다. 그런데 요즘에는 해커들이 너무 똑똑하다 보니 공격의 패턴이 매우 복잡해져서 이제는 단순히 TCP 프로토콜까지만 검사를 해서는 더 이상 통하지 않는 세상이 되었습니다. 그래서 뒤에서 소개할 IDS, IPS와 같은 보다 더 발전된 솔루션이 등장하면서 이와 같은 간극을 메우게 됩니다. 하지만 방화벽은 지금까지도 여전히 네트워크 보안의 1차 방어선으로서 가장 널리 사용되는 핵심 솔루션이라고 할 수 있습니다.

✍️ **저자생각**

네트워크 보안의 시조는 누가 뭐라고 해도 방화벽(Firewall)이라고 할 수 있습니다. 이름 그대로 외부의 공격으로부터 내부의 자원을 안전하게 보호하는 솔루션입니다. 마치 화재를 방어하는 벽과 같다고 하여 방화벽이라는 이름이 붙여졌습니다.

IDS/IPS

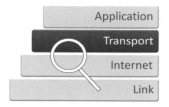

▲ 계층 기반 탐지 개념도, 출처: https://en.wikipedia.org/wiki/File:Internet_Protocol_Analysis_-_Transport_Layer.png

방화벽의 진화 버전, IDS/IPS

　방화벽에 이어 다음으로 설명할 IDS(Intrusion Detection System)는 너무도 영리해진 해커들에 대응하여 만들어진 방화벽의 진화 버전이라고 할 수 있습니다. 앞서 방화벽이 전송 계층(4계층)까지만 검사를 한다는 제약 사항이 있다고 말했는데, IDS는 애플리케이션 계층(7계층)까지도 커버할 수 있는 향상된 능력을 보유하고 있습니다. 이를 쉽게 설명하자면 방화벽이 단순히 어디에서 오는지만 확인하고 막는 구조라면, IDS는 공격의 내용까지도 감지할 수 있다는 것입니다. 그리고 IDS는 네트워크 패킷만 보고 공격을 탐지하는 네트워크 기반 IDS와 서버에 직접 설치되어 공격을 탐지하는 호스트 기반 IDS 등 여러 형태로 공격을 탐지할 수 있는 다변화된 전략 또한 가지고 있습니다.

이에 더해 최근에 IDS는 이상 탐지(Anomaly Detection)라는 기법 또한 도입하여 적극 사용하고 있습니다. 이상 탐지란 쉽게 말하자면 기존에 알려지지 않은 새로운 형태의 공격에도 똑똑하게 대응할 수 있는 기법을 말합니다. 그동안 알려진 공격 패턴을 누적된 데이터베이스에 저장한 뒤 이를 참고해서 대응하는 기법을 오용 탐지(Misuse Detection)라고 하는데, 최근의 해커들은 너무도 영악한 나머지 이러한 알려진 패턴을 벗어나는 여러 변종 공격들을 가볍게 수행할 수 있습니다. 그래서 휴리스틱 분석, 행동 분석과 같은 각종 통계 기반의 복잡한 기술을 활용한 이상 탐지를 통해 새로운 공격에도 유연하게 대처할 수 있도록 노력하고 있습니다.

구분	항목	특징
설치위치	호스트 기반	시스템 분석
	네트워크 기반	패킷 분석
탐지기법	오용 탐지	시그니처 기반
	이상 탐지	행동 기반

마지막으로 IPS(Intrusion Prevention System)는 IDS의 진화 버전이라고 할 수 있습니다. 다행히 기능적으로는 크게 다르지 않습니다. 다만 IDS는 단순히 탐지까지만 가능한 솔루션인 반면에 IPS는 탐지에 더해 즉각 대응까지도 할 수 있다는 큰 차이가 있습니다. 물론 IDS도 이왕이면 탐지도 하고 대응도 하고 싶었겠지만 최초로 등장했던 1980년대 당시에는 도저히 실시간으로 대응까지 가능한 컴퓨팅 자원이 없었습니다. 하지만 하드웨어와 소프트웨어의 비약적인 발전으로 인해 실시간 대응까지도 가능한 여건이 되면서 IPS라는 궁극의 진화체가 비로소 탄생하게 된 것입니다.

✍️ **저자생각**

방화벽이 전송 계층(4계층)까지만 검사를 한다는 제약 사항이 있다면, IDS/IPS는 애플리케이션 계층(7계층)까지도 커버할 수 있는 향상된 능력을 보유하고 있습니다.

망분리

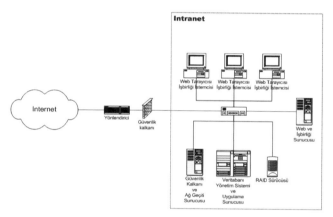

▲ 인트라넷 구성도, https://commons.wikimedia.org/wiki/File:Intranet.png

해커 할아버지가 오더라도 뚫을 수 없는 망분리

앞서 방화벽, IDS, IPS라는 네트워크 보안의 가장 기본적이고도 중요한 삼총사에
대해 소개하였습니다. 개방과 공유를 특징으로 하는 인터넷은 경우에 따라서는 격
리와 차단이 필요하기에 이와 같은 삼총사는 매우 중요한 역할을 합니다. 하지만

애초에 인터넷과 아예 분리된 인트라넷(Intranet)이라는 내부 전용 네트워크를 구성한다면 삼총사의 걱정이 조금은 덜어질 수 있을 것입니다. 실제로 기업이나 국가의 중요 시스템의 경우 내부 관계자들만 접근할 수 있는 인트라넷 구성이 반드시 필요할 수밖에 없습니다. 따라서 지금부터는 인트라넷을 구성하기 위한 가장 대표적인 방식에 해당하는 망분리에 대해 간단히 소개하도록 하겠습니다.

망분리란 업무망과 인터넷망을 완전히 분리하는 작업을 의미합니다. 여기서 업무망이란 회사 내부 직원들이 업무 목적으로 사용하는 네트워크를 의미합니다. 은행을 예로 들면 고객 정보나 거래 데이터 등을 처리하는 중요 업무 시스템들은 모두 업무망에서 동작한다고 할 수 있습니다. 다음으로 인터넷망은 이름 그대로 구글이나 네이버 등의 인터넷 사이트에서 자유롭게 접속이 가능한 네트워크를 의미합니다.

그렇다면 망분리는 왜 필요하며 어떤 효과가 있을까요? 일단 대부분의 악성코드는 인터넷망을 통해 유입된다고 할 수 있습니다. 직원이 인터넷을 하면서 무심코 다운로드를 받은 파일에 악성코드가 있어서 PC가 감염이 되고 근처 PC로도 전파되고 업무망까지 감염시키는 경우가 얼마든지 발생할 수 있습니다. 이에 따라 아예 인터넷망과 업무망을 완전히 분리해 업무망을 원천적으로 보호하도록 네트워크를 구성하는 것이 바로 망분리라고 할 수 있습니다. PC를 2대 구성해서 하나는 인터넷망에 연결하고 하나는 업무망에 연결해서 분리해 사용하는 방법 등이 그 예라고 할 수 있습니다.

망분리를 도입하면 해커가 아닌 해커 할아버지가 오더라도 업무망을 절대 뚫을 수 없다고 흔히 농담 삼아 말하기도 합니다. 확실히 한국을 기준으로 보더라도 망분리가 의무화된 이후 예전에 비해 대규모의 사고가 덜 발생하고 있으므로 침해사고를 강력히 예방하는 효과가 존재하는 것은 사실입니다. 그렇다면 단순히 망분리를 도입하기만 하면 무조건 안전할까요? 여기서 우리는 정보보안의 영원한 격언인 '보안에 100%는 없다'라는 명언을 다시 떠올려야만 합니다.

해커 할아버지도 뚫을 수 없는 망분리에도 취약점은 존재합니다. 먼저 인터넷망과 업무망을 연결하는 망연계 구간의 취약점을 들 수 있습니다. 업무를 하다 보면 인터넷망에서 다운로드한 파일을 업무망으로 가져와야 하는 경우가 반드시 발생하게 되는데 이러한 경우 예외적으로 승인을 받아서 파일을 반입하게 됩니다. 이러한 경우를 위해 망연계 솔루션이 존재하게 되는데 이곳이 취약하다면 결국 어떻게든 악성코드가 유입될 수밖에 없을 것입니다. 따라서 망연계 솔루션의 경우 CC 인증을 받은 높은 보안성을 가진 제품을 주로 선정하게 됩니다.

그다음으로는 사회공학에 의한 업무망 침투 등의 취약점을 들 수 있습니다. 대표적인 사례로서 앞서도 언급한 스턱스넷이라는 어마어마한 악성코드를 들 수 있습니다. 스턱스넷의 경우 감염 경로에 대한 여러 설이 존재하지만, 해커가 사회공학 기법을 이용하여 악성코드가 들어 있는 USB를 핵 시설 노동자에게 전달하였고 이 사람이 내부망에 있는 PC에 USB를 꽂았으며 이로 인해 업무망에 악성코드가 전파된 것이라 파악하고 있습니다. 내부망 PC에 감염된 USB를 꽂는 순간 판도라의 상자가 열려서 악성코드가 업무망에 전파되기 시작하였고 결국 원심 분리기 파괴까지 이어진 것입니다. 스턱스넷의 경우 워낙 예외적인 케이스이긴 하지만 결국 인간에 의해 보안에 구멍이 생기면 망분리도 가볍게 우회가 가능하다는 것을 보여주는 충격적인 사례입니다.

> ✍ **저자생각**
>
> 망분리를 도입했다고 해도 무조건 안심할 수는 없습니다. 우리는 정보보안의 영원한 격언인 '보안에 100%는 없다'라는 명언을 항상 떠올려야만 합니다.

VPN

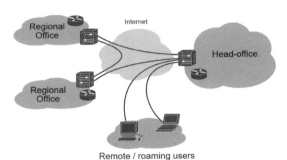

Internet VPN

▲ VPN 개념도, 출처: https://commons.wikimedia.org/wiki/File:Virtual_Private_Network_overview.svg

공중망을 이용한 가상 전용망 구현 기술, VPN

앞서 설명한 인트라넷은 대부분의 기업에서 실제로 구성하고 있습니다. 자체 내부망을 만들어 외부자가 접근할 수 없도록 원천적으로 차단하는 것입니다. 그런데 경우에 따라서는 원격지에서 기업의 인트라넷 내부로 접근이 필요한 경우가 충분히 생길 수 있습니다. 예를 들어 코로나19로 부각된 재택근무의 경우 집에서도 회사의 인트라넷에 접속할 수 있어야만 합니다. 그렇다면 도대체 어떠한 방법을 써야 망분리된 내부의 인트라넷에 들어갈 수 있을까요? 여기서 바로 VPN이 구원투수로 등장하게 됩니다.

VPN(Virtual Private Network)이란 암호화를 통해 전용선을 구현하는 기술을 의미합니다. 정식 용어로 다시 설명하자면 공중망에서 가상의 사설망을 구현하는 기술이라고 할 수 있습니다. 그냥 쉽게 생각해서 안전한 암호 기술을 이용해서 다른 사람이 함부로 침범할 수 없는 고유의 회선을 만드는 기술이라고 이해하면 됩니다. 전용선은 특정 고객을 위해 독점적으로 제공되는 회선을 의미하는데 VPN을 이용하면 통신사로부터 비싼 전용선을 임대하지 않고도 암호학의 마법을 이용해서 전용선 구현이 가능합니다.

인터넷으로 대표되는 공중망은 전 세계 누구나 접근이 가능한 회선입니다. 따라서 도청이나 변조 등의 보안 위협을 언제든지 받을 수 있습니다. 물론 가볍게 인터넷 서핑을 하거나 유튜브를 보는 등의 목적이라면 상관이 없겠지만 기업 내부의 업무를 처리하거나 영업비밀 등을 다룰 때 공중망은 적합하지 않습니다. 이에 따라 기업에서는 앞서 언급한 인트라넷 형태의 사설망을 구축하여 운영하는데 과거에는 비싼 전용선을 통해 인트라넷을 구성했지만 최근에는 VPN을 이용하여 비교적 쉽게 사설망을 구축할 수 있습니다.

그렇다면 도대체 VPN은 어떻게 구현할 수 있을까요? 거칠게 말해서 VPN의 시작과 끝은 암호화라고 할 수 있습니다. A와 B 사이에 통신을 하는데 오직 서로만 알고 있는 키를 교환해서 해당 키로 안전하게 통신 채널을 암호화하는 것이 VPN의 전부라고 해도 과언이 아닙니다. 이처럼 A와 B 사이에 안전한 경로를 만드는 것을 터널링이라고 부르며 이를 위해서 키를 관리하고 패킷을 캡슐화하는 등 여러 복잡한 기술을 적용할 수 있습니다.

VPN을 구현하는 기술은 정말 다양하지만 대표적으로는 IPSec과 SSL-VPN을 꼽을 수 있습니다. 이 외에도 MPLS, L2TP, PP2P, L2F 등 여러 고전적인 기술도 존재하지만 여기까지는 깊게 몰라도 충분할 것 같습니다. 먼저 IPSec에 대해 설명하자면 그야말로 암호학의 정수가 담긴 기술이라고 할 수 있는데 AH(Authentication Header)를 통해서 무결성을 달성할 수 있고 ESP(Encapsulating Security Payload)를 통해서 무결성에 더해 기밀성까지 달성할 수 있습니다. 여러 외계어들을 마구잡이로 나열하였지만 IPSec은 그냥 엄청 안전하고 복잡한 VPN 기술이라고 생각하면 됩니다. 구조가 복잡하므로 주로 장비와 장비 간의 사설망 구성을 위해 사용됩니다.

다음으로 SSL-VPN에 대해 설명하자면 흔히 사용되는 SSL 프로토콜을 이용한 VPN 기술이라고 할 수 있습니다. 웹 브라우저에서 https로 시작하는 주소는 모두 SSL 기술을 이용하고 있습니다. IPSec에 비하여 단순하고 경량화되었다는 특징이 있어 사용자와 장비 간의 통신에서도 활용이 가능합니다. 최근에 이슈가 되고 있는 재택근무 등은 대부분 SSL-VPN을 이용해서 구현된다고 할 수 있습니다. 앞서 설명한 대로 IPSec은 본사와 지사 간의 연결처럼 장비와 장비 간의 연계에 많이 사용되는 반면 SSL-VPN은 사용자가 직접 특정 장비에 접속하는 형태로 사용됩니다.

VPN을 이용하면 집에서도 회사 내부의 인트라넷에 안전하게 접속할 수 있습니다. 상호 간의 터널링을 기반으로 키를 공유한 상태이기 때문에 인트라넷에 접속할 수 있는 자격이 되기 때문입니다. 하지만 접속하는 사람이 정말 본인이 맞는지에 대한 인증 절차는 두말할 나위 없이 중요하다고 할 수 있습니다. VPN 자체가 아무리 안전하다고 하더라도 정작 VPN에 아무나 로그인할 수 있다면 무용지물이기 때문입니다. 따라서 VPN 접속 시 비밀번호뿐만 아니라 OTP나 생체인증과 같은 부가 인증 요소를 사용한 철저한 인증 절차의 수행이 반드시 필요합니다.

VPN은 사설망 구성 목적 이외에도 여러 검열을 우회하는 용도로도 많이 활용됩니다. 예를 들어 내가 프랑스에 있는 VPN에 접속한다면 프랑스에서 인터넷을 하는 것과 똑같은 상태이므로 한국에서 시행하는 검열을 모두 우회할 수 있습니다. 여러 역기능이 존재하는 것도 사실이지만 강력한 암호화를 근간으로 개인의 프라이버시를 추구하기 위한 용도로도 VPN은 활용될 수 있습니다.

✍ **저자생각**

VPN의 시작과 끝은 암호화라고 할 수 있습니다. A와 B 사이에 통신을 할 때 오직 서로만 알고 있는 키를 교환해서 해당 키로 안전하게 통신 채널을 암호화하는 것이 VPN의 전부라고 해도 과언이 아닙니다.

PART

07

데이터베이스

데이터베이스는 여러 사람에게 공유되어 사용될 목적으로 통합하여 관리되는 데이터들의 집합을 말합니다. 자료의 중복을 없애고, 자료를 구조화하여 저장하므로 자료 검색과 갱신 등의 효과를 높일 수 있습니다. 이번 Part에서는 데이터베이스의 기본 요소들을 살펴보겠습니다.

DB 데이터 독립성

DB 데이터 독립성이란 무엇일까?

데이터 독립성은 하위 스키마를 변경하더라도 상위 스키마는 영향을 받지 않는다는 특성을 말합니다.

즉, 데이터의 구조와 데이터의 내용이 서로 영향을 미치지 않는 것을 의미하며, 논리적 데이터 독립성과 물리적 데이터 독립성으로 나눌 수 있습니다.

데이터 독립성의 유형

(1) 논리적 데이터 독립성

논리적 데이터 독립성은 데이터의 논리적 구조가 변경되어도 응용프로그램이나 사용자의 요구에 영향을 주지 않는 것을 말합니다.

(2) 물리적 데이터 독립성

물리적 데이터 독립성은 데이터의 물리적 구조가 변경되어도 논리적 구조나 데이터의 내용에 영향을 주지 않는 것을 말합니다.

스키마란 무엇인가?

스키마란 데이터베이스의 구조와 제약조건을 정의한 것입니다. 데이터베이스의 논리적 설계를 나타내며, 구조와 제약조건에 관한 전반적인 명세를 기술한 것입니다.

스키마는 외부 스키마, 개념 스키마, 내부 스키마의 3단계 구조로 구성되어 있습니다.

(1) 외부 스키마

외부 스키마는 사용자의 요구에 따라 다양하게 정의될 수 있으므로, 사용자의 관점에서 데이터에 접근하고 조작할 수 있습니다. 사용자나 응용프로그래머가 개인의 입장에서 필요한 데이터베이스의 논리적 구조를 정의하는 것을 말합니다.

(2) 개념 스키마

개념 스키마는 데이터베이스의 전체적인 논리적 구조를 표현하므로 데이터의 독립성을 보장하는 스키마입니다. 데이터베이스에 실제적으로 어떤 데이터가 저장되며 데이터의 관계가 어떻게 되는지를 기술합니다.

(3) 내부 스키마

내부 스키마는 데이터베이스의 물리적인 저장 방식을 결정하고, 개념 스키마를 기억장치에 물리적으로 구현하기 위한 방법을 기술한 스키마입니다. 주로 실제 저장될 내부레코드 형식, 내부레코드의 물리적 순서, 인덱스의 유/무를 말합니다.

✍ 저자생각

데이터 독립성은 데이터의 구조 변경 시에도 영향 등을 주지 않는 성질이며 데이터의 완전한 독립성을 구현하기에는 어려움이 있으므로 표준 SQL을 적용하고 MVC 모델 적용을 고려한 설계가 필요합니다.

002

DB 관계(Relation)

DB 관계(Relation)란 무엇일까?

DB 관계란 엔티티와 엔티티 사이의 관계를 말합니다. 관리하고자 하는 업무 영역에서 특정한 두 개의 엔티티 사이에 존재하는 많은 관계 중 특별히 관리가 되어야 하는 직접적인 업무적 연관성을 의미합니다.

엔티티의 구성요소로는 관계명, 관계차수, 관계선택사양, 제약조건4가지가 있습니다.

(1) 관계명(Membership)

엔티티가 관계에 참여하는 형태로 능동적 관계명(포함)과 수동적 관계명(소속)으로 이루어져 있습니다.

(2) 관계차수(Cardinality)

엔티티 간 관계에서 참여자의 수를 표현하는 것을 말합니다.

(3) 관계선택사양(Optionality)

관계차수로 연결된 엔티티 간 필수적인 관계인지, 선택적인 관계인지를 정의하는 중요한 단계입니다.

(4) 제약조건(Constraints)

필수 또는 선택 관계의 업무적 제약조건을 표현하는 것입니다.

DB 관계(Relation)의 종류는?

(1) 카디널리티 측면의 분류

*   1:1 관계: 각 엔티티는 관계를 맺는 다른 엔티티와 단지 하나의 관계만 맺습니다.

▲ 1:1 DB 관계

*   1:N 관계: 각 엔티티는 관계를 맺는 다른 엔티티와 하나 또는 다수의 관계를 가지는데 반대 방향의 경우에는 단지 하나의 관계만 가지게 됩니다.

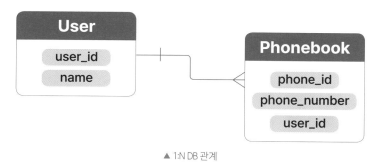

▲ 1:N DB 관계

- **M:N 관계**: 각 엔티티는 관계를 맺는 다른 엔티티의 엔티티와 하나 또는 다수 관계를 가지며 반대 방향의 경우에도 동일한 관계를 가지게 됩니다.

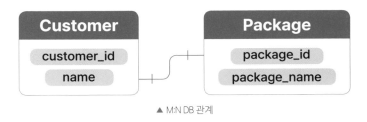

▲ M:N DB 관계

(2) 업무 흐름 표현 측면의 분류

- **식별자/비식별자 관계**: 두 엔티티 간의 관계가 부모-자식관계(종속)면 식별자, 연관성 관계(참조)면 비식별자 관계입니다.
- **슈퍼/서브타입 관계**: 슈퍼타입 속성이란 모든 서브타입으로 상속되는 공통 속성을 말하며, 슈퍼타입과의 관계란 서브타입에도 해당되는 관계를 말합니다. 반면에 서브타입에는 해당 서브타입에만 사용되는 고유 속성이 존재하며, 관계 또한 서브타입별 엔티티의 고유한 관계를 가지게 됩니다.

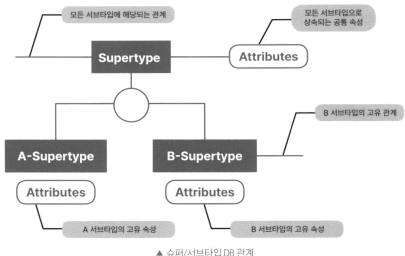

▲ 슈퍼/서브타입 DB 관계

- **자기참조 관계**: 하나의 엔티티 내에서 엔티티와 엔티티가 관계를 맺고 있는 형태의 관계입니다.

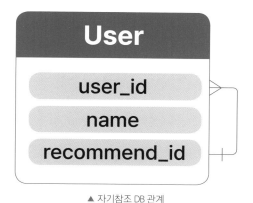

▲ 자기참조 DB 관계

✍ **저자생각**

DB 관계란 엔티티 간의 구성과 업무 흐름을 표현하여, DB 설계 시의 종속성을 표현하거나 정규화 시 기본적인 요소로 구성되게 됩니다. 추후 DB 성능이나 시스템 자체까지의 효율에도 영향을 주는 기본 요소이므로 모델링 시 충분히 고려할 필요가 있습니다

함수적 종속성

함수적 종속성이란 무엇일까?

정규화 이론의 핵심인 함수적 종속성은 애트리뷰트들 사이의 관계에 대한 제약 조건으로 애트리뷰트 A가 B의 결정자라면 B는 A에 함수적으로 종속된다고 말합니다. 함수적 종속성은 제2정규형부터 BCNF까지 적용됩니다.

이때 결정자란 주어진 릴레이션에서 다른 애트리뷰트를 고유하게 결정하는 하나 이상의 애트리뷰트를 말합니다. 결정자는 아래와 같이 표기하고, 이를 "A가 B를 결정한다(또는 'A'는 B의 결정자이다)"라고 표현합니다.

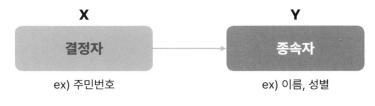

▲ 결정자 표현 방식

함수적 종속성의 종류

(1) 완전 함수적 종속성(FFD: Full Functional Dependency)

주어진 릴레이션 R에서 애트리뷰트 B가 애트리뷰트 A에 함수적으로 종속되면서 애트리뷰트 A의 어떠한 진부분 집합에도 함수적으로 종속되지 않으면 애트리뷰트 B가 애트리뷰트 A에 완전하게 함수적으로 종속된다고 말합니다.

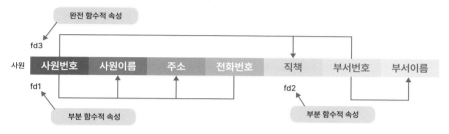

▲ fd3은 완전 함수적 종속성, fd1 · fd2는 부분 함수적 종속성

(2) 이행적 함수적 종속성(transitive FD)

한 릴레이션에 애트리뷰트 A, B, C가 주어졌을 때 애트리뷰트 C가 이행적으로 A에 종속된다는 것으로 A → B ^ B → C가 성립하는 것을 말합니다.

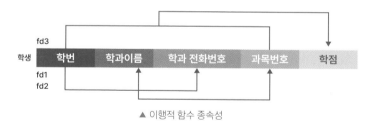

▲ 이행적 함수 종속성

(3) 무손실 분해(lossless-join decomposition)

릴레이션 R을 분해하여 두 개의 릴레이션 R1, R2를 만들었을 때 다시 조인을 하면 원래의 릴레이션 R이 만들어지는 것을 말합니다.

무손실 분해의 조건은 분해할 때 공통된 특성(교집합)이 릴레이션 R1의 키이거나 릴레이션 R2의 키여야 한다는 것입니다.

✍️ 저자생각

DB 정규화를 이해하기 위해 필수적으로 알아야 하는 종속성 개념과 유형에 대해 정리를 해보았습니다. 실제 지식과 이에 대한 응용을 통해 어떤 함수적 종속성이 존재하는지 먼저 파악해야 할 필요가 있습니다.

DB 정규화와 반정규화

DB 정규화란 무엇일까?

DB 정규화란 관계형 데이터베이스 모델에서 데이터 중복을 제거하여 삽입, 갱신, 삭제 이상 현상을 방지하기 위한 무손실 분해 과정을 말합니다. 정규화의 3대 원칙으로는 정보의 무손실, 데이터 중복성 감소, 분리의 원칙이 존재합니다.

정규화 수준이 낮을수록 데이터의 중복성과 디스크 용량 사용이 높아지게 됩니다. DB 정규화의 종류에는 어떤 종류가 있는지 알아보도록 하겠습니다.

DB 정규화의 종류

(1) 제1차 정규화(1NF)

릴레이션의 모든 속성의 도메인이 원잣값으로만 구성된 상태를 말합니다. 다중 값 속성 및 복합 속성을 제거하여 정규화를 합니다.

(2) 제2차 정규화(2NF)

릴레이션이 1NF이고 키에 속하지 않은 속성 모두가 기본키에 완전 함수적 종속인 상태를 말합니다. 부분 함수적 종속을 제거함으로써 2NF로 정규화를 수행합니다.

(3) 제3차 정규화(3NF)

릴레이션이 2NF이고 키에 속하지 않은 속성 모두가 기본키에 대해 완전 함수적 종속을 만족하지 않은 상태를 말합니다. 이행적 함수적 종속을 제거함으로써 3NF로 정규화를 수행합니다.

(4) BCNF(Boyce-Codd Normal Form)

릴레이션의 모든 결정자가 후보키인 상태입니다. 결정자 함수 종속성을 제거하여 BCNF로 정규화를 수행합니다.

(5) 제4차 정규화(4NF)

BCNF를 만족하면서 다중값 종속이 포함된 경우를 말합니다. 다중값 종속을 제거하여 4NF로 정규화를 수행합니다.

(6) 제5차 정규화(5NF)

4NF를 만족하면서 후보키를 통해서만 조인 속성이 성립하는 경우를 말합니다. 결합 종속성을 제거하여 5NF로 정규화를 수행합니다.

DB 반정규화란 무엇일까?

반정규화란, 지나친 정규화로 인하여 DB 성능 저하 문제가 초래됐을 때 이에 대한 문제를 해결하기 위한 데이터 모델링 기법을 말합니다. 논리 모델링 단계에서 수행된 정규화된 모델에 대하여 트랜잭션 범위나 성능의 이유로 반정규화를 수행하게 됩니다. 반정규화 대상 조사를 거쳐 클러스터링 적용, 인덱스 조정 등 다른 방법 유도를 검토하여 테이블, 속성, 관계 등의 반정규화를 수행하게 됩니다.

예를 들면, 물건 배송을 위한 고객 정보를 조회하기 위해 여러 테이블의 조인을 수행하게 되는데, 이로 인해 성능 저하 문제나 SQL문의 복잡도가 증가하기 때문에 조인의 경로를 줄이려고 고객 정보 테이블의 고객번호 PK를 중복관계로 추가하여 SQL문을 단순화합니다. 이것이 반정규화입니다.

이를 통해 DB 성능 및 관리 효율성을 증대할 수 있으나, 데이터의 일관성이나 정합성에 위험이 발생할 수 있으니 이 부분에 대한 대비가 필요합니다.

> ✍ **저자생각**
>
> DB의 성능이나 데이터의 신뢰성, 정합성 확보를 위한 명확한 논리 모델링 시점에서 정규화/반정규화를 수행하게 됩니다. 대규모 프로젝트인 경우 데이터의 활용이 빈번하므로 데이터의 관리나 성능을 명확하게 판단하고 고려하여 정규화를 수행하는 것이 필요합니다.

DB 튜닝

DB 튜닝이란 무엇일까?

튜닝이란, DB 처리 시간 단축을 위해 모델링, DBMS 환경, SQL 관점에까지 이르러 성능을 개선하기 위한 활동 기법을 말합니다.

데이터베이스 응용, 데이터베이스 서버 자체, 운영체제의 조정 등을 통해 최적의 자원으로 최적의 시간/응답속도를 얻을 수 있도록 개선하는 작업입니다.

DB 튜닝을 위한 성능 개선 항목

DB 모델링 관점 → DBMS 관점 → SQL 관점 순서로 성능을 개선하게 됩니다.

(1) DB 모델링 관점 측면

DB 모델링 설계 단계 때부터 성능을 고려하여 설계합니다. 데이터 모델링, 인덱스 설계, 테이블 스페이스, 데이터 파일 등의 설계를 말하며 데이터베이스 용량을 산정하여 개선해야 합니다.

(2) DBMS 관점 측면

DB 서버 자체의 관점으로 성능 개선 항목이 선정됩니다. 성능을 고려하여 메모리나 블록 크기를 지정하며, CPU, I/O 등의 관점을 토대로 튜닝 개선 항목이 결정됩니다.

(3) SQL 관점 측면

SQL 질의문을 작성 시 성능을 고려하여 작성하게 됩니다. 조인, 인덱싱, 해시 등을 통해 튜닝 개선 항목이 선정됩니다.

DB 튜닝은 어떤 절차로 이루어질까?

DB 튜닝은 시스템 성능을 진단하고 튜닝/분석 후 튜닝 결과 단계를 거쳐 수행됩니다.

(1) 시스템 성능 진단 단계

시스템의 현재 시점의 상태와 문제점을 확인하기 위한 과정입니다. 사용자 인터뷰나 설계서, 시스템 구성도 등의 검토를 통해 시스템 성능에 대한 진단을 내리게 됩니다.

(2) 튜닝/분석 단계

진단한 결과에 따라 도출한 문제점의 원인을 판단 및 분석하고 해결방안을 제시하게 됩니다. 설계 내용이나 SQL / DBMS / HW / OS 등 전반적으로 튜닝을 진행하게 됩니다.

(3) 결과 단계

1차적으로 튜닝을 적용 후 2차 테스트 분석이나 평가를 통해 최종안을 적용하고 개선 효과를 보고자료로 작성하게 됩니다.

✍ 저자생각

DB 튜닝 시 전반적인 시스템에 대한 분석 및 판단이 명확하게 이루어져야 효율적으로 수행이 가능합니다. 튜닝 방안에 대한 결정이 정해진 후에는 DB 성능을 고려하여 튜닝을 수행해야 합니다.

006

DB 인덱스(Index)

DB 인덱스(Index)란 무엇일까?

책의 목차나 색인과 같이 빨리 찾아갈 수 있도록 정리해 둔 별도의 분리 체계처럼 인덱스는 DB 내의 색인 역할을 하게 됩니다. DB 테이블 내에 존재하는 데이터 검색 속도를 빠르게 하기 위한 목적으로 테이블에 저장된 로우(Row)를 식별이 가능하도록 구조화된 형태의 테이블과는 별도로 저장하는 오브젝트입니다.

레코드키값, 레코드 주소 쌍을 체계적으로 수집하여 관리하는 보조적인 데이터 도구를 말하기도 합니다.

DB 인덱스(Index)의 특징은 무엇일까?

(1) 성능 향상

데이터베이스 테이블에 접근하는 트랜잭션의 조회 성능 향상이 특징입니다. 이에 비해 입력/수정/삭제 성능은 저하됩니다

(2) 독립성

테이블 저장 구조와 관계없이 별도의 인덱스만 독립적으로 저장할 수 있습니다.

(3) 알고리즘

트리, 해시 함수 등을 통해 알고리즘을 적용하여 생성할 수 있습니다.

(4) Trade-Off

조회나 입력/수정 등의 기능을 고려하여 인덱스 생성 효율성을 고려한 생성 요구가 가능하다는 특징이 있습니다.

DB 인덱스(Index)의 종류

DB 인덱스의 분류 기준은 크게 2가지가 있습니다. 바로 인덱스 형태와 활용 목적입니다.

(1) 인덱스 형태 측면의 분류

- **트리 기반 인덱스**: Roof, Leaf 노드로 구성되어 있으며 OLTP 범위 검색을 하기 위해 사용합니다.
- **해시 기반 인덱스**: 버킷, 해시 함수, 해시 테이블로 구성되어 있으며, OLTP 키 검색을 하기 위해 사용합니다.
- **비트맵 인덱스**: 비트맵 인덱스로 구성되어 있으며 DW, DM 데이터 검색을 하기 위해 사용합니다.

(2) 활용 목적별 측면의 분류

- **함수 기반 인덱스**: 사용자 정의 함수 결과를 인덱스로 사용하며 데이터 타입이 상이한 칼럼 간에 사용하게 됩니다.
- **조인 인덱스**: DW에서 조인쿼리를 처리하기 위해 사용하는 인덱스입니다.
- **도메인 인덱스**: 사용자 정의의 인덱스 타입을 사용하며 텍스트, 카테고리 인덱스 등이 존재합니다.

> 🖋 **저자생각**
>
> DB의 성능 향상과 독립성 등의 제공을 위해 사용하는 인덱스 명확하게 선정해야 합니다. 인덱스 선정 절차와 결합 인덱스를 통해 DB 성능 확보가 가능합니다.

트랜잭션

트랜잭션이란?

하나의 논리적 기능을 수행하기 위한 작업의 단위로서 데이터베이스의 일관된 상태를 또 다른 일관된 상태로 변환하는 논리적 작업 단위를 말합니다.

트랜잭션 완료 시 Commit, 미완료 시 Rollback을 통해 데이터베이스의 일관성을 유지하게 됩니다. 트랜잭션의 상태로는 활동(Active), 부분완료(Partially Commited), 완료(commited), 실패(Failed), 철회(Aborted)의 5가지 상태가 존재합니다.

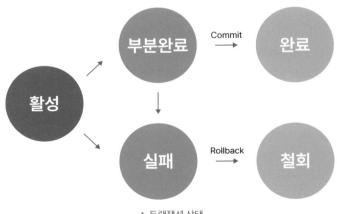

▲ 트랜잭션 상태

트랜잭션의 4가지 특성은 무엇인가?

트랜잭션의 특성은 ACID라고도 표현되며 원자성, 일관성, 독립성, 영속성 4가지가 있습니다.

(1) 원자성(Atomicity)

DB의 모든 작업을 완벽하게 수행하거나 전부 취소하는 특성입니다. 트랜잭션의 all or nothing의 특성을 말합니다.

(2) 일관성(Consistency)

트랜잭션 연산의 성공 후 일관성이 유지되는 상태를 말합니다. 작업 수행 전과 완료 후 상태가 동일해야 합니다.

(3) 독립성(Isolation)

트랜잭션 동시 수행 시 다른 트랜잭션 수행에 영향을 안 받고 독립적으로 수행되는 특성입니다.

(4) 영속성(Durability)

트랜잭션이 완료 시 결과가 영구 반영되는 특성입니다. SW/HW 장애 시 절대적으로 보존되어야 합니다.

✍ 저자생각

트랜잭션은 DB의 논리적 기능을 수행하기 위한 기본 작업 단위입니다. 4가지의 특성을 만족해야 하며 트랜잭션 관리를 통해 병행 작업이나 DB 회복 작업 등을 수행하게 됩니다.

008

동시성 제어

동시성 제어란?

은행에서 A와 B 간의 송금 거래가 이루어지는 것처럼 동시에 트랜잭션이 이루어지는 것을 동시성 또는 병행 제어라고 합니다. 이는 다중 사용자 환경을 지원하는 데이터베이스 시스템에서 다수 트랜잭션들이 성공적으로 동시에 실행될 수 있도록 지원하는 기능을 말합니다.

여러 명의 사용자가 사용하는 데이터베이스에 필수적으로 지원해야 하는 기능이며 트랜잭션의 직렬화 수행을 보장합니다.

동시성 제어를 하지 않는 경우의 문제점은 무엇인가?

(1) 갱신 손실(Lost Update)

이전 트랜잭션이 데이터를 갱신한 후 트랜잭션을 종료하기 전에 나중 트랜잭션이 갱신 값을 덮어쓰는 경우 오류가 발생합니다.

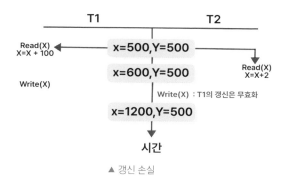

▲ 갱신 손실

(2) 현황 파악 오류(Dirty Read)

트랜잭션의 중간 수행 결과를 다른 트랜잭션이 참조함으로써 발생하는 오류를 말합니다.

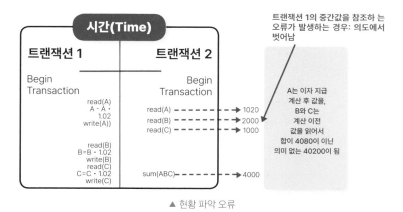

▲ 현황 파악 오류

(3) 모순성(Inconsistency)

두 트랜잭션이 동시에 실행될 때 데이터베이스가 일관성이 없는 모순된 상태로 남는 문제를 말합니다.

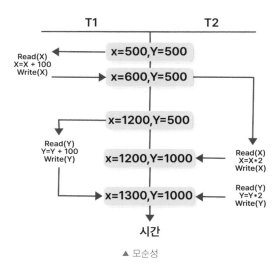

▲ 모순성

(4) 연쇄복귀 불가(Cascading Rollback)

다른 트랜잭션이 처리한 부분에 있어서는 취소(롤백)가 불가한 문제가 발생하게
됩니다.

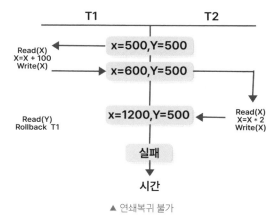

▲ 연쇄복귀 불가

동시성 제어 수행 기법은 무엇인가?

(1) Locking

DB/Table 등 단위별로 Locking이 가능한 기법입니다. Shared, Exclusive로 구분하여 관리를 진행하며, Locking 단위가 클수록 동시성은 저하됩니다.

(2) 2PL(Phase Locking)

Lock 연산을 확장과 수축의 2단계로 구분하여 진행하는 기법입니다. 직렬성은 보장되지만 Deadlock 발생 가능성이 존재합니다.

(3) 낙관적 검증

트랜잭션 처리 시 읽기 → 검증 → 쓰기 단계를 거쳐 수행하며 메모리상의 복사본에 먼저 읽기 연산을 수행 후 직렬성 검증을 진행합니다. 검증 완료 후 commit/Rollback을 통해 디스크(DB)에 반영합니다.

(4) Timestamp Ordering

트랜잭션 도착 시간에 따라 타임스탬프를 부여하여 동시성 제어를 수행하는 방식입니다. 직렬성을 보장하고, Deadlock을 방지할 수 있는 기법입니다.

(5) 다중버전 동시성 제어(MVCC)

갱신 시 기존 데이터값은 DB Rollback Segment에 기록하고, 다른 세션은 트랜잭션의 Commit 전까지 이전 버전 정보를 조회함으로써 일관성을 보장하는 기법입니다.

✍ 저자생각

병행 제어 기법은 다수의 사용자들에게 동일한 결과를 제공하기 위한 중요한 기법입니다. 이는 DB의 신뢰성과 무결성 확보를 통해 가능합니다.

009

데이터 이관(Migration)

데이터 이관(Migration)이란 무엇일까?

데이터 이관은 데이터베이스의 검색 성능이 향상되도록 데이터의 사용 빈도에 따라 데이터의 저장 공간이나 저장 형태를 조정하는 일을 말합니다. 신규/통합 시스템 적용, HW/SW 성능 향상 등을 위해 서로 다른 컴퓨터 시스템, 스토리지, 데이터베이스 사이에서 데이터를 이전합니다.

다양한 HW와 OS, DBMS 환경으로 현업의 요구사항을 빠르게 지원할 수 없는 구조이거나 고비용·저효율 유지·보수의 구조일 때 데이터 이관이 필요하게 됩니다.

데이터 이관(Migration)의 종류

데이터 이관 방식은 크게 전체를 일시에 전환하는 '빅뱅 방식'과 빅뱅을 일부 수행하고 변동분에 대해서는 단계별로 전환하는 '빅뱅+단계적 전환 방식' 그리고 일정 업무 영역별로 전환하는 '단계적 전환 방식'이 존재합니다.

(1) 빅뱅 방식

프로젝트 대상 업무를 동시에 개발할 때 주로 사용되는 이관 방식입니다. 이행 시점에 모든 업무를 중단시키고 시스템에 대한 접근을 통제한 후 일괄적으로 전환하는 방법으로, 대규모 프로젝트에서 주로 사용합니다.

(2) 빅뱅 + 단계적 전환 방식

이행 시점에 대부분의 업무를 중지시키고 최소 업무만 수행시키며, 빅뱅 방식으로 일괄적인 전환을 하는 방식을 말합니다. 일괄적인 전환 후 최소 업무 수행으로 변경된 변동분을 반영합니다. 빅뱅과 단계적 전환 방식의 혼합된 형태이며, 빅뱅의 업무 중단 시간을 최소화할 수 있습니다.

(3) 단계적 전환 방식

대상 data를 일정 기준으로 분리하여 우선순위를 결정하고 단계적으로 이행하는 방식입니다. 일시 전환에 따른 부담과 업무 중단 시간을 제거하기 위해 사용합니다. 같은 시스템에 대해 여러 차례 이행이 진행될 수 있습니다.

✍ 저자생각

데이터 이관이란 시스템의 변화 및 기업의 데이터베이스 구축 계획에 따른 데이터 이전 활동으로 업무에 맞추어 이관 방식을 결정해야 합니다.
즉, 대상 시스템의 업무적 상황에 따라 유동적으로 전환 방식을 고려하여 결정해야 합니다. 최근 클라우드 환경 전환에 따른 온프레미스에서 클라우드로의 전환으로 인해 데이터 이관이 중요해지고 있습니다.

010

조인(Join)

조인이란?

조인이란, 하나의 SQL 명령문에 의해 다수의 테이블에 저장된 데이터를 한 번에 조회할 수 있는 기능을 말합니다. 즉, 테이블을 조합하여 하나의 테이블로서 사용하기 위하여 조합하는 방법입니다.

조인의 필요성

관계형 데이터베이스의 구조적 특징으로 정규화를 수행하게 되면 의미 있는 데이터들을 모아 테이블이 구성되고, 각 테이블마다 관계(Relation)를 가지게 됩니다. 이를 통해 저장 공간의 효율성과 확장성이 향상됩니다.

서로 관계 있는 데이터가 여러 테이블로 나누어 저장되므로, 각 테이블에 저장된 데이터들을 조인을 통해 효과적으로 검색할 수 있습니다.

조인의 유형

(1) 내부 조인(Inner Join)

여러 애플리케이션에서 가장 흔하게 사용되는 결합 방식으로서 공통적인 부분만 SELECT를 하는 방식입니다.

조인 구문에 2개의 테이블의 칼럼값을 결합함으로써 새로운 결과 테이블을 생성하게 됩니다.

명시적 조인 표현 방식으로는 Join 키워드와 함께 on 키워드를 사용하고, 암묵적 조인 표현 방식으로는 select 구문에 from 절에서 테이블을 분리하는 콤마(,)를 사용합니다.

테이블 A		
NO	PNO	ENAME
A	AAB	111
B	AAD	234
C	ABA	111
D	ABA	222
E	BCD	135

테이블 B	
NO	DNAME
A	"Hello"
B	"This is"
C	"Table"

SELECT A.NO, EMPNO, ENAME, DNAME FROM EMP INNER JOIN DEPT ON A.NO = B.NO

테이블 A와 테이블 B를 첫 번째 컬럼으로 INNER JOIN한 결과			
NO	PNO	ENAME	DNAME
A	AAB	111	"Hello"
B	AAD	234	"This is"
C	ABA	111	"Table"

▲ 내부 조인 예시

(2) 외부 조인(Outer Join)

두 테이블이 가지고 있는 전체 부분을 SELECT하는 방식을 말하며 조인 대상 테이블에서 특정 테이블의 모든 데이터가 필요한 상황에 외부 조인을 활용하여 효과적으로 결과 집합을 생성할 수 있습니다.

외부 조인의 유형으로는 왼쪽 외부 조인과 오른쪽 외부 조인, 완전 외부 조인의 3가지의 유형이 존재합니다.

테이블 A		
NO	PNO	ENAME
A	AAB	111
B	AAD	234
C	ABA	111
D	ABA	222
E	BCD	135

테이블 B	
NO	DNAME
A	"Hello"
B	"This is"
C	"Table"

SELECT A.NO, A.EMPNO, A.ENAME,
B.DNAME FROM A
LEFT OUTER JOIN B
ON A.NO = B.NO

테이블 A와 테이블 B를 첫 번째 컬럼으로 OUTER JOIN한 결과			
NO	PNO	ENAME	DNAME
A	AAB	111	"Hello"
B	AAD	234	"This is"
C	ABA	111	"Table"
D	ABC	222	NULL
E	BCD	135	NULL

▲ 외부조인 예시

조인 사용 시 고려 사항은 무엇인가?

효과적인 데이터 검색을 수행하기 위해 조인을 사용하게 되는데 조건을 명확하게 제공하지 않는 경우 의도치 않게 검색 속도가 저하되어 전체적인 시스템 성능에 저하를 주게 됩니다.

조인할 대상의 집합을 최소화하여, 조건을 먼저 적용하는 것이 효율적이며, 인덱스를 활용하여 조인 연산 비용을 낮추는 방법도 고려해야 합니다.

> ✍️ **저자생각**
>
> 효과적으로 검색을 수행하기 위해 조인을 사용하는 것이므로, DB 성능이 저하되지 않도록 SQL 질의문 등을 명확하게 사용합니다.

011

옵티마이저(Optimizer)

옵티마이저(Optimizer)란 무엇일까?

옵티마이저는 사용자의 다양한 요구가 있을 때마다 SQL문의 문법적 오류를 확인하고 가장 빠른 데이터 액세스 경로를 작성 및 채택하여 최적의 실행 계획을 수립하는 DBMS의 핵심 엔진입니다.

옵티마이저의 핵심 기능은 주어진 SQL 질의를 처리할 수 있는 실행 계획들을 나열하는 실행 계획을 탐색하고, 각 실행 계획 중 예상 비용이 최종적으로 가장 적은 실행 계획을 선택하여 SQL을 실행하고 해당 결과를 사용자에게 제공하는 것입니다.

옵티마이저(Optimizer)의 역할은 무엇일까?

옵티마이저는 크게 4단계의 과정을 거쳐 SQL의 최적화를 수행하는 역할을 합니다.

(1) Parser

SQL 문장을 이루는 개별 구성요소로 분석 및 파싱하여 파싱 트리를 생성하는 절차입니다. SQL 문장에 문법적 오류가 없는지, 의미상 오류가 없는지 확인을 하는 단계입니다.

(2) Optimizer

3단계를 거쳐 옵티마이저 단계를 수행하게 됩니다. Query Transformer(파싱된 SQL을 좀 더 일반적 · 표준 형태로 변환) → Estimator(실행 계획의 총비용 계산) → Plan Generator(실행 계획 생성) 단계를 거쳐 SQL 최적화를 선택 가능하게 합니다.

(3) Row-Source Generator

옵티마이저가 생성한 실행 계획을 SQL 엔진이 실제로 실행할 수 있는 코드(프로시저) 형태로 생성해 주는 단계입니다.

(4) SQL Engine

SQL을 실행(run)하는 단계입니다.

옵티마이저(Optimizer)의 유형

옵티마이저의 유형에는 규칙 기반의 RBO와 비용 기반의 CBO가 존재합니다.

(1) RBO(Rule-Based Optimizer)

사전에 정의된 Rule 기반으로 계획을 수립합니다. 예측 가능하고 일관성 있는 실행 계획으로 사용자가 원하는 처리 경로로 유도가 가능한 방식입니다.

(2) CBO(Cost-Based Optimizer)

최소 비용을 계산하여 실행 계획을 수립합니다. 저장된 통계 정보를 활용하여 계산을 수행하며 옵티마이저 예측을 통해 성능을 계산하게 되는 방식입니다.

✍ 저자생각

SQL 최적화를 위해 옵티마이저를 통해 실행 계획 구축에 대한 명확한 판단을 하는 것이 중요합니다. SQL 최적화가 빅데이터 환경에서 성능, 효율성을 제공하기 때문에 시스템에 따라 옵티마이저 유형을 판단하는 것이 필요합니다.

012

분산 데이터베이스

분산 데이터베이스란 무엇일까?

분산 데이터베이스는 논리적으로는 하나의 가상 시스템으로 구현되어 있으나 물리적으로는 네트워크를 통하여 분산화된 형태로 관리되는 데이터베이스를 말합니다.

네트워크를 통해 물리적으로 분산되어 구성되어 있지만 하나의 논리적인 통합 구조로 관리되는 데이터베이스입니다.

분산 데이터베이스의 장단점은 무엇일까?

분산 데이터베이스의 장점은 DB 성능 향상 및 가용성 확보가 가능하다는 부분입니다. DB 구성 전체가 병렬적으로 구성되어 있기 때문에 부하 분산이 가능하고 일부가 과부하가 되어도 전체에 미치는 영향도는 적습니다. 또한 데이터의 중복 관리로 장애에 대한 가용성을 확보할 수 있어 전체적인 신뢰성을 제공합니다.

분산 데이터베이스의 단점으로는 SW개발 복잡성에 따라 개발 비용이 증가할 수 있고 투명성 제공을 위한 메시지 교환 방식과 저장 방식에 따른 처리 비용이 증가될 수 있습니다.

분산 데이터베이스의 6가지 투명성

(1) 분할 투명성
하나의 논리적 relation(관계)이 여러 단편으로 분할되어 각 단편의 사본이 여러 개의 Site에 저장됩니다.

(2) 위치 투명성
사용자나 응용프로그램의 물리적 저장 장소를 명시할 필요가 없습니다.

(3) 지역사상 투명성
지역 DBMS와 물리적 DB 사이의 Mapping을 보장합니다.

(4) 중복 투명성
사용자나 응용프로그램의 물리적 DB 객체가 여러 Site에 중복되어 있는지 알 필요가 없습니다.

(5) 장애 투명성
구성요소의 장애와 무관한 Transaction의 원자성을 유지하는 것으로 데이터의 무결성을 보존할 수 있습니다.

(6) 병행 투명성
여러 사용자나 응용프로그램이 다수 Transaction을 동시 수행 시 결과의 일관성을 유지할 수 있습니다.

✍ 저자생각
성능이 중요한 사이트나 빅데이터 시스템의 환경에서는 분산 데이터베이스 특성을 고려하여 DB를 구축하게 됩니다. 특정 서버에 부하가 집중돼서 부하 분산이 필요하거나 백업 사이트를 구성할 때에도 분산 기능을 적용하여 구성하는 것이 가능합니다.

013

데이터 품질 관리 성숙 모형(DQM3)

데이터 품질 관리 성숙 모형(DQM3)이란 무엇일까?

데이터 품질 관리 성숙 모형(DQM3)은 데이터 품질 관리 수준을 진단하고 개선 과제 및 방안을 단계적·체계적으로 제시하기 위해 개발된 데이터 품질 관리 프로세스의 성숙도 모델입니다.

우리나라가 최초로 개발하고 운영하는 데이터 품질 인증 시스템입니다.

데이터 품질 관리 성숙 모형(DQM3)의 구성

데이터 품질 관리 성숙 모형(DQM3)은 크게 3가지의 요소로 구성됩니다. 그 3가지는 데이터 품질 기준, 데이터 품질 관리 프로세스, 데이터 품질 관리 성숙 수준입니다.

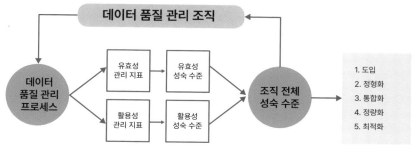

▲ 품질 관리 프로세스와의 상관관계

(1) 데이터 품질 기준

데이터의 품질 기준은 정확성, 일관성, 유용성, 접근성, 적시성, 보안성의 6가지로 둡니다.

(2) 데이터 품질 관리 프로세스

품질 기준 향상을 위해 8개의 프로세스로 구성이 됩니다.

요구사항 관리, 데이터 구조 관리, 데이터 흐름 관리, 데이터베이스 관리, 데이터 활용 관리, 데이터 표준 관리, 데이터 오너십 관리, 사용자 뷰 관리의 프로세스로 구성이 됩니다.

(3) 데이터 품질 관리 성숙 수준

품질 관리 성숙 수준의 단계로 도입, 정형화, 통합화, 정량화, 최적화의 5단계로 구성이 됩니다.

✍ **저자생각**

데이터 품질 기준별로 관련 프로세스의 품질 관리 수준을 점검하여 성숙 수준을 측정합니다. 특정 품질 기준을 향상하거나, 프로세스 최초 도입 시 가시적인 데이터 품질 개선 효과 예측이 가능합니다.

014

DB 보안 모델

DB 보안 모델의 필요성

서비스가 대규모화되고, 빅데이터 기반의 시스템이 증가하고 있습니다. 이에 데이터베이스에 저장되는 기업의 보안정보나 개인정보 유출 시 발생하는 피해와 기업의 이미지 저하 방지를 위해 DB 암호화뿐만 아니라 DB 보안 모델도 중요해지고 있습니다.

DB 보안 모델이란?

DB 보안 모델은 DBMS로 사용자의 접근이나 DB 쿼리 수행을 제어하기 위해 사전에 정의된 보안 정책에 따라 판단 및 통제하는 것으로서 시스템의 보안 요구 명세를 표현하는 접근 통제에 관한 정형적 기능 모델입니다.

DB 보안 모델의 유형

(1) BLP(Bell-LaPadula) 보안 모델

시스템 정보의 기밀성에 따라 상하 관계가 구분된 정보를 보호하기 위해 사용하는 모델로 허가된 비밀정보에 허가되지 않은 방식의 접근을 금지하는 기밀성에 중점을 둔 보안 모델입니다.

상위 레벨 읽기 금지, 하위 레벨 쓰기 금지의 속성을 가집니다.

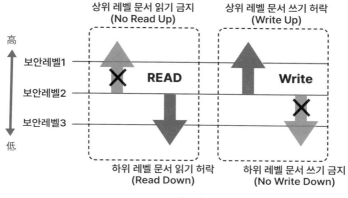

▲ BLP 보안 모델

(2) BiBa 보안 모델

무결성 통제를 위해 개발된 모델로, BLP 모델에서 불법 수정 방지 내용을 추가로 정의한 무결성 보안 모델입니다. 아래의 그림도 확인 필요의 속성을 가집니다.

시스템 내부 정보의 무결성 보호에 중점을 두었고, 기밀성을 보장하지는 않는 보안 모델입니다.

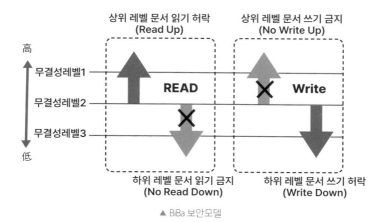

▲ BiBa 보안모델

(3) Clark-Wilson 보안 모델

상업 환경에 적합하도록 개발된 불법 수정 방지를 위한 DB 보안 모델입니다. 기밀성보다 무결성에 초점을 두었으며 프로그램 실행 권한에 따라 접근을 통제하게 됩니다.

프로그램의 요청과 응답이 발생하므로 DB 감사에 용이한 보안 모델입니다.

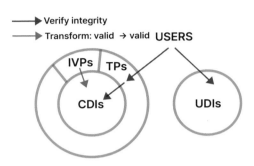

- CDI(Constrained Data Itms): 무결성이 극도로 요구되는 데이터
- UDI(Unconstrained Data Items): 무결성이 그다지 중요하지 않은 데이터
- IVP(Integrity Verification Produres): 상주하면서 CDI의 무결성을 체크
- TP(Transformation Procedures): valid state → valid state

▲ Clark-Wilson 보안 모델

> ✍ **저자생각**
>
> 시스템의 목적이나 중요도(기밀성, 무결성)에 따라서 DB 보안 모델을 선택하여야 합니다. 개인정보나 데이터의 중요성이 부각되고 있는 시점에서 DB 암호화와 함께 보안 모델도 고려한 구축이 필요합니다.

015

DB 접근 통제

DB 접근 통제란?

데이터베이스에 권한이 있는 사용자들에게만 특정 데이터 또는 자원들이 제공되는 것을 보장하기 위한 통제 방법입니다. DBMS의 로그인뿐만 아니라 SQL 수행 시에도 미리 정의된 보안 규칙에 따라 권한 여부를 판단 및 통제합니다.

DB 접근 통제를 위한 구성요소

DB 접근 통제는 주체, 객체, 조치, 규칙의 4가지의 요소로 구성이 되고 해당 구성요소 기반으로 접근 통제 및 제어를 수행합니다.

(1) 주체(Subject)

데이터베이스를 사용하는 사용자 또는 사용자 그룹을 말합니다. 사용자나 원격 컴퓨터, 응용프로그램 등이 주체에 속합니다.

(2) 객체(Object)

보호해야 하는 데이터베이스 단위를 말합니다. DB, Table, View, Trigger 등이 해당합니다.

(3) 조치(Action)

주체가 객체에 대해 할 수 있는 일을 말합니다. Read, Write, Delete, Update 등이 해당합니다.

(4) 규칙(Access Rule)

주체, 객체, 조치에 대한 허가 사항 및 접근 규칙 등을 말합니다. Check Statement 등이 해당합니다.

DB 접근 통제의 유형

(1) 임의적 접근 제어(DAC: Discretionary Access Control)

주체의 객체에 대한 소유 권한을 명시하고 권한을 객체의 소유자가 임의로 지정하는 방식입니다. 대부분의 DBMS가 임의적 접근 제어 방식을 사용합니다. 테이블 생성자가 조회(select) 권한을 다른 사람에게 부여하는 사례가 임의적 접근 제어 방식입니다.

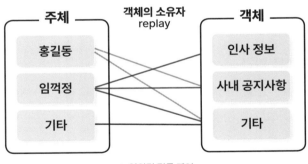

▲ 임의적 접근 제어

(2) 강제적 접근 제어(MAC: Mandatory Access Control)

비밀성을 갖는 객체에 대해 주체가 갖는 권한에 근거하여 객체에 대한 접근 제어를 하는 방식입니다. 관리자만이 정보 자원 분류 및 규칙을 변경 및 설정할 수 있습니다.

시스템의 카탈로그 수정 작업의 경우 System Admin만 가능한데 이것이 강제적 접근 제어 방식입니다.

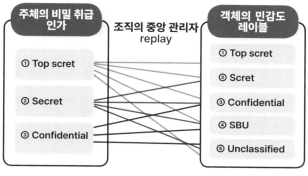

▲ 강제적 접근 제어

(3) 역할 기반 접근 제어(RABC: Role Based Access Control)

관리자가 주체와 객체의 상호 관계를 통제하고, 권한 및 역할에 연관되어 사용자 역할을 지정하는 접근 제어 방식입니다. DBA의 Role을 정의하고, 특정 사용자에게 DBA Role 및 권한을 부여하는 것이 역할 기반 접근 제어 방식입니다.

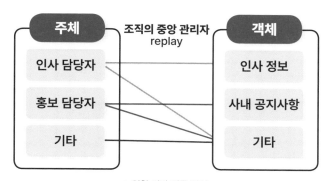

▲ 역할 기반 접근 제어

✍ 저자생각

DBMS 주체와 객체의 통제 및 통제를 위한 Role 등을 통해 접근 제어 방식을 결정합니다. DB 접근 제어와 함께 DB 접근 통제 솔루션을 토대로 좀 더 보안성을 강화한 DB 시스템 구현이 가능합니다.

016

데이터베이스 회복 기법

데이터베이스 회복 기법이란?

데이터베이스 트랜잭션 수행 때 시스템에서 알 수 없는 장애 발생 시 트랜잭션의 수행을 되돌려야 합니다. Rollback은 트랜잭션 내 SQL을 수행하면서 문제가 발생했을 경우 수행되는 것이므로, 시스템 오류 또는 물리적인 경우에는 DB 시스템상의 문제이므로 트랜잭션이 재수행되어야 합니다.

즉, 데이터베이스 회복 기법은 Log, 그림자 페이징 등을 사용하여 DB를 장애 발생 이전 상태로 복원하려는 기법을 말합니다.

데이터베이스 회복 기법의 회복 방식

데이터베이스 회복 기법을 위한 회복 방식으로는 REDO와 UNDO 방식이 있습니다.

(1) REDO

트랜잭션이 변경한 모든 데이터 값들을 로그파일 순서에 따라 다시 실행하는 회복 방식입니다. 재연산 수행을 통해 회복 기법을 동작하게 됩니다.

PART. 07 _ 데이터베이스 397

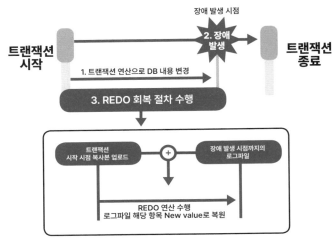

▲ REDO

(2) UNDO

트랜잭션이 변경한 모든 데이터들을 로그에 기록된 정보의 역순으로 변경 전 값으로 되돌리는 회복 방식입니다. 취소 연산을 통해 회복 기법을 동작하게 됩니다.

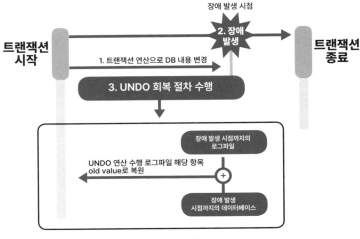

▲ UNDO

데이터베이스 회복 기법의 유형

(1) 즉시 갱신 기법

트랜잭션이 연산을 실행하고 있는 활동 상태에서 데이터의 변경 결과를 Log와 데이터베이스에 그대로 반영하는 기법을 말합니다. 장애 발생 시 신속하게 회복이 가능하지만, 로그, DB 동시 갱신으로 부하가 증가하게 됩니다.

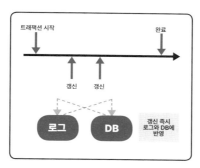

▲ 즉시 갱신 기법

(2) 지연 갱신 기법

트랜잭션 수행 중에는 갱신 결과를 Log에만 기록하고 장애 발생 시 REDO 기법을 이용하여 DB 회복을 수행하게 됩니다. 트랜잭션 완료 전까지 DB의 부하는 적지만, 회복 수행 시에 Log 검색으로 인한 부하가 발생할 수 있습니다.

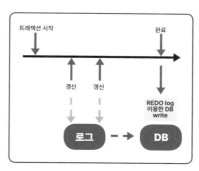

▲ 지연 갱신 기법

(3) Check Point 회복 기법

트랜잭션 수행 중 로그파일에 체크포인트를 기록한 뒤 장애 발생 시 체크포인트 이전에 처리된 트랜잭션은 회복 작업에서 제외하고, 그 이후에 처리된 내용에 대해서만 회복 작업을 수행하는 회복 기법입니다.

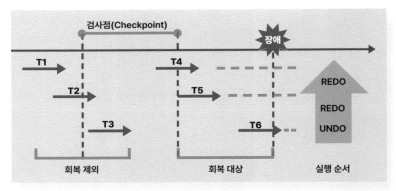

▲ Check Point 회복 기법

✍ 저자생각

DB 회복 기법에는 대표적 3가지 외에도 그림자 페이징 기법, 미디어 기반 회복 기법도 존재합니다. DB 회복 기법에 대해 이해하고 상황에 맞는 회복 기법을 적용하는 것이 필요합니다.

PART

08

인공지능

인공지능(Artificial Intelligence)은 어렵지 않습니다. 인공지능의 기본 개념부터 딥러닝, 머신러닝, 자연어 처리 그리고 최근에 이슈가 되고 있는 생성형 AI 등 최신 기술까지 쉽게 설명해 드리겠습니다. AI를 접목한 혁신적인 기술이 우리의 일상과 산업을 어떻게 변화시키고 있는지, 그리고 미래에 어떤 영향을 미칠지 함께 알아봅시다.

001

인공지능, 머신러닝, 딥러닝, 생성형 AI의 차이

컴퓨터를 통한 인간의 학습, 추론, 지각 능력 - 인공지능

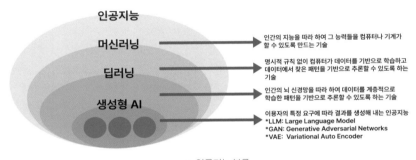

인공지능

머신러닝
인간의 지능을 따라 하여 그 능력들을 컴퓨터나 기계가 할 수 있도록 만드는 기술

딥러닝
명시적 규칙 없이 컴퓨터가 데이터를 기반으로 학습하고 데이터에서 찾은 패턴을 기반으로 추론할 수 있도록 하는 기술

생성형 AI
인간의 뇌 신경망을 따라 하여 데이터를 계층적으로 학습한 패턴을 기반으로 추론할 수 있도록 하는 기술

이용자의 특정 요구에 따라 결과를 생성해 내는 인공지능
*LLM: Large Language Model
*GAN: Generative Adversarial Networks
*VAE: Variational Auto Encoder

▲ 인공지능 분류

인공지능, 머신러닝, 딥러닝, 그리고 최근의 생성형 AI 등 기술들이 다양하여 많이 헷갈리실 겁니다.

인공지능은 인간의 학습 능력과 추론·지각 능력 등을 컴퓨터를 통해 프로그래밍하고, 동작되도록 실현한 기술입니다. 머신러닝은 인공지능의 하위 개념으로 주어진 데이터를 기반으로 학습하여 이를 예측하거나, 분류하는 문제를 해결하는 데 사용됩니다. 머신러닝은 지도학습, 비지도학습, 강화학습과 같은 접근 방식으로 문제를 해결합니다.

　지도학습은 마치 선생님이 데이터와 정답지를 알려주고 학습을 시키는 것 같은 방법입니다. 비지도학습은 정답이 없는 데이터에 대해 패턴이나 구조를 찾는 방법입니다. 강화학습은 성과와 보상 체계를 적용함으로써 시행착오를 겪으면서 어떤 선택이 가장 좋은 결과를 학습모델에 가져오는지 최적의 의사결정을 하는 방법입니다.

사람의 뇌 구조를 모방한 인공 신경망 - 딥러닝

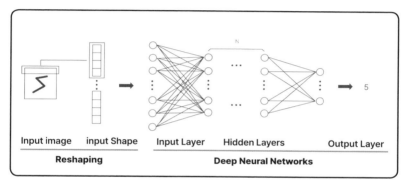

▲ 딥러닝 개념도

　머신러닝 하위 개념으로 딥러닝이 있습니다.

　딥러닝은 사람의 뇌 구조를 모방하여 인공 신경망을 활용해 복잡한 패턴을 인식하고 학습하는 기술입니다. 뉴런의 구조와 비슷한 여러 층(Input/Hidden/Output Layer)에 서로 연결되어 있는 신경망 구조를 통해 학습데이터를 처리하고 판단합니다. 딥러닝의 경우 음성 인식, 이미지 인식, 분류, 자연어 처리 등 다양한 분야에서 혁신적인 결과를 이루어 낸 인공지능 기술입니다.

　머신러닝과 딥러닝의 가장 큰 차이는 딥러닝은 인공 신경망 구조를 통해 컴퓨터가 사람의 도움 없이 자동으로 정확한 결정을 내릴 수 있다는 점입니다. 따라서, 대규모의 학습데이터가 준비되어야 더 높은 정확도와 성능을 보입니다.

초거대 학습데이터를 사전에 학습한 모델 - 생성형 AI

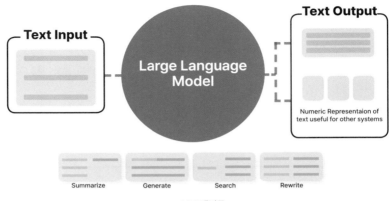

▲ LLM 개념도

마지막으로 생성형 AI는 새로운 콘텐츠를 '생성'해 낼 수 있는 인공지능의 한 형태입니다. 최근에 큰 이슈가 되었던, Open AI사의 ChatGPT가 그 사례입니다. ChatGPT는 사용자의 질문 또는 요청으로 구성된 '프롬프트'에 따라서 이해하고, 요약하고, 검색하고, 번역도 가능하며, 다양한 콘텐츠를 생성해 낼 수도 있습니다. 마찬가지로 이런 콘텐츠를 생성해 내기 위해서는 사전에 초거대 학습데이터를 미리 학습한 Foundation Model이 있어야 합니다. 생성형 AI의 기반이 되는 모델이라 할 수 있겠습니다.

학습데이터를 준비하여 패턴과 특성을 학습시키면, 사용자가 모델을 만들어야 하는 번거로운 작업 없이 Foundation 모델에서 파생된 생성형 AI에 준비된 데이터를 입력하고 결과를 요청하면, 생성형 AI는 이미 학습된 모델을 기반으로 답변을 실시간으로 만들어 줍니다.

생성형 AI가 주도할 여러 산업의 전파와 그 기대효과 및 발전이 앞으로 크게 기대됩니다.

다양한 형태의 데이터 지원 - 멀티모달 생성형 AI

　멀티모달 생성형 AI는 텍스트 설명을 기반으로 이미지를 생성하거나 이미지를 분석하여 텍스트 설명을 만들어낼 수 있습니다. 또는 음성 · 영상 등을 보여주고 이를 설명하는 텍스트를 만들거나, 거꾸로 텍스트를 제시하고 음성 또는 영상을 만들 수도 있습니다. 인간과 더욱 비슷하게 사고하고 행동하는 AI라고 할 수 있습니다. 예를 들면, 차량의 전면부가 크게 파손되어 있는 사진을 보험사에 전송하면, 멀티모달 생성형 AI가 해당 차량이 가입된 보험 상품을 검색하고, 고객의 피해 정도가 얼마나 될지 예측하는 게 가능해집니다.

✍ 저자생각

인공지능이 새로 태어난 개념은 아닙니다. 최근에 대규모 데이터(빅데이터)가 활성화되면서, 인공지능 모델이 학습할 수 있는 데이터가 증가해서, 기술의 확장과 발전이 있었습니다. 그만큼 인공지능은 어떤 데이터를 학습하는지가 더 중요합니다.

인공지능 학습데이터와 특징

인공지능의 성능과 신뢰성 결정 핵심요소, 학습데이터

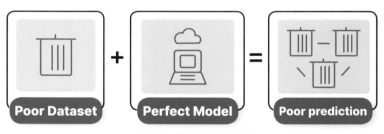

▲ 인공지능 학습데이터의 중요성

　콩 심은 데 콩 나고, 팥 심은 데 팥 난다는 말이 있습니다. 인공지능 학습데이터는 인공지능 시스템이 학습하고 지능적인 작업을 수행할 수 있도록 하는 데 필수적인 요소입니다. 학습데이터의 품질에 따라 인공지능의 성능과 신뢰성이 좌우된다는 말이 사실일 정도로, 학습데이터는 컴퓨터가 패턴을 인식하고 이해하고 예측하는 데 가장 핵심적인 요소입니다.

지도학습을 위한 정답이 있는 데이터(라벨링 데이터)

지도학습에서는 이미 정답이 부여된 데이터가 필요합니다. 정답이 있는 데이터를 "라벨링(Labeling)이 되어 있다"라고 합니다. '라벨 = 정답지'라고 이해하면 쉽습니다. 아래 그림은 정말 유명한 '붓꽃 데이터'입니다. 데이터를 보면, 붓꽃의 종류에 대한 정답(class labels)을 데이터에서 이미 알려주고 있습니다. 이런 데이터는 지도학습에 사용할 수 있고, '라벨링된 데이터'라고 합니다.

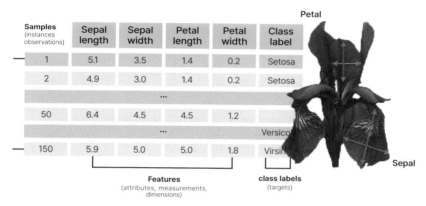

Samples (instances observations)	Sepal length	Sepal width	Petal length	Petal width	Class label
1	5.1	3.5	1.4	0.2	Setosa
2	4.9	3.0	1.4	0.2	Setosa
...					
50	6.4	4.5	4.5	1.2	
...					Versico
150	5.9	5.0	5.0	1.8	Virsir

Features (attributes, measurements, dimensions)　　class labels (targets)

▲ 지도학습데이터 사례

비지도학습이 가능한 정답 없는 데이터(언라벨링 데이터)

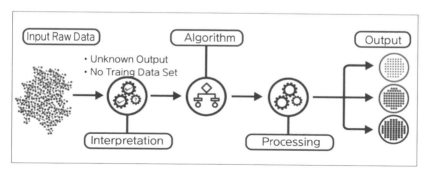

▲ No Training

비지도학습에서는 정답이 없는 데이터를 사용합니다. 따라서, '라벨링이 되어 있지 않은 데이터'입니다. 정답이 없는 데이터의 특성상 인공지능은 단순히 패턴이나 구조를 파악할 수밖에 없다는 단점이 있습니다. 그래서 경우에 따라서 연구자가 직접 라벨링을 하여 데이터에 정답을 부여하고, 지도학습으로 전환하여 모델을 개발하기도 합니다.

데이터 세트의 특징(피처: Feature) 선택의 중요성

데이터 세트는 앞에서 설명한 라벨(Label)과 특징(피처: Feature)으로 구성됩니다. 라벨은 데이터 세트의 정답, 특징은 데이터에서 학습하는 데 사용되는 개별 속성입니다. 따라서 특징을 잘 선택해야 성능이 좋은 모델이 나올 수 있습니다.

예를 들어 붓꽃 데이터에서 '붓꽃의 냄새'라는 특성은 붓꽃을 분류하는 데 그다지 중요한 특징이 아닙니다. 그래서 이 냄새라는 특징이 모델을 학습하는 데 사용되었다고 하면, 부정확한 모델이 만들어지는 것입니다. 이 특징은 제거해 주어야모델이 더 정확해집니다.

특징을 선택하는 주요 방법으로 아래 방법들이 있습니다.

1) **전진선택법**: 변수가 없는 상태에서 시작하여, 하나씩 추가하며 평가
2) **후진제거법**: 모든 변수가 포함된 상태에서 시작하여, 하나씩 제거하며 평가
3) **Stepwise(단계적) 방법**: 전진선택법과 후진제거법을 결합한 방법, 변수 추가와 제거를 반복하여 최적의 변수 조합을 찾으며 평가

데이터 구조를 사전에 확인할 수는 없을까? EDA

데이터 사이언티스트는 데이터를 사전에 탐색하여 특징을 추출하고 중요한 특징값들을 선별합니다. 그다음 데이터에 누락된 이상치 제거, 표준화 등을 수행하고 학습하기 적합한 형태로 전처리합니다. 이러한 과정을 탐색적 데이터 분석(EDA: Exploratory Data Analysis)이라고 하며, EDA를 수행하면 데이터를 더 잘 이해할 수 있고 패턴이나 특성을 사전에 발견할 수 있습니다.

특히, EDA에서는 파이썬 라이브러리(Matplotlib, Seaborn, sweetviz 등)를 사용하여 시각화된 차트나 그래프를 통해 데이터 세트에 쉽게 접근할 수 있습니다. 아래 그림과 같이 시각화를 통해 데이터에 접근하면, 데이터에 대한 이해가 없거나 현업의 담당자를 설득해야 할 때 무척 수월해집니다.

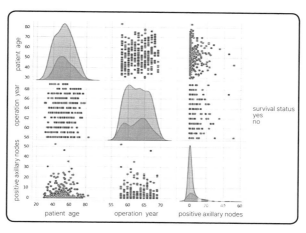

▲ EDA 사례

✍ 저자생각

실무적인 관점에서 전체 인공지능 모델의 제작 기간을 100으로 보았을 때, 데이터의 구조, 분포, 특징을 파악하는 데 50 이상을 할애합니다. 즉, 데이터에 대한 구조 파악과 정제(클랜징)가 잘되었을 때 더 좋은 모델이 나올 수 있으므로 인공지능 개발자라면 학습데이터를 이해하고 파악하는 데 초기에 집중하여야 합니다.

003

지도학습의 예측과 분류 모델

지도학습이란?

지도학습은 머신러닝의 가장 일반적인 형태로, 정답이 있는 데이터 세트(라벨링된 데이터)를 사용하여 모델을 학습시키는 방법입니다. 이 과정에서 모델은 데이터의 패턴을 학습하고, 새로운 데이터에 대해 예측과 분류를 수행할 수 있게 됩니다.

대표적으로 수치 예측을 위한 '선형회귀' 모델과 분류를 위한 '로지스틱 회귀', 'SVM(Support Vector Machine)' 등이 있습니다.

지도학습 기반 예측 모델, 선형회귀 모델

선형회귀는 연속적인 값을 예측하는 데 사용됩니다. 예를 들어 주택의 크기, 위치, 여러 특징값에 따른 주택 가격 예측과 같은 문제에 적합합니다.

즉, 선형회귀 모델은 독립변수(입력 변수)와 종속변수(예측하고자 하는 값) 사이의 선형 관계를 찾아냅니다. 아래는 TV의 광고비(x축)를 알면 영업실적(y축)을 예측할 수 있는 선형회귀식에 대해 그래프로 그린 것입니다.

회귀를 통해 예측을 가능하게 해주는 관계식이 도출됩니다. 예를 들어, y = 0.12x + 8이라는 회귀식이 도출된 경우, x에 TV 광고비 500을 그대로 대입하면, y

= (0.12 * 500) + 8 = 68이 계산되어, 영업실적을 68로 예측할 수 있는 것입니다.

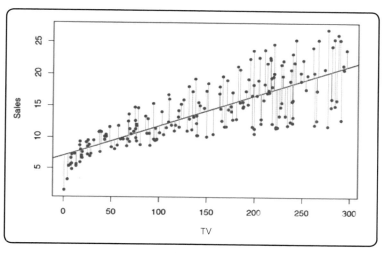

▲ 선형회귀 모델

범주형 데이터에 대한 분류 모델, 로지스틱 회귀 모델

로지스틱 회귀는 분류 문제, 특히 이진(Binary) 분류 문제에 사용됩니다. 예를 들어, 이메일이 스팸인지 아닌지, 은행 거래가 사기인지 아닌지를 예측하는 데 사용됩니다. (종속변수가 0 또는 1로 구분된 경우입니다.) 로지스틱 회귀는 선형회귀와 유사하게 입력 특성의 선형 결합을 계산하지만, 결과를 확률로 변환하기 위해 로지스틱 함수('시그모이드' 함수)를 사용합니다.

아래는 로지스틱 회귀 모델로 공부 시간(x축)에 따른 시험 합격 여부(0은 불합격, 1은 합격)를 알 수 있는 모델을 그래프로 표현한 그림입니다. 공부 시간이 4시간일 경우 y의 값이 0.5 미만이므로 '불합격'할 것으로 보입니다. 그래프에서 y값은 0 ~ 1 사이를 가지며, S가 곡선을 그리고 있는 이런 함수가 바로 '시그모이드'입니다.

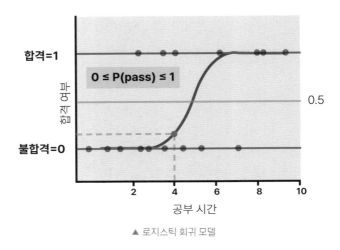

합격=1

0 ≤ P(pass) ≤ 1

합격 확률

0.5

불합격=0

2   4   6   8   10

공부 시간

▲ 로지스틱 회귀 모델

분류 문제 해결, SVM(Support Vector Machine)

SVM(Support Vector Machine)은 데이터 포인트를 고차원 공간에 매핑한 후, 이를 기반으로 두 클래스 간의 최대 마진을 찾아내어 분류 문제를 해결하는 알고리즘입니다. 주요 구성요소는 아래와 같습니다.

- **초평면(Hyperplane)**: SVM은 데이터를 분류하는 초평면을 찾습니다. 이 초평면은 데이터를 구분해 낼 수 있는 가상의 경계선(또는 경계면)입니다.
- **최대 마진**: 여러 가상의 경계선 중에서 최대 마진이 가능한 경계선을 선택해야 합니다. 최대 마진은 데이터 세트를 가장 잘 분리해 냈다는 것을 의미합니다.

아래 그림에 대해 설명을 드리면, 흐린 파랑과 짙은 파란색 점들이 2차원 공간에 뿌려져 있습니다. 이런 인자 하나하나를 Support Vector라고 합니다. 그리고 이 인자들을 분리하기 위한 Hyperplane(가상의 분리선)이 있습니다. 이 선을 기준으로 흐린 파랑과 같은 파랑이 분리된다고 생각하면 됩니다.

가상의 선을 설정할 때 Margin(가상의 선과 Support Vector들 간의 거리)은 최대가 되도록 그려주어야 합니다. 왜냐하면, 흐린 파랑과 짙은 파랑 기준선을 기준으로 분리가 잘되었다면 기준선으로부터 각 인자값들의 거리가 멀 것이고, 분리가 제대로 되지 않고 모호하다면, 기준선을 중심으로 흐린 파랑과 짙은 파랑의 인자값 사이가 그만큼 가까워지기 때문입니다. 이와 같이 SVM은 각 데이터 세트를 최적으로 분류할 수 있는 최적의 선(또는 공간)을 찾아내는 알고리즘입니다.

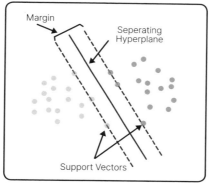

▲ SVM

SVM은 이미지 인식, 필기체 인식, 안면 인식, 텍스트 분류, 생물정보학, 시계열 예측, 스팸 필터링 등 다양한 분야에서 실무에 적용되어 사용되고 있습니다.

> ✍️ **저자생각**
>
> '회귀'의 뜻은 "결국 되돌아온다"입니다.. 아버지의 키가 크다면 아들도 클 것이고, 아버지의 키가 작다면 아들도 작을 것이다. 즉, "어떤 추세가 있고, 그 추세대로 결과가 돌아올 것이다."로 이해하시면 더 쉬울 것입니다.

004

K - fold Cross Validation

K - fold Cross Validation은 왜 필요한가?

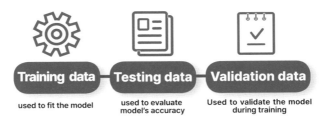

| Training data | Testing data | Validation data |
| used to fit the model | used to evaluate model's accuracy | Used to validate the model during training |

▲ Train/Test/Validation

만약 학습을 시켜야 하는 데이터의 총개수가 매우 적거나, 많더라도 골고루 분포한 것이 아니라 어떤 특정 클래스(영역)에 집중되어 있다면 어떨까요? 좋은 모델이 나올 수 있을까요?

이런 문제를 방지하고자 데이터 세트를 학습(Train) 데이터와 테스트(Test) 데이터로 분리하고, 테스트와 최종 모델 검증(Validation)에 사용할 데이터를 선정하는 방식으로, K - Fold Cross Validation 기법을 사용합니다.

K - fold Cross Validation의 동작 과정과 장점

데이터를 K개의 부분 폴드(Fold, 집합)로 나누고, K-1개의 폴드를 학습데이터로 사용하며 나머지 1개의 폴드를 테스트데이터로 사용합니다.

이 과정을 K번 반복하여, 각 폴드가 정확히 한 번씩 테스트 세트로 사용되도록 합니다. (K=5일 경우 아래 그림 참조)

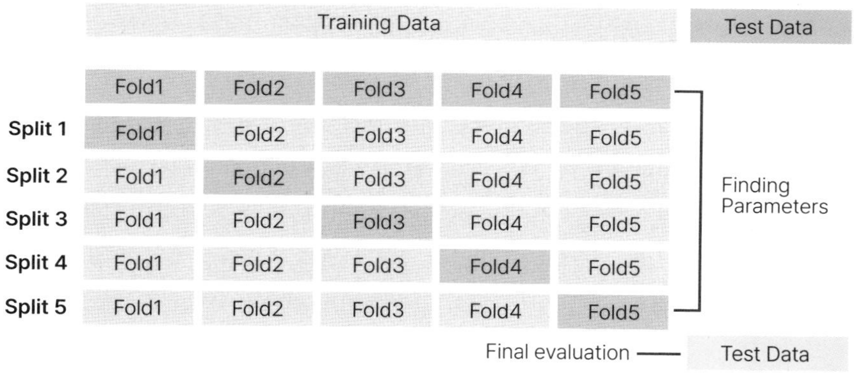

▲ K-fold Cross Validation

이 기법의 장점은 아래와 같습니다

1) **일반화**: 모든 데이터가 학습과 테스트에 사용되므로, 모델의 일반화 능력을 더 잘 평가할 수 있습니다.
2) **효율성**: 데이터를 효율적으로 사용하여, 제한된 데이터로도 모델의 성능을 평가할 수 있습니다.
3) **강건성**: 데이터의 분할 방식에 따른 변동성을 줄여줍니다.

K-폴드 교차 검증은 모델 선택과 하이퍼 파라미터 튜닝에 유용하게 사용되며, 특히 데이터가 제한적인 경우 모델의 성능을 객관적으로 평가하는 데 도움을 줍니다.

다양한 K - fold Cross Validation 기법들

아래와 같이 K-fold Cross Validation(k-겹 교차 검증)은 데이터를 k개의 부분집합으로 나누고, 각각의 부분집합을 한 번씩 검증 세트로 구성하며 나머지를 훈련 세트로 사용합니다.

- Stratified K-fold Cross Validation(계층별 k-겹 교차 검증): 분류 문제에서 각 클래스의 비율을 유지하면서 데이터를 나눕니다. 이 방법은 클래스의 불균형이 있을 때 유용합니다.
- Hold-Out Cross Validation(홀드 아웃 교차 검증): 데이터를 두 개의 세트(훈련 세트와 검증 세트)로 나누고, 한 번의 분할로 검증을 수행합니다.
- Leave-p-Out Cross Validation: p 개의 데이터를 검증 세트로 사용하고 나머지를 훈련 세트로 사용합니다. 이 방법은 모든 가능한 조합을 고려합니다.
- Leave-One-Out Cross Validation(LOOCV): 하나의 데이터를 검증 세트로 사용하고 나머지를 훈련 세트로 사용합니다. 데이터가 N 개일 경우, 아래 그림과 같이 N 번의 검증을 세밀하게 수행하여, 과적합을 방지합니다.

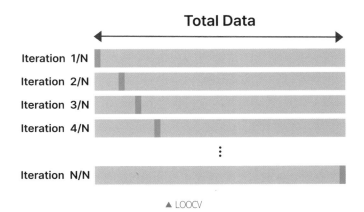

▲ LOOCV

🖋 저자생각

앞에서도 말씀드렸듯, 콩 심은 데 콩 나고 팥 심은 데 팥 나는 것이 인공지능 모델입니다. 전체 데이터 세트에서 데이터를 구간별로 분리하고, 고른 분포의 데이터를 학습한 모델이라면 더 좋은 성능을 낼 수 있기 때문에, K-fold Cross Validation을 수행하는 것입니다.

005

비지도학습, 클러스터링 모델과 차원축소

클러스터링이란?

정답이 없는 데이터 세트(라벨링되지 않은 데이터)에 대한 비지도학습은 대표적으로 클러스터링과 차원축소가 있습니다.

클러스터링(Clustering)은 군집화라고도 하며, 비슷한 특성을 가진 데이터 포인트들을 그룹화하는 과정입니다. 이를 통해 데이터 내 숨겨진 패턴이나 구조를 발견할 수 있습니다. 대표적인 클러스터링 알고리즘으로는 K-means와 DBSCAN 알고리즘이 있습니다.

차원축소는 고차원의 데이터를 저차원의 평면 또는 축으로 변환하는 과정입니다. 대표 기법으로 PCA, t-SNE, LDA 등이 있습니다.

기준점 기반 군집화, K-Means 클러스터링

데이터를 K 개의 클러스터로 나누는 방법으로, 각 클러스터의 중심(centroid)을 기준으로 가장 가까운 데이터 포인트들을 할당합니다. 이때 K 개 클러스터(군집)가 존재하는지는 알고리즘 실행자가 직접 설명해 주어야 합니다. K=3이라고 설정하게 되면, 알고리즘은 3개의 군집이 있다고 가정하고, 군집화를 수행합니다.

동작 절차는 3단계로 초기 중심 설정, 중심 간 거리 계산, 중심 이동 및 최적 군집 결정 순으로 진행됩니다. K가 3일 경우, 아래와 같습니다.

1) **초기화(Initialization):** K=3 개의 중심점(centroid)을 임의로 선택합니다.
2) **할당(Assignment):** 각 데이터 포인트를 가장 가까운 중심점에 할당합니다. 일반적으로 유클리드 거리를 사용하여 거리를 계산합니다.
3) **업데이트(Update):** 각 군집에 속한 데이터 포인트들의 평균 위치를 계산하여 중심점을 업데이트합니다. 이 과정을 중심점이 더 이상 변하지 않을 때까지 반복합니다. (아래 그림에서 C1은 1과 2번의 평균 위치로 이동)

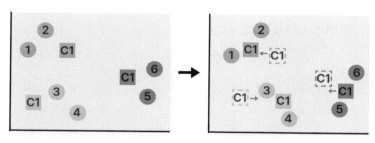

▲ K-means 알고리즘

밀도 기반 군집화, DBSCAN

Density-Based Spatial Clustering of Applications with Noise의 약자로, 포인트들의 밀도가 높은 부분을 군집화하고, 노이즈는 제거하는 클러스터링 기법입니다. 특히, DBSCAN은 K-means의 단점을 보완합니다. K-means는 중심점으로부터 멀리 떨어진 노이즈도 해당 군집으로 편입시키는 특징이 있습니다. 그러나 DBSCAN은 노이즈는 제외하므로 해당 군집과 무관한 인자에 대해서 더 정확하게 판단할 수 있습니다.

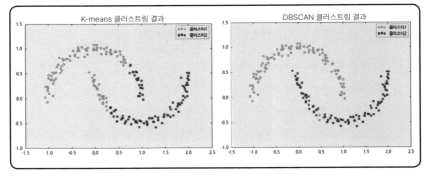

▲ DBSCAN

고차원 데이터의 저차원화, 차원축소

차원축소(Dimensionality Reduction)는 고차원의 데이터를 저차원의 데이터로 변환하여, 데이터의 본질적인 특성을 유지하면서 시각화하거나 계산을 단순화하는 기법입니다. 차원축소의 주요 기법은 다음과 같습니다:

- PCA(Principal Component Analysis): 데이터의 분산을 최대로 보존하는 축을 찾아, 고차원 데이터를 저차원으로 투영합니다.
- t-SNE: 비선형 차원축소 기법으로, 고차원 데이터의 구조를 저차원에서도 유지할 수 있도록 도와줍니다.
- LDA(Linear Discriminant Analysis): 클래스 분리를 최대화하는 축을 찾아 데이터를 투영합니다.

그중에서도 PCA에 대해서 설명을 드리면, 아래와 같이 2차원의 평면에 위치하고 있는 인자들을, x축으로 그대로 내려서 1차원으로 축소하는 과정입니다. 고차원에서 특정 차원의 평면으로 축소할 수 있어, 고차원 데이터의 학습이나 분류에 많은 시간과 노력이 필요한 '차원의 저주'를 해결할 수 있는 좋은 방법 중 하나입니다.

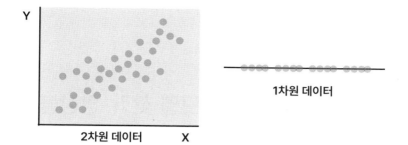

Y

2차원 데이터 **X**

1차원 데이터

▲ 차원축소

클러스터링은 데이터의 그룹을 찾는 데 사용되고, 차원축소는 데이터 요약과 시각화에 주로 사용됩니다. 두 기법 모두 데이터의 이해를 돕고, 머신러닝 모델의 성능을 향상하는 데 중요한 역할을 합니다.

✍️ **저자생각**

비지도학습 기반으로 데이터 포인트를 구분해 내는 것을 클러스터링(군집, Clustering)이라고 하며, 지도학습 기반은 분류(Classification)라고 합니다. 지도학습 기반 분류 알고리즘은 SVM과 K-NN(K-nearest neighbor) 등이 있습니다.

006

과적합 방지와 더 좋은 모델 찾기, 앙상블

인공지능 모델의 과적합이란?

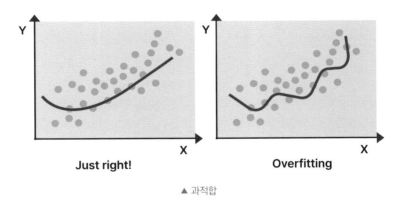

▲ 과적합

    과적합(Overfitting)은 머신러닝 모델이 훈련 데이터에 너무 잘 맞춰져 있어서 새로운 데이터에 대한 일반적인 예측 능력이 떨어지는 현상을 말합니다.

    즉, 훈련 데이터에서는 높은 성능을 보이지만, 실제 데이터에서는 예측 성능이 낮아질 수 있습니다.

    과적합의 반대 개념인 과소적합도 있습니다. 과소적합은 모델이 훈련 데이터에도 제대로 맞춰지지 않아 성능이 낮은 상태를 의미합니다. 이는 모델이 너무 단순하여 데이터의 패턴을 충분히 잡아내지 못하거나 충분한 학습데이터를 통해 학습이 이루어지지 못했을 때 발생합니다. 모델의 정확성을 위해서라면 과적합과 과소적합을 모두 방지해야 합니다.

과적합을 방지하려면?

과적합을 방지하기 위한 몇 가지 전략은 다음과 같습니다.

- **데이터 확장(Data Augmentation)**: 훈련 데이터의 양을 인위적으로 늘려 모델이 더 일반화되도록 합니다. 예를 들어, 이미지 데이터의 경우 회전, 크기 조정, 색상 변경 등을 통해 데이터를 확장할 수 있습니다.
- **정규화(Regularization)**: 모델의 복잡도에 페널티를 부여하여 과적합을 방지합니다. L1, L2 정규화가 대표적인 예입니다.
- **교차 검증(Cross Validation)**: 데이터를 여러 부분으로 나누어 훈련과 검증을 반복함으로써 모델의 일반화 능력을 평가합니다.
- **조기 종료(Early Stopping)**: 검증 세트의 성능이 더 이상 개선되지 않을 때 훈련을 중단합니다.
- **드롭아웃(Drop out)**: 신경망 훈련 시 일부 뉴런을 임의로 비활성화하여 과적합을 방지합니다.

이런 방법 이외에도 앙상블 기법을 사용하면 과적합을 해결할 뿐만 아니라, 모델의 다양성을 증가시키고 더 좋은 모델을 찾을 수 있습니다.

여러 모델의 조화, 앙상블(Ensemble) 기법

앙상블(Ensemble)은 여러 개별 모델의 예측을 결합하여 더 정확한 예측을 도출하는 기법입니다. 앙상블에는 크게 네 가지 유형이 있습니다.

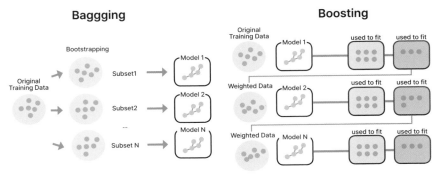

▲ 배깅과 부스팅

- **배깅(Bagging)**: 부트스트랩 샘플(원본 데이터에서 중복을 허용하여 무작위로 추출한 샘플)을 사용하여 여러 모델을 훈련시키고, 결과에 대해 평균 또는 다수결로 결정합니다. 랜덤 포레스트(Random Forest)가 대표적인 예입니다.

- **부스팅(Boosting)**: 약한 학습기(Weak Learner)를 순차적으로 훈련시키면서, 이전 학습기의 오류를 보완해 나가는 방식입니다. 그래디언트 부스팅(Gradient Boosting), XGBoost, LightGBM 등이 있습니다.

- **보팅(Voting)**: 여러 분류기(Classifier)의 예측을 결합하는 방식입니다. 최종 예측 시 다수결 투표 방식인 하드보팅과 평균을 계산하는 소프트보팅 방식이 있습니다.

- **스태킹(Stacking)**: 스태킹은 '쌓다'라는 뜻으로, 개별적인 모형들을 학습한 후 다양하게 예측한 데이터들을 쌓아서 또 다른 학습데이터를 만들고 이를 기반으로 예측하는 모형입니다. 첫 번째 단계에서는 여러 기본 모델들이 학습되고, 두 번째 단계에서는 이러한 모델들이 결합된 메타 학습기가 최종 예측을 한다는 점에서 배깅, 부스팅과는 차이가 있습니다.

앙상블 기법은 개별 모델의 단점을 보완하고, 다양성을 통해 더 강력한 예측력을 발휘합니다. 이러한 기법들은 과적합을 방지하고, 모델의 안정성과 성능을 향상하는 데 큰 도움이 됩니다.

👆 저자생각

- 앙상블 기법 중 부스팅 알고리즘에는 아래와 같은 대표 알고리즘들이 있습니다.
- **XGBoost**: 부스팅 알고리즘의 병렬 처리와 정규화를 통해 성능을 향상한 알고리즘입니다.
- **LightGBM**: 비대칭 Tree를 생성하는 방식인 리프 중심 트리 분할(Leaf Wise)로 소요 시간이 적고, 메모리 사용률도 적은 알고리즘입니다.
- **CatBoost**: 범주형 변수를 효율적으로 처리하는 데 중점을 둔 Gradient Boosting 알고리즘입니다.

Generative AI와 LLM, sLLM

Generative AI의 개념

History of ChatGPT

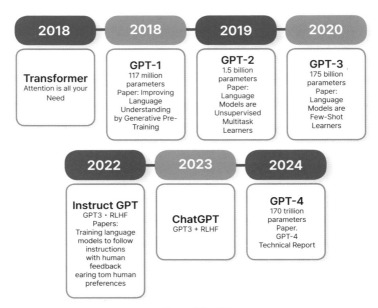

2018	2018	2019	2020
Transformer Attention is all your Need	**GPT-1** 117 million parameters Paper: Improving Language Understanding by Generative Pre-Training	**GPT-2** 1.5 billion parameters Paper: Language Models are Unsupervised Multitask Learners	**GPT-3** 175 billion parameters Paper: Language Models are Few-Shot Learners

2022	2023	2024
Instruct GPT GPT3 · RLHF Papers: Training language models to follow instructions with human feedback earing tom human preferences	**ChatGPT** GPT3 + RLHF	**GPT-4** 170 trillion parameters Paper. GPT-4 Technical Report

▲ History of ChatGPT

2023 ~ 24년은 생성형 AI(Generative AI)의 시대라고 말하여도 과언이 아닐 정도로, 그 열기가 정말 뜨거웠습니다. 아마도 가장 유명한 Open AI사의 채팅 기반 ChatGPT를 한 번쯤은 사용해 보셨을 겁니다. Generative AI는 기계 학습의 한 분야로, 초거대 학습데이터에서 패턴을 사전에 학습(Pre-Trained)하여 새로운 콘텐츠를 생성하는 인공지능 시스템을 말합니다. GPT의 약자가 'Generative Pre-Trained'인 점을 보면 그 특징을 유추할 수 있습니다.

이러한 AI는 텍스트, 이미지, 음악 등 다양한 형태의 콘텐츠를 만들어낼 수 있습니다. 대표적인 예로 GPT(Generative Pre-trained Transformer), 구글의 Gemini와 같은 언어 모델과 DaLL-E과 같은 이미지 모델, 영상과 음성 등 다양한 입출력을 지원하는 멀티모달 생성형 모델도 있습니다.

그중에서도 LLM(Large Language Model)은 ChatGPT와 같이 대규모의 언어 데이터를 학습하여 복잡한 언어 이해 및 문장 생성을 통해 답변을 수행할 수 있는 모델입니다.

LLM(Large Language Model)의 개념

LLM은 수십억 개의 파라미터를 사전에 학습하여, 복작한 언어 패턴을 가지고 있으며, 이를 통해 다양한 언어 작업에 대한 높은 성능을 보여줍니다.

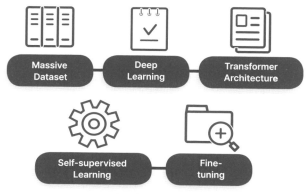

▲ Large Language Model

LLM의 핵심기술은 이전 장에 언급하였던 트랜스포머 아키텍처로, 입력된 텍스트의 문맥을 이해하고 관련성 높은 출력을 생성하는 데 중요한 역할을 합니다. 초거대 학습데이터, 수천억 개의 파라미터를 학습하고, 대규모 컴퓨팅 자원을 활용하여 사전에 학습한 모델이기 때문에, 사용자 입장에서 채팅 플랫폼 또는 API 형태로 호출하여 편리하게 사용할 수 있습니다.

sLLM(Small Large Language Model)의 개념

최근에는 LLM보다는 조금 작지만 강력한 small LLM 모델이 주목을 받고 있습니다. sLLM은 LLM보다 작은 규모의 언어 모델로, 특정 작업이나 도메인에 특화되어 있습니다.

sLLM은 LLM에 비해 학습에 필요한 데이터와 컴퓨팅 자원이 적게 들며, 특정 작업에 대해 더 빠르고 효율적인 성능을 보여줄 수 있습니다. 그래서 sLLM은 LLM의 대안으로서, 특정 작업에 대한 빠르고 정확한 응답이 필요할 때 유용하게 사용될 수 있습니다.

특정 도메인에 특화된 AI를 구성하거나 금융, 유통, 이커머스, 특허, 법률 등 해당 산업에서만 사용되는 단어가 많은 산업군에서 sLLM을 사용한다면, 저비용에 높은 품질의 모델을 만들어 AI 서비스를 시작할 수 있습니다.

✍️ 저자생각

sLLM 모델은 최근에 저비용으로 품질 높은 언어 모델 구축과 설치가 가능하다는 이점과 이를 통한 보안성 향상 등의 이유로 많은 관심을 받고 있습니다. 대표적 모델은 아래와 같습니다.
- LLaMA(Large Language Model Meta AI)
- Microsoft의 Phi-2/Phi-3
- Google의 Gemma

자연어 처리 개념과 발전 역사

한국어의 자연어 처리가 어려운 이유

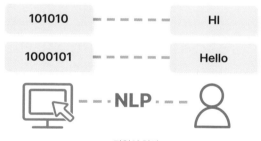

▲ 자연어 처리

자연어 처리(NLP: Natural Language Processing)는 인간의 언어를 컴퓨터가 이해하고 처리할 수 있도록 하는 인공지능(AI)의 한 분야입니다.

자연어는 우리가 일상생활에서 사용하는 언어를 말하며, NLP는 이러한 자연어의 의미를 분석하여 컴퓨터가 처리할 수 있게 만드는 기술입니다.

톤과 상황에 따라서도 전혀 다른 문장으로 해석될 수 있어서 컴퓨터가 이해하기에 어려운 점이 많은 것이 바로 자연어 처리입니다. 특히, 한국어의 경우 '어간 + 어미' 형태로 되어 있는 언어라, 컴퓨터가 이해하기에 더욱 어렵습니다.

자연어 처리의 발전사

NLP의 역사는 2000년대 이전으로 거슬러 올라가며, 초기에는 주로 규칙 기반 시스템이 사용되었습니다. 하지만 최근에는 머신러닝과 딥러닝 기술을 통해 언어의 뉘앙스와 문맥을 이해하는 능력이 크게 향상되었습니다.

▲ 자연어 처리의 발전

2000년대 이전: BOW(Bag of Word) 기반

BOW는 가장 초기의 텍스트 표현 방법 중 하나로, 문서나 문장을 단어의 집합으로 표현합니다. 이 방법은 단어의 순서는 무시하고, 단어의 빈도수만을 고려합니다. BOW는 간단하고 계산이 빠르다는 장점이 있지만, 문맥 정보와 단어의 순서를 잃어버린다는 단점이 있습니다.

2000년대: RNN과 LSTM

신경망(뉴럴넷) 기반으로 언어 모델을 만들 수 있었지만, 긴 문장에서 이전의 내용을 기억하지 못하는 '장기기억상실' 문제가 발생하였고, 이를 개선한 LSTM이 개발되었으나, 큰 성과를 거둘 수 없었습니다.

2010년대: Word2vec 기반

Word2Vec은 단어를 벡터로 변환하는 기법으로, 단어 간의 의미적 관계를 벡터 공간에 표현할 수 있습니다. 이는 BOW의 단점을 극복하고, 단어의 의미를 보다 풍부하게 표현할 수 있게 해줍니다. '왕과 왕비'는 서로 유사하므로 벡터값도 서로 유사하여 근접한 공간에 위치할 것이며, "남자 : 여자 = 왕 : ?"이라고 물었을 때, 왕비라고 그 단어를 유추할 수도 있습니다.

2014년: Seq2Seq

Seq2Seq는 입력 시퀀스를 출력 시퀀스로 변환하는 모델로, 주로 기계 번역에 사용됩니다. 이 모델은 인코더와 디코더 두 부분으로 구성되어 있으며, 인코더는 입력 문장을 고정된 길이의 벡터로 변환하고, 디코더는 이 벡터를 바탕으로 출력 문장을 생성합니다.

2015년: Attention(어텐션)

어텐션 메커니즘은 Seq2Seq 모델의 한계를 극복하기 위해 등장했습니다. 이 메커니즘은 디코더가 생성하는 각 단어가 인코더의 어떤 단어에 주목해야 하는지를 학습하게 해줍니다. 이를 통해 모델은 입력 문장의 모든 부분에 대한 정보를 더 잘 활용할 수 있게 되었습니다. 어텐션을 기반으로 NLP 연구와 성능이 가속화되었습니다.

2018년: 트랜스포머(Transformer)

"Attention Is All You Need"는 2017년에 발표된 논문 제목으로, 트랜스포머(Transformer)라는 새로운 자연어 처리 아키텍처를 소개합니다. 인코더와 디코더로 구성되어 있으며, 인코더는 입력되는 모든 요소와의 관계를 이해하고, 이를 압축된 형태로 디코더에 전달합니다. 디코더는 인코더의 출력을 받아 다음 단어를 예측하고, 최종적으로 원하는 문장을 생성합니다. 트랜스포머를 번역기로 비유해 원문을 외국어로 쓴 편지라고 가정해 봅시다. 인코더는 이 편지를 읽고, 문장의 구조와 단어의 의미를 이해하게 됩니다. 즉, 편지의 내용을 압축해서 이해하는 겁니다. 그리고 디코더는 이 압축된 내용을 받아서 새로운 언어로 번역을 수행합니다. 이렇게 해서 우리가 쉽게 이해할 수 있도록 생성해 주는 구조가 트랜스포머입니다.

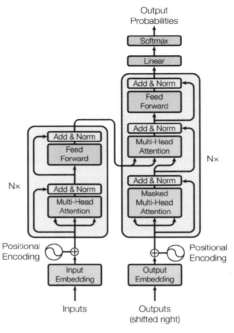

▲ 트랜스포머

　트랜스포머는 어텐션 메커니즘을 기반으로 한 모델로, 'Self-Attention'을 통해 문장 내의 모든 단어 간의 관계를 한 번에 파악할 수 있으며, 병렬 처리를 통해 학습 속도가 크게 향상되었습니다. 이를 통해 긴 문장이나 문맥을 더 잘 이해하고, 더 자연스러운 텍스트를 생성할 수 있게 되었습니다.

✍️ 저자생각

BERT는 트랜스포머의 인코더를, GPT는 트랜스포머의 디코더를 분리해 각각 독자적인 모델로 발전시켰습니다. 트랜스포머를 반으로 갈라 BERT와 GPT를 만든 것입니다. 그리고 이 둘이 현재 자연어 처리 분야를 주도하고 있다고 해도 과언이 아닙니다.

머신러닝 모델 성능 평가

머신러닝 모델 성능 평가의 중요성

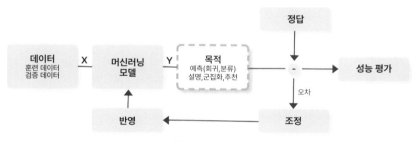

▲ 머신러닝 모델 성능 평가

　머신러닝 모델을 개발하였다면, 얼마나 잘 작동하는가에 대한 성능 평가가 이루어져야 합니다. 평가 결과가 기대 수준 이하라고 하면 학습데이터의 문제 유무 확인, 하이퍼 파라미터의 조정, 알고리즘의 변경 등 다각도로 접근해야 하므로, 인공지능 서비스의 품질 향상을 위한 가장 중요한 단계라고 할 수 있습니다.

선형회귀 모델(예측 모델)의 성능 평가 기법

　이전에 설명해 드렸듯이 선형회귀 모델은 수치에 대한 예측치를 제공하는 모델입니다. 따라서 실제 값과 예측값의 '차이'를 작게 하는 것이 성능이 좋은 모델이라고 할 수 있습니다.

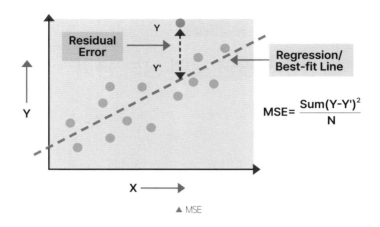

▲ MSE

위 그래프와 같이 실제 값과 예측값 사이의 거리가 길면, 예측이 많이 벗어난 것이므로, 좋은 모델이 아닌 것입니다. 거리의 차이를 절댓값으로 계산하느냐, 제곱을 하느냐, 제곱에 루트 값으로 하느냐에 따라서 평균절대오차(MAE), 평균제곱오차(MSE), 평균제곱근오차(RMSE), 결정 계수(R^2)로 기법이 나뉩니다.

평균 절대 오차(MAE: Mean Absolute Error)

평균 절대 오차는 실제 값(y)과 예측값($\hat{y}$)의 차이의 절댓값의 평균을 나타냅니다. 이는 모델의 예측이 실제 값에서 얼마나 벗어나 있는지를 측정하는 지표로, 수식은 다음과 같습니다.

$$MAE = \frac{\sum|y\text{-}\hat{y}|}{n}$$

평균 제곱 오차(MSE: Mean Squared Error)

평균 제곱 오차는 예측값과 실제 값의 차이를 제곱한 값의 평균을 나타냅니다. 이는 큰 오차에 더 많은 가중치를 주는 특성이 있으며, 수식은 다음과 같습니다.

$$\text{MSE} = \frac{\sum (y - \hat{y})^2}{n}$$

평균 제곱근 오차(RMSE: Root Mean Squared Error)

평균 제곱근 오차는 MSE에 루트를 적용한 것으로, 오차의 크기를 원래의 단위로 해석할 수 있게 해줍니다.

$$\text{RMSE} = \sqrt{\frac{\sum (y - \hat{y})^2}{n}}$$

결정 계수(R²: R-Squared)

결정 계수는 모델이 데이터의 변동성을 얼마나 잘 설명하는지를 나타내는 지표입니다. 값이 1에 가까울수록 모델의 설명력이 높다고 평가됩니다. 수식은 다음과 같습니다.

$$R^2 = \frac{SS_{RES}}{SS_{TOP}} = 1 = \frac{\sum_i (y_i - \hat{y}_i)^2}{\sum_i (y_i - \bar{y})^2}$$

아래 그림과 같이 R² 값이 1에 가까운 것이 더 예측력이 좋은 경우입니다.

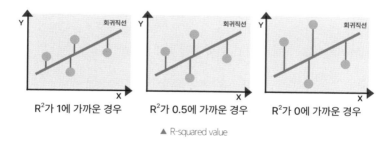

▲ R-squared value

분류(Classification) 모델의 성능 평가 기법

분류 모델의 평가는 '혼동행렬'을 기준으로 얼마나 예측값과 실제 값이 일치하였는지 Matrix 형태로 평가하며, 세부 평가 항목은 아래와 같습니다.

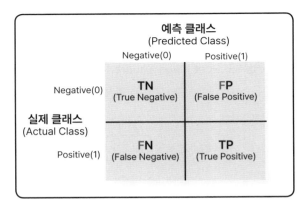

▲ 혼동행렬

- **정확도(Accuracy)**: 전체 예측 중에서 정확히 예측한 비율

$$\text{Accuracy} = \frac{TP + TN}{TP + TN + FP + FN}$$

- **정밀도(Precision)**: 긍정으로 예측한 것 중에서 실제로 긍정인 비율

$$\text{Precision} = \frac{TP}{TP + FP}$$

- **재현율(Recall)**: 실제 긍정인 것 중에서 긍정으로 정확히 예측한 비율

$$\text{Recall} = \frac{TP}{TP + FN}$$

- **F1 점수(F1 Score)**: 정밀도와 재현율의 조화 평균(두 지표의 균형을 고려)

$$\text{F1 Score} = 2 \times \frac{\text{Precision} + \text{Recall}}{\text{Precision} + \text{Recall}}$$

✍️ 저자생각

머신러닝의 성능 평가 기법 중 절대적으로 좋은 기법이란 없습니다. 학습데이터의 특징에 따라 MSE, MAE, RMSE의 효과가 모두 다를 수 있습니다.

1) MSE: 제곱근 기반이라 이상치에 민감하나, 큰 오차를 줄이는 데 집중할 때 유용합니다.
2) MAE: 예측 오차의 절댓값 평균을 제공하여 해석이 직관적입니다.
3) RMSE: MAE보다는 더 이상치에 민감하지만, 단위를 원래 데이터와 동일하게 만들어 해석이 용이합니다.

결론적으로, 각 지표는 데이터의 특성과 분석 목적에 따라 선택되어야 합니다. 특정 상황에서 어떤 지표가 더 적합한지 판단하는 것이 중요합니다.

010

추천 알고리즘(feat. 넷플릭스)

추천 알고리즘이란?

▲ 넷플릭스 추천 알고리즘 사례

쿠팡과 같은 온라인 쇼핑몰에서 노트북을 사면 추천 상품에 마우스를 함께 보여 주거나, 넷플릭스에서 액션 영화를 보면 비슷한 액션 영화를 추천해 주는 경험을 누구나 한 번쯤은 해봤을 겁니다.

추천 알고리즘이란, 이와 같이 어떤 사용자가 선호하는 상품(아이템)을 예측해 주는 유용한 알고리즘입니다.

블로그나 SNS에 내가 관심 있는 이미지나 관련된 내용을 게시하면, 그와 관련된 상품을 구매하기를 기다리기라도 하듯 같은 화면에 비슷한 상품(아이템)들이 보이기 시작합니다. 이것이 바로 추천 알고리즘을 활용하여 마케팅에 접목한 결과입니다.

추천 알고리즘의 3가지 대표 유형

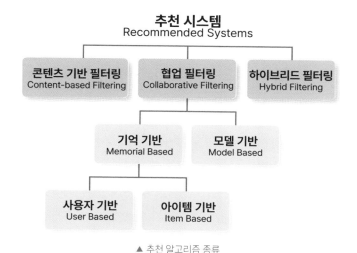

▲ 추천 알고리즘 종류

　추천 알고리즘은 위 그림처럼 크게 3가지로 분류됩니다. 콘텐츠 기반 필터링, 협업 필터링, 하이브리드 필터링이 있으며, 콘텐츠 기반 필터링과 협업 필터링이 추천 알고리즘으로 많이 사용됩니다.

나와 비슷한 사람이 고른 아이템 추천, 협업 필터링

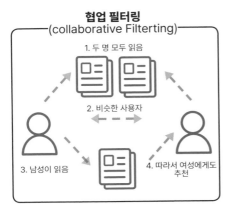
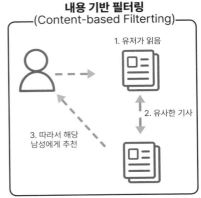

협업 필터링
(collaborative Filtering)

1. 두 명 모두 읽음

2. 비슷한 사용자

3. 남성이 읽음

4. 따라서 여성에게도 추천

내용 기반 필터링
(Content-based Filterting)

1. 유저가 읽음

2. 유사한 기사

3. 따라서 해당 남성에게 추천

▲ 추천 알고리즘 상세

'나와 비슷한 사람은 아이템을 고르는 취향도 비슷할 것'이라는 가정으로 만들어진 알고리즘이 바로 협업 필터링 추천 알고리즘입니다.

협업 필터링 추천 알고리즘은 '콜드 스타트' 문제가 있습니다. 나와 비슷한 사람의 정보가 어느 정도 쌓여야 추천이 가능하기 때문에, 데이터가 없는 상태에서는 추천의 정확도가 떨어진다는 단점이 있는 것입니다.

내가 경험했던 비슷한 아이템 추천, 콘텐츠 기반 필터링

두 번째 추천 알고리즘은, 내가 선택한 아이템과 유사한 아이템을 추천해 주는 콘텐츠 기반 필터링 추천 알고리즘입니다. 넷플릭스에서 액션영화를 한번 보면, 또 다른 액션영화를 추천해 주는 알고리즘입니다. 이 알고리즘 또한 단점이 있는데, '다양한 항목을 추천하기에는 어렵다는 점'입니다.

추천 알고리즘을 잘 사용하면 어떤 효과가 있을까?

추천 알고리즘을 잘 사용하면, 사용자의 취향 기반으로 상품을 추천하여 고객 만족도를 향상하거나, 추가적인 구매를 유도하는 등 효율적인 마케팅 활동에 사용될 수 있습니다. 이처럼, 개인별 맞춤형 상품을 추천하여 사용자가 수많은 선택지 중에서 고민하는 시간을 줄일 수 있고, 고객을 더 잘 이해하고 좋은 상품이나 서비스를 추가 개발할 수 있도록 지원하는 유용한 알고리즘입니다.

다양한 정보와 알고리즘을 조합한 하이브리드 추천

What is Hybrid Recommender System?

▲ 하이브리드 추천 알고리즘

하이브리드 추천 방식은 협업 필터링과 콘텐츠 기반 필터링의 알고리즘을 결합하고, 사업(도메인) 특징과 사용자별 취향 정보를 모두 결합하여 추천의 정확성을 높인 추천 방식으로, 추천의 정확도를 높일 때 사용됩니다.

✍️ 저자생각

• 추천 알고리즘은 크게 협업 필터링 추천과 내용 기반 필터링 추천 두 가지 방식이 있습니다. 최근에는 장소, 감정, 시간에 따라 음악, 맛집, 아이템을 추천해 주는 context based 추천 알고리즘도 개발되었습니다.

• 소비자의 트렌드나 생각을 읽어 맞춤형 콘텐츠를 제공하거나 구매를 유도하여 기업과 소비자 모두가 Win-Win 하는 알고리즘입니다.

생성형 AI의 환각과 해결 방법

생성형 AI 환각이란?

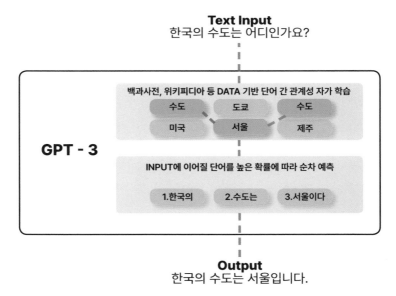

▲ 생성형 AI 환각 발생 이유

생성형 AI 환각 현상은 AI가 실제로는 존재하지 않거나 관련이 없는 정보, 부정확한 정보를 생성해 내는 문제를 말합니다. 그뿐만 아니라 인종, 성별, 국가 등 차별을 유발하거나 논란의 소지가 있는 정보를 제공하는 편향 부분도 포함이 됩니다. 위 그림처럼 GPT는 사람처럼 완벽히 문장을 이해했다기보다는 학습된 데이터 내에서 높은 확률로 이어질 단어를 바탕으로 대답을 하기 때문입니다.

생성형 AI의 초창기 모델과는 다르게 많은 부분 학습이 되고 특정 인종·성별·국가에 대한 질문 시 답변을 회피하는 가드레일이 추가되어서 환각·편향 현상이 많이 줄어들었으나, 이전에는 아래와 같은 현상이 발생하였습니다.

예를 들어, '이순신의 아이폰'으로 검색을 하면 '이순신 장군은 명량 해전에서 아이폰 15와 같은 최신 아이폰을 즐겨 썼으며…'와 같은 허무맹랑한 답변을 하는 사례입니다. (또는 '세종대왕의 맥북프로 사건'입니다.)

생성형 AI 환각을 방지하기 위한 방안

이를 방지하기 위한 방법은 아래와 같습니다.

1) **명확하고 구체적인 프롬프트 제공**: 사용자가 AI에 명확하고 구체적인 질문을 함으로써, AI가 더 정확한 응답을 할 수 있도록 유도합니다.

2) **능동적 완화 전략**: AI 설정을 조정하여 환각 현상을 능동적으로 관리합니다. 예를 들어 Temperature parameter는 사실에 기반하게 답변을 하도록 조정이 가능한 조정값입니다. 이를 낮추어 AI가 더 사실 기반의 결과를 생성하도록 합니다.

3) **멀티-샷 프롬프팅**: 여러 조건과 예시를 조합하여 AI에 상세하게 프롬프트와 함께 정보를 제시함으로써, AI가 보다 정확하고 관련성 높은 답변을 생성할 수 있도록 합니다.

4) **RAG(Retrieval-Augmented Generation)**: 특정 데이터 소스를 사용해 AI의 근거를 갖추는 기법으로, 쿼리에 대해 보다 정확하고 구체적인 응답이 가능한 맞춤화된 AI 모델을 만들 수 있습니다.

특히, 최근에 환각을 최소화하기 위해 답변을 생성한 근거가 있는 경우에만 답변을 생성해 주는 RAG에 대해서는 다음 장에서 더 구체적으로 알아보겠습니다.

프롬프트 엔지니어링이란?

프롬프트 엔지니어링은 가장 간단하고 편리하게 원하는 고품질의 출력을 생성형 AI 시스템이 생성할 수 있도록 입력질문(프롬프트)을 작성, 정제 및 최적화하는 과정입니다. 대형 언어 모델(LLM)과의 상호작용을 통해 모델 자체를 변경하지 않고도 답변의 환각을 제거하고, 편향을 미연에 방지하며, 성능을 향상할 수 있습니다.

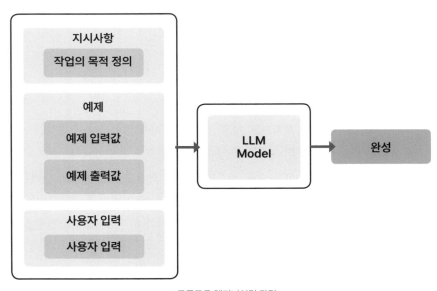

▲ 프롬프트 엔지니어링 과정

예를 들어, "단순히 태양계에 대해서 설명해줘"라는 프롬프트로 요청했을 때와 "지금부터 너는 6살 어린이를 가르치는 선생님입니다. 태양계에 대해서 설명해 주십시오."라고 요청했을 때 그 결과는 크게 다를 수 있습니다.

후자의 경우 ChatGPT에 먼저 '선생님'이라는 '역할'을 부여하였고, 6살 어린이를 가르쳐야 하는 '상황'을 제시하였습니다.

이런 역할과 상황을 부여하는 것만으로 ChatGPT가 답변을 해야 하는 상황을 인지하고, 조금 더 '6살 어린이의 수준에 맞는 선생님의 톤'으로 답변을 할 수가 있는 것입니다.

✍ 저자생각

ChatGPT에 '예시'를 제공하고 그대로 답변하라고 하면, 그 형식에 맞추어 답변을 그대로 해줍니다. 즉 사전에 형식, 관련된 배경, 지식 등을 학습시키면 그 내용을 반영한 답변 생성을 유도할 수 있습니다.

- **Zero shot 러닝**: 예시를 제공하지 않고, 그대로 답변을 받음.
- **One Shot 러닝**: 하나의 예시를 제공하고, 참고하여 답변을 받음.
- **One Shot 러닝 사례**: "전화번호는 010-1234-1234 포멧으로 답변해 줘"와 같이 하나의 포멧에 대해서 사전에 인지시킴.
- **Few shot 러닝**: 여러 개의 예시를 제공하고, 답변을 받음. 여러 개의 예시에 대한 학습이 되어 아무래도 One Shot 러닝보다는 더 좋은 결과를 받을 수가 있음.

012

RAG(Retrieval-Augmented Generation)

생성형 AI의 환각 제거, RAG

생성형 AI는 답변을 자동으로 조리 있게 생성해 준다는 것이 큰 장점인 반면, 올바른 답변 같지만 실제로는 적절하지 않은 경우도 종종 있다는 단점이 있습니다.

그런 환각 현상을 어떻게 하면 줄이고, 기준 정보가 있다면 그 정보를 기준으로 답변하게 할 수 있을지 고민한 방법이 바로 검색 증강 생성, 즉 RAG(Retrieval-Augmented Generation)입니다.

RAG의 동작 절차와 구조

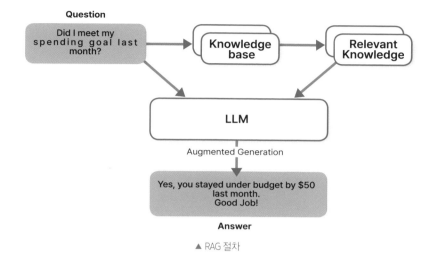

▲ RAG 절차

RAG는 두 가지 모델(절차)을 결합합니다. 첫째, 관련 정보를 검색(Retrieval 단계)하고 둘째, 그 정보로부터 증강된 답변을 생성(Augmented Generation 단계)합니다. 이러한 접근 방식은 모델이 특정 주제에 대해 더 깊이 이해하고, 더 정확하고 상세한 응답을 제공할 수 있도록 도와줍니다.

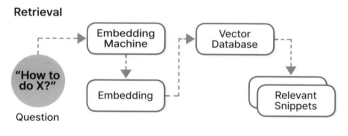

▲ RAG retriever 단계

RAG는 먼저 사용자의 질문을 분석하여 관련 정보를 찾습니다. 이 정보는 다양한 출처에서 가져올 수 있으며, 모델이 이해하고 응답을 생성하는 데 사용됩니다.

이 과정은 자연어 처리(NLP)의 여러 기술을 활용하며, 이를 통해 모델은 문맥을 파악하고, 중요한 키워드를 식별하며, 관련 정보를 검색합니다. 관련 정보는 웹상에서 크롤링을 통해 사전에 수집된 정보일 수도 있으며, 기업 또는 개인이 보유하고 있는 PDF, word, excel 형태의 파일일 수도 있습니다.

그런 다음, 모델은 이 정보를 바탕으로 사용자의 질문에 대한 응답을 생성합니다. 생성형 AI는 정보를 조합하여 적절한 포맷에 맞추어 원하는 답변을 잘 만들어 줍니다. 이 과정에서 모델은 문장 구조, 문법, 어휘 선택 등을 고려하여 자연스럽고 이해하기 쉬운 응답을 만듭니다.

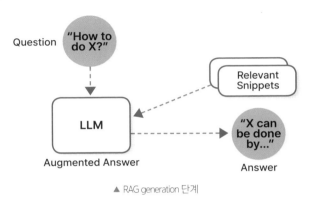

▲ RAG generation 단계

RAG의 핵심기술 Vector Database

RAG에서 가장 중요한 핵심기술은 바로 Vector Database입니다. Vector DB에 기준 정보들을 임베딩하여 저장해 두고, 사용자의 질문에 대해 가장 유사한 내용을 빠르게 찾아줍니다.

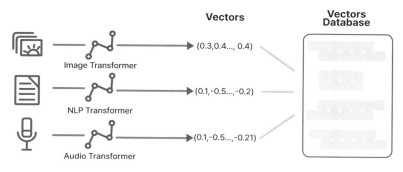

▲ Vector Database

Vector Database의 특징은 아래와 같습니다.

- **고차원 벡터 저장**: 수천에서 수만 차원의 벡터 데이터를 저장할 수 있습니다.
- **유사성 기반 검색**: 벡터 간의 유사성을 기반으로 빠르게 검색할 수 있습니다.
- **확장성**: 분산처리를 통해 대규모 데이터를 효율적으로 처리할 수 있습니다.
- **다양한 데이터 유형 지원**: 텍스트, 이미지, 오디오 등 다양한 비정형 데이터를 처리할 수 있습니다.

특히, 유사성 기반 검색을 통해 Vector DB에 저장된 다양한 형태의 비정형 데이터를 신속하고 정확하게 찾아낼 수 있어, 회사 내부에 산재되어 있는 규칙, 사규, 문서 등을 Vector DB에 임베딩 처리(Vector화)하여 저장해 둔다면 검색과 분석이 가능합니다.

RAG와 Vector DB는 앞으로의 연구와 개발을 통해 더욱 향상되어 자연어 처리, 컴퓨터 비전, 추천 시스템 등 다양한 AI 애플리케이션에서 융합될 것으로 보이며, 빠르고 정확한 검색 결과를 제공하여 사용자 경험을 향상할 수 있을 것으로 기대합니다.

✍ 저자생각

기업의 특허, 대외비 등 대외로 유출이 불가한 영역에 대해서, GPT API호출이 필요한 경우 일반인에게 공개된 Open AI API를 사용하기보다는, Microsoft Azure Enterprise 전용의 Open AI API를 사용하면, private한 환경에서 보안이 향상된 구성으로 GPT 모델 호출이 가능합니다.

MLOps(Machine Learning Operations)

DevOps? MLOps란 무엇일까?

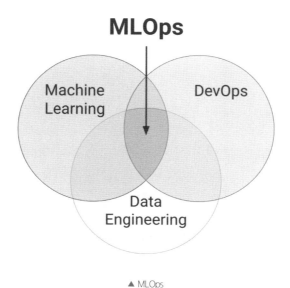

▲ MLOps

DevOps와 그 개념에 대해서는 아마 많이 들어 보셨을 겁니다. 시스템 개발과 운영을 진행하는 전체 프로세스에서 개발팀과 운영팀은 별개가 아니라 마치 하나의 팀처럼 유기적으로 상호보완하며 통합, 실현할 수 있는 체계 또는 문화가 바로 DevOps입니다.

머신러닝의 모델 개발과 운영, 평가, 적용까지 전체 라이프 사이클에서도 위와 같은 개념이 꼭 필요합니다. 이를 MLOps라고 하며, MLOps는 머신러닝 모델을 개발하고, 배포하고, 유지·관리하는 과정을 효율화, 자동화하는 데 중점을 둔 엔지니어링 문화이자 실천 방법론입니다. 특히, 프로덕션 환경으로 전환하고, 이를 유지·관리하며 모니터링하는 데 더욱 집중하고, 프로덕션 환경에 피드백을 받아 더 좋은 모델을 만들 수 있는 선순환 구조를 지녔습니다.

MLOps 실현을 위한 주요 절차

MLOps는 데이터 사이언티스트, DevOps 엔지니어, IT 전문가들이 협업하여 머신러닝과 AI 솔루션을 제작하고 품질을 향상하는 데 사용됩니다.

MLOps은 머신러닝의 수명 주기가 복잡하고 데이터 수집부터 모델 훈련, 조정, 배포, 모니터링에 이르기까지 다양한 단계를 포함하기 때문에 필요합니다. 이러한 과정을 효과적으로 관리하고, 협업을 원활하게 하기 위해서는 엄격한 운영 원칙과 자동화된 절차가 필요하기 때문입니다.

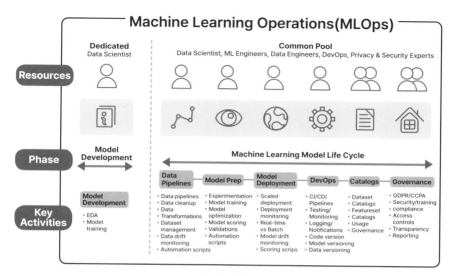

▲ MLOps 프로세스

MLOps를 실현하기 위한 주요 절차는 아래와 같습니다.

- **데이터 준비와 피처 엔지니어링**: 데이터를 변환하고, 집계하며, 중복을 제거하여 특징을 만듭니다.
- **모델 훈련 및 조정**: 다양한 알고리즘과 하이퍼 파라미터를 실험하여 최적의 모델을 찾습니다.
- **모델 검토와 거버넌스**: 모델의 버전을 추적하고, 모델 아티팩트를 관리합니다.
- **모델 유추와 서빙**: 모델을 실제 서비스에 적용하고, 추론 요청을 처리합니다.
- **모델 모니터링**: 모델의 성능을 지속적으로 모니터링하고, 필요한 경우 재훈련을 수행합니다.

MLOps의 피드백 루프

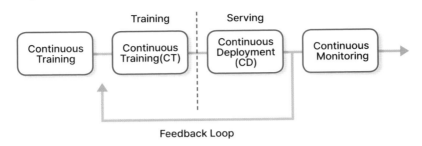

▲ MLOps 피드백 루프

　MLOps의 피드백 루프는 머신러닝 모델의 성능을 지속적으로 모니터링하고 개선하는 중요한 메커니즘입니다. 우선, 모델이 프로덕션 환경에서 어떻게 작동하는지 실시간으로 모니터링합니다. 이를 통해 성능 저하나 이상 징후를 빠르게 감지합니다. 동시에 새로운 데이터와 사용자 피드백을 지속적으로 수집하여 모델의 학습 데이터 세트를 업데이트합니다. 이를 기반으로 모델을 주기적으로 재학습시켜 성능을 유지하거나 향상합니다.

　마지막으로 피드백 루프의 각 단계를 자동화하여 효율성을 극대화합니다. 예를 들어, 모니터링 시스템이 이상을 감지하면 자동으로 재학습 프로세스를 트리거하여, 선순환 구조를 만들어 나갑니다.

✍️ 저자생각

인공지능 서비스 개발은 기존의 애플리케이션 서비스 개발과는 그 특성이 조금은 다릅니다.

애플리케이션 서비스 개발은 명확한 요구사항이 있으며, 중간 단계의 단위 테스트나 오픈 전 통합 테스트 등을 통해 얼마나 요구사항을 달성하였는가 측정이 가능합니다.

그러나 인공지능 서비스 개발은 초기 요구사항이 불분명할 수도 있고, 없을 수도 있습니다. 그래서 초기 빠른 feasibility check를 통해 사업의 가능성을 판단하고, 점진적으로 보완·개발해 나가는 애자일 방법론 또는 프로토타이핑 방법론이 적절합니다.

인공지능 모델은 학습데이터의 변경 또는 사용자의 피드백에 따라 시시각각 변화하여야 하는데, 오픈 후 운영하는데 피드백 루프 구조가 없다면, 모델 정확도가 낮아지고, '폐기'를 경험할 수도 있습니다. 그만큼 MLOps가 꼭 있어야 할 문화이자, 체계임을 강조해 드립니다.

XAI(eXplainable AI)

XAI는 도대체 왜 등장했을까?

인공지능에 대한 설명력이 중요해지고 있습니다. 인공지능 모델의 복잡성과 내부 구조를 잘 알기 어려운 모델에 대한 설명을 하기 위한 기술이 eXplainable AI, XAI(설명할 수 있는 AI)입니다.

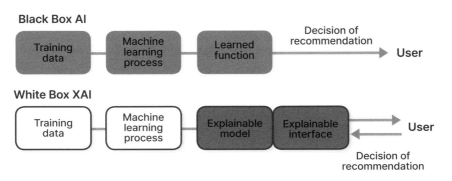

▲ XAI 설명

AI 모델은 블랙박스와 같이 내부 로직과 관련된 모듈을 사람이 이해 가능한 수준으로 변환하기가 어렵고, 최종 도출된 결과의 근거와 도출 과정의 타당성을 제공하지 못하고 있습니다. 오류가 발생해도 원인에 대해서 즉각적으로 알지 못하고, 어떤 근거로 모델에서 이런 결정을 내린 것인지 개발자조차 파악이 어려운 상황입니다.

XAI의 목적은 무엇이며, 어떤 기법이 있을까?

따라서, XAI는 학습 과정 중 데이터로부터 다양한 패턴을 추출, 분석하여 드러나지 않았던 법칙, 로직, 전략들을 도출할 수 있습니다. 이에 따라 사용자들 사이에 신뢰를 쌓고 조직은 이러한 XAI를 도입하여 결과에 대한 신뢰성과 활용도를 높이고 있습니다.

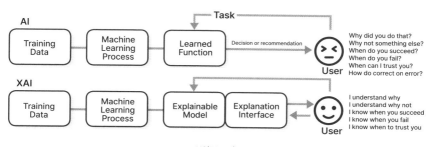

▲ AI와 XAI 비교

특히, XAI는 다양한 비즈니스에서 AI 시스템의 성능 저하 요인을 파악하고, 학습모델 간 정량화된 비교를 통해 최적의 학습모델을 도출하는 데 효과적으로 사용되고 있습니다.

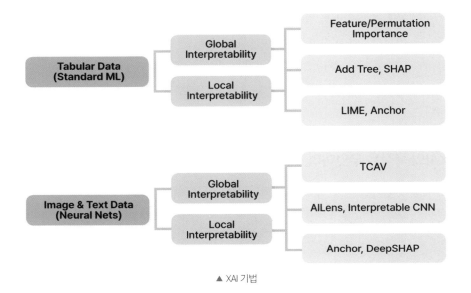

▲ XAI 기법

XAI의 다양한 기법은 위 그림과 같이 구분할 수 있으며, LIME과 SHAP이 대표적입니다. 그 비교는 아래와 같습니다.

구분	LIME	SHAP
범위	개별 예측에 적합	전체적인 이해 제공
방법	예측의 중요 부분 강조	특성의 기여도 계산
사례	강아지 이미지라고 판단하게 된 귀 모양, 눈동자 등 중요한 부분을 강조	신용점수 예측에서 소득과 신용 인자의 영향 설명

다양한 사례가 보고되고 있는데, 다음과 같습니다.

1) **금융 분야**: PayPal은 사기 거래를 탐지하는 머신러닝 모델에 XAI를 적용하여, 시스템이 특정 거래를 사기로 분류한 이유를 더 잘 이해할 수 있게 하고 있습니다.

2) **의료 분야**: IBM의 Watson Health는 의료 데이터를 분석하여 진단 지원, 치료 계획 수립 등을 제공하며, 그 추천의 근거를 의료 전문가에게 설명합니다.

XAI를 사용하면 어떤 효과가 있을까?

이처럼 XAI는 인공지능 모델의 미지 영역인 '블랙박스' 영역을 투명하게 해줍니다. 또한, 윤리적 측면에서 편향되거나 공정하지 못한 로직을 사전에 제거할 수 있으며, 사용자가 모델의 동작 원리를 이해하고 조작할 수 있도록 도와주어 인공지능 모델의 운영 단계에서 합리적 결정을 하도록 도움을 줍니다.

✍ 저자생각

- 인공지능 내부 로직에 대한 설명과 편향 제거, 공정성 확보, 투명한 의사결정을 하기 위한 XAI 기술이 등장하였습니다.

- 인공지능 모델에 적합한 XAI 기술 도입으로, 인공지능에서 발생할 수 있는 법적, 윤리적 문제를 미연에 방지할 수 있습니다.

AutoML

AutoML(자동화 머신러닝)이란 무엇일까?

　AutoML(자동화 머신러닝)은 머신러닝 자동화 솔루션으로 머신러닝 모델의 설계와 구축을 자동화한 것을 말합니다. 머신러닝은 데이터를 수집하고 가공하며 모델을 생성하고 운영하는 작업이 필요한데 이러한 작업들의 일부를 자동화하면 누구나 쉽게 머신러닝 기술을 사용할 수 있게 됩니다.

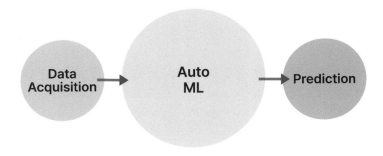

▲ AutoML 개념

AutoML을 사용하면 무엇이 좋을까?

AutoML은 아래와 같이 여러 가지 사용자 편의 기능을 제공합니다.

구분	기능	설명
데이터처리	데이터 수집, 전처리	원천 데이터 수집 및 적재
	데이터 변환, 클렌징	이상치 및 결측치 등 제거
머신러닝 모델개발	머신러닝 모델 개발	회귀, 분류 모델
	딥러닝 모델 개발	RNN, CNN 등 뉴럴넷 기반
	앙상블 기법	챔피언 모델 선정
	하이퍼 파라미터 튜닝	매개변수 최적화
머신러닝 모델운영	모델 버전 관리	모델별 버전 관리, 최신화
	API Serving	운영을 위한 REST API 제공

이처럼 AutoML은 모델 개발 착수 단계인 데이터 수집부터, 처리, 변환 이후 모델 개발, 모델 운영까지 일련의 End to End 과정에 대한 자동화를 통하여 쉽게 인공지능 모델을 개발하도록 도와주는 도구입니다. 특히, 사용자에 친숙한 UI/UX를 제공하여, 누구나 쉽게 개발을 할 수 있도록 유도합니다.

AutoML 솔루션 사례, Dataiku란?

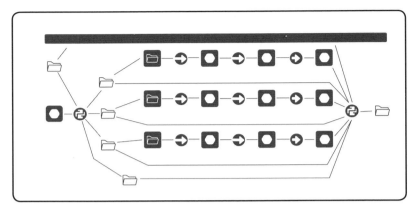

▲ Dataiku를 통한 모델 개발 여정 시각화

위 그림처럼 Dataiku라는 AutoML 솔루션은 인공지능 모델에 필요한 전 과정을 시각화하여, 그 Flow를 한눈에 볼 수 있다는 장점이 있습니다. 심지어 학습데이터를 올리면, 어떤 모델을 쓰는 게 최적인지까지 판단해 주니, 사전 지식이 없어도 누구나 인공지능 모델 개발이 가능하겠죠?

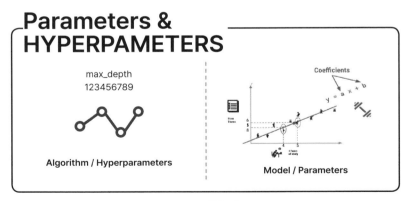

▲ AutoML 주요 기능

심지어 모델을 최적화하는 데 꼭 필요하고, 모델 개발자가 스스로 입력해야 하는 하이퍼 파라미터 튜닝까지 그 적정 숫자를 자동으로 판단해 주니, 시민 데이터 사이언티스트 양성에 꼭 필요한 솔루션임에 틀림이 없습니다.

✍️ **저자생각**

• 머신러닝, 딥러닝 모델을 누구나 쉽게 개발하고 자동화할 수 있는 AutoML 솔루션이 널리 쓰이고 있습니다.

• 사용자 중심의 UI/UX와 이해하기 쉬운 인공지능 모델 개발 툴을 통해 시민 데이터 사이언티스트 양성이 가능합니다.

AIOps

AIOps란 무엇일까?

 AIOps란 운영을 위한 인공지능으로, IT 시스템 운영에서 발생하는 각종 운영 데이터, 신호, 로그, 패턴 등을 빅데이터 기반 분석과 머신러닝을 통한 예측을 통해 문제점을 신속하게 진단하고 대응 · 예방할 수 있는 운영 체계입니다.

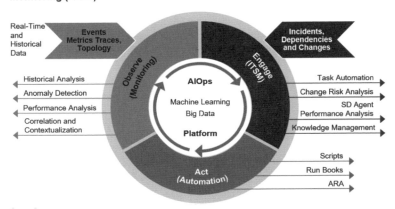

▲ AIOps 개념

불과 10년 전만 하더라도, 각종 시스템에서 발생하는 신호, 로그, 데이터 등을 분석할 여력이 없어 하지 못하였으나, 현재는 빅데이터 파이프라인을 통해 대규모의 데이터도 순식간에 처리해 내고, 이를 인공지능에 학습시켜 이상 징후 및 고장 등을 판단·예방할 수 있는 시대입니다. 따라서, AIOps는 미래의 IT 운영 관리 방식으로 간주되어, 기업의 디지털 혁신의 중요 키워드로 부상하고 있습니다.

AIOps는 어떤 기술로 동작할까?

AIOps와 관련된 기술은 아래와 같이 총 3가지로 구분됩니다. 데이터 수집 단계, 분석 및 가시화 단계, 자동제어 단계입니다. 인공지능에서 학습데이터의 품질은 모델의 결과에 직접적인 영향을 주기 때문에, AIOps에서도 학습데이터에 사용되는 각종 정형·비정형 데이터와 로그, 이벤트, 모니터링 데이터 등은 전처리와 클렌징을 통해 데이터에 대한 품질을 확보해야 합니다.

구분	구성요소	설명
데이터 수집	빅데이터 플랫폼	정형·비정형 데이터 일체
	데이터 수집	로그, 이벤트, 모니터링 데이터
	스토리지	가용성, 범용성 확보된 저장 공간
분석 및 가시화	분석 모델	머신러닝 알고리즘 연계
	규칙 및 패턴 분석	학습데이터 기반 규칙, 패턴 도출
	예측 알고리즘	이상을 감지하고, 원인을 식별
자동제어	API	분석 결과를 타 시스템으로 전송
	RPA 연계	RPA 등과 연계 자동화 처리
	Event 기반 알림	이벤트 기반으로 의사결정 지원

AIOps를 잘 사용하면 어떤 효과가 있을까?

AIOps를 잘 사용하면 관측성 또는 가시성이 확보됩니다. 현재의 애플리케이션, 인프라, 네트워크 전반에 대한 정보와 시각적인 자료를 제공합니다. 둘째로, 의도하지 않은 이벤트 등을 미리 예측하고 탐지하여 예방적으로 대응하고, 혹시 모를 고장에 대비하여 다운타임을 최소화하며, 비즈니스 연속성을 확보할 수 있습니다. 셋째로, IT 운영 인력에 대해 일부 대체가 가능하고, 이와 관련된 비용(Operating Expenditure)을 줄일 수 있습니다.

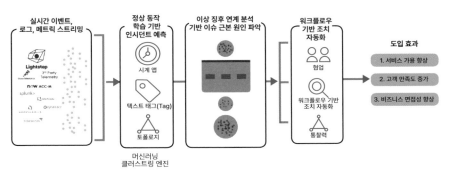

▲ AIOps 주요 기능

위 그림처럼 AIOps를 위한 다양한 Software as a Service형 플랫폼이 등장하였으며, 서비스 가용성과 비즈니스 민첩성 향상을 위해 여러 기업에서 적용하고 있는 상황입니다. AIOps 솔루션은 클라우드 환경에서 워크로드를 관리하고, 필요에 따라 리소스를 자동으로 조정합니다. 이러한 중요한 판단과 조정을 인공지능이 하게 되는 것입니다.

AIOps는 IT 운영의 복잡성을 줄이고 효율성을 개선하며 비용을 절감하는 데 중요한 역할을 하며, 반복적인 작업을 자동화하여 IT팀이 더 중요한 업무에 집중할 수 있게 할 수 있습니다.

☞ 저자생각

- AIOps는 IT 운영에서 발생할 수 있는 문제점을 신속하게 진단하고 대응 및 예방할 수 있는 인공지능 기반 운영 체계입니다.
- AIOps를 통해 비용(OPEX) 감소뿐만 아니라, 다양한 사양에서 실시간 보안 취약점 원인 확인 및 자동화된 대응도 가능합니다.

마치며

기술의 발전은 우리의 삶을 계속해서 변화시키고 있으며, 그 중심에는 항상 IT 가 있습니다. 이 책이 여러분의 IT 지식 향상에 큰 도움이 되었기를 바랍니다. 더불어 이 책을 통해 얻은 지식이 실무에서의 문제 해결에 실질적인 도움이 되기를 바랍니다.

마지막으로, 이 책을 함께 완성해 주신 6명의 저자 분들과 끝까지 책을 읽어 주신 독자 여러분께 깊은 감사의 말씀을 드립니다. 여러분의 성원과 피드백이 저희에게 큰 힘이 되며, 그 힘을 기반으로 저희도 대한민국 IT 발전을 위해서 노력하겠습니다. 독자 여러분들도 IT 산업에서 성공적인 커리어를 이어 나가시기를 기원합니다.

감사합니다.

6인의 기술사 드림

한권으로 끝내는

직장인 필수 IT 지식

출간일 | 2025년 5월 20일

지은이 | 김효섭, 정명림, 박준영, 이수현, 박지은, 이지성
펴낸이 | 김범준
기획 · 책임편집 | 유명한
교정교열 | 양은하
편집디자인 | 이기숙
표지디자인 | 최치영

발행처 | (주)비제이퍼블릭
출판신고 | 2009년 05월 01일 제300-2009-38호
주소 | 서울시 중구 청계천로 100 시그니처타워 서관 9층 945,946호
주문 · 문의 | 02-739-0739   **팩스** | 02-6442-0739
홈페이지 | https://bjpublic.co.kr   **이메일** | bjpublic@bjpublic.co.kr

가격 | 27,500원
ISBN | 979-11-6592-320-4 (93000)
한국어판 ⓒ 2025 (주)비제이퍼블릭

이 책은 저작권법에 따라 보호받는 저작물이므로 무단 전재와 무단 복제를 금지하며,
내용의 전부 또는 일부를 이용하려면 반드시 저작권자와 (주)비제이퍼블릭의 서면 동의를 받아야 합니다.

이 책을 저작권자의 허락 없이 **무단 복제 및 전재(복사, 스캔, PDF 파일 공유)하는 행위**는 모두 저작권법
위반입니다. 저작권법 제136조에 따라 **5년** 이하의 징역 또는 **5천만 원** 이하의 벌금을 부과할 수 있습니다.
무단 게재나 불법 스캔본 등을 발견하면 출판사나 한국저작권보호원에 신고해 주십시오(불법 복제 신고
https://copy112.kcopa.or.kr).

잘못된 책은 구입하신 서점에서 교환해 드립니다.